世界名人传记丛书

世界名人传记丛书

柴可夫斯基传

〔德〕克劳斯·曼 著

王泰智 沈惠珠 译

商务印书馆
SINCE1897 The Commercial Press

2018年·北京

Klaus Mann
SYMPHONIE PATHETIQUE
EIN TSCHAIKOWSKY-ROMAN
Rowohlt Taschenbuch Verlag,1981
本书根据洛沃特袖珍书籍出版社 1981 年版译出

世界名人传记丛书

新版说明

本馆出版名人传记渊源有自。上世纪初林纾所译传记可谓木铎启路，民国期间又编纂而成“英文世界名人传记”丛书，其后接续翻译出版传记数十种。及至二十世纪九十年代，汇涓成流，结集出版“世界名人传记丛书”，广为传布。

此次重新规划出版，在总结经验的基础上续写经典、重开新篇。丛书原多偏重学术思想领域，新版系统规划、分门别类，力求在新时代条件下赋予作品新价值、新理念、新精神。丛书分为政治军事、思想文化、文学艺术、科学发明以及除上述领域之外的综合类，共计五大类，以不同的封面颜色加以区分。

丛书所选人物均为各时代、各国家、各民族的名流巨擘，他们的业绩和思想深刻影响了世界历史进程，甚至塑造了世界格局和人类文明。所选传记或运笔于人物生平事迹，或着墨于智识求索，均为内容翔实、见识独到之作。读者于其中既能近观历史、反思现实，又能领悟人生、汲取力量。

我们相信名人传记的永恒魅力将为新时代的文化注入生机和活力。我们也期待能得到译界学界一如既往的支持，使此套丛书的出版日臻完善。

商务印书馆编辑部

2012年12月

目　录

上　篇

第一章

房间里很暗，只有门那边透出一缕光线。服务生轻轻关上身后的房门，光线又消失了。

“把早点给您放在哪儿?”服务生问道。几秒钟过去了，黑暗中没有传出任何声音。服务生摆出一副等待的姿态，在距离房门几步远的地方停住了脚步。他小心翼翼但却相当明确地干咳了一声，那个躺在床上一动不动把被子盖到下巴上的先生终于回答说：“请——放到床旁——放到这个小桌上，我亲爱的……”

这个声音很柔软，说德文时带有拖长的唱歌般的口音。服务生暗笑了起来。给外国人服务是很开心的事情。他们说他所熟练的母语时那么费力，使他不由产生一种舒心的优越感。“遵命，先生。”他说，他的声音里开始有了一丝长辈的味道。他从门口走到床边，把托盘放到了一张小圆桌上。

“我可以把窗帘拉开吗，先生?”他又问，这次把每一个字都说得特别清楚：他所面对的不只是一个外国人，还是一位柔声细语的老先生，对他要格外的耐心，同时还要十分尊重，这样是会有小费的。

“谢谢。”那位先生说，但始终躺在被窝里没有动。“劳驾，请把窗帘拉开一半——我受不了太强烈的光线。”那位先生补充了一句，带着某种伤感，终于把头转过来，看了服务生一眼。服务生轻手轻脚地，就像是在病房里那样，拉开窗前那沉重的丝绒窗帘。光线射进了房间，床上的先生不得不眯起眼睛。他眯着眼睛巡视了一下这个陌生房间的混乱：衣箱半开着，衣服和书籍纷乱地散落在毛绒沙发和那个仿文艺复兴风格的小柜子上。“我昨天来的时候，样子肯定很不好看，”先生想着，“啊，是的，那是旅途中的白兰地……”他又闭上了眼睛。

“今天的天气不错。”服务生说，同时规矩而谦卑地站立在窗前。“真是一个美丽的冬日。”他又挑动地补充了一句，因为那个外国人仍然沉默不语。

他的沉默，并不是服务生在其他客人那里遭遇过的那种严厉和拒绝，而是一种悲伤、无助，甚至有些呆痴。于是服务生决定要像对待一个孩子那样对待这位客人。他提高嗓门用教导的语气说：“这里，茶壶旁边是今天的晨报。”又停了一会儿，他有些严厉地补充说：“先生是否马上结算？”

对方没有立即听懂服务生的话，有些茫然地打量他一眼：这是一个高身材、瘦个头的年轻人，很像是一个普鲁士的禁卫军军官，穿着一件油腻的燕尾服站在他的面前。陌生客人深邃湛蓝和怨诉探索的目光，使这个身板挺直的年轻人又软了下来。“呃，我是说，先生是否现在就付款？”他轻轻躬了一下身子问道。

陌生客人半坐起身体，拉开了床头柜的抽屉，里面纷乱的纸张之间放着银币。“噢，当然——”他说，“当然——多少？”看到这个花白胡子的老人笨拙而慌乱地从信封、笔记本和乐谱纸之间拿钱的样子，服务生甚至有些动情。但同时他清醒的理智却告诉他，他这个社会地位的人是不能感情用事的，至少不能在这个滑稽的外国人面前。“早点送到房间：一共三个马克。”他干净利索地说，明亮的眼睛里同时闪烁着调皮的目光：他要了比实际价值高出三倍的价格——如果出现了不愉快的事情，他可以说这是一个误会。“噢，当然。”那位先生急忙把手伸向抽屉。服务生看着他，显然十分开心，但也略带一点儿同情。

陌生的先生额头上稀少而有弹性的松散的头发几乎全呈白色；圆润而较短的连鬓胡须也已花白，而下垂的髭须，在唇下浓密而柔软，显现出红色。他现在从床上坐了起来，面色暗红，略带着喘息。

他递给服务生一块塔勒尔银币和一个马克——这意味着除了服务生索要的无耻的价格之外，还给了一个马克的小费。

"这确实相当贵。"他微笑着说，带着一丝疲惫的狡黠。

"当然，先生。"服务生说，并自己也吃惊地感到脸上有些发热。他手中拿着钱，站在那里不知所措。他确实认真地考虑了几秒钟，是否应该把一些钱退还给那位先生。

"您是柏林人吗？"先生问，服务生又感觉到了那深邃、湛蓝和悲伤的目光。

"不，我是汉堡人，先生。"他说，同时出于尊敬突然打了一个立正。

"啊，汉堡人。"他说着又躺到了床上，但把头转向可以看到年轻人的位置："过些天，我也要去汉堡；那是一座美丽的城市。"

"先生本人是来自哪一个国家，如果我可以问的话？"服务生问，他甚至感到很骄傲说出了这样一句有水平的话来。

"我是俄国人。"先生回答说并把头转了过去，不再看那个服务生，这就相当于摆手，告诉他可以走了。服务生退了几步，轻轻关上了门。

躺在床上的男子不再动了，闭上了眼睛。"上帝呀，我为什么要到这儿来呢？"他想。"我为什么在这儿，在这儿想干什么？我为什么不在属于我的地方——难以捉摸的上帝呀，我为什么不在家里？在这里我不认识任何人，也几乎没有人认识我。人们想要弄我，这是一个针对我本人的阴谋。啊，这次的访问演出，简直就是一次发疯的行动……"想到这里，他突然产生一阵强烈的麻痹感觉。"我已经不能动了。"他想，"这一切都是如此让人厌恶，如此没有意义，如此糟糕，以至我根本无法动弹了。"

他当然可以动。他坐起身来，倒了一杯茶。在把茶杯放到嘴边之前，他先翻开了晨报——1887 年 12 月 29 日的《沃斯日报》。他翻开报纸，在第三版他看到了一篇报道：

"今天，12 月 29 日，著名的俄罗斯作曲家柴可夫斯基抵达柏林。许多朋友和崇拜者定于十时半在路德和瓦格纳饭店举行早餐会欢迎他。"

彼得·伊里奇把报纸揉成一团，扔到地上。他坐在床上，气愤地呻吟着。他的脸变成了暗红色，高高的额头暴出了粗粗的青筋。他嘟囔着咒骂，使用了车夫和大兵的脏话，就像在俄罗斯家中那样。他用拳头捶打着床沿，发泄他的愤怒。终于，杂乱无章的咒骂，变成了前后连贯的一句气话。

"简直是岂有此理!"他向房间喊道，"这真是史无前例！一个流氓恶作剧！他们想嘲笑我！想让我丢尽脸面——这就是他们的意图！噢，这个经纪人无赖！噢，这个诺伊格鲍尔！这个该诅咒的诺伊格鲍尔!"

经纪人的名字使他的愤怒不断升级，以至他无法再躺在床上。他坐到床边，用脚去钩取可能在床底下的拖鞋，但没有找到；光光的脚板踏在床前肮脏的脚垫——仿制的熊皮——上，使他恶心了一秒钟，他几乎忘记了愤怒，光着脚在房间里乱跑起来。他的长长的拖地丝绸睡衣在身后飘逸着，他做着各种手势悲诉着，在窗和门之间跑来跑去，像是在冲刺，但同时也显得十分沉重；他时而跺脚，时而狂奔——赤着脚，满脸胡须，穿着飘逸白色长袍，他看起来就像是一个被神圣的愤怒感染的隐士，在牢房中、在牢笼中奔跑，控诉着世界上可鄙的丑恶。

"许多朋友和崇拜者!"气愤的他讥讽地喊道，他停在了房间中央，双手攥着拳头向前伸着，"许多朋友和崇拜者！这是个讽刺！这是人们故意让这个该死的报纸刊登的，就是为了嘲笑我！其实这里没有一只猫认识我，没有一只猫，我在这里完全是没有人知道的。到底是谁会知道我在柏林呢？我其实只是路过这里，只想在这里休息一天，我想把自己隐藏起来。这个诺伊格鲍尔肯定在莫斯科和彼得堡安置了间谍。他知道了我什么时间到达这里。——这个诺伊格鲍尔！噢！”他又吼叫了起来。由于诺伊格鲍尔不在现场，他用脚狠命地踩那张已经揉成团的报纸。

他正踩着，目光突然看到自己在镜子里的身影。他看到了一个怒气冲冲的白衣白发人——那个狂怒的隐士，满脸通红——他看到了一个又跳又跺脚的可笑的老头，他感到羞愧。“我必须镇静下来，”他嘟囔着说，“这样激动是没有用的。我得吃药了。”

他坐到床沿上，把手伸到床头柜抽屉里取出药来，这时他也找到了拖鞋。他把药水缓缓倒入杯子里，仍然还在抱怨——直到气恼渐渐平息：“许多朋友和崇拜者！真是荒谬绝伦！”

他喝药的时候，一股狡黠和满意的微笑出现在脸上。“但我也可以玩弄他们一下！”他想——这个想法一下子改变了他的情绪——“我也要玩弄他，这个诺伊格鲍尔！让他吃惊去吧！我干脆就让他找不到。他的早餐会上的酒让他自己去喝吧。我走，我不在这里。他肯定不会知道，我住在了哪家旅馆——他不可能什么都知道。明天一早我就去莱比锡。至于柏林爱乐乐团的先生们，等我来参加音乐会演出时再同他们打招呼。今天我先躲起来，谁也找不到我。让他们自己去享受吧，在路德和瓦格纳饭店，朋友先生和崇拜者先生们。我现在就去散步。现在几点了？”

床头柜上，在碳酸氢钠药盒和缬草药剂以及两张家庭照片之间，放着一块漂亮的怀表——一个珍贵的白金制品，两面都有精美的雕饰，一个镶嵌的纯金人像。彼得·伊里奇每次拿在手上时，都要柔情地凝视它片刻：这是他的护身符和他的最宝贵的财产，是一个神秘、慈祥、富有的女友送给他的礼物。他让表盖跳开。现在是十点差十分。"我现在该更衣了，"他决定，"等到聚会的参加者在路德和瓦格纳饭店集合时，我早已在大街上散步。"

他用冷水洗了脸和上身。他一边从散放在桌子和椅子上的衣服里面寻找要穿的服装，一边哼起了一支短短而甜蜜的曲调——其实只是一部大型音乐中的一段。"莫扎特——"他想，弯下腰寻找着袜子，"多么迷人啊！多么悦耳——就是这样，似乎一切都突然变得温柔，都中了魔法，都进入了爱的轨道。我们真应该感谢它的存在……歌剧院今天晚上或许上演莫扎特的歌剧——《费加罗的婚礼》，我是多么想听一听；但是，今晚的节目很可能是洛恩格林。"

他看到：窗外是一个美好的冬日。窗子上结着可爱的梦幻般的冰花；阳光在上面闪烁着。"真是迷人!"彼得·伊里奇想。他点燃了一支香烟；刚才冲动时，他甚至忘记了吸烟，平时他一起床要做的第一件事，就是拿起一支香烟。

刚才还反映出一个跳舞的隐士的镜子里，现在出现的却是一个身着黑色带有丝绸镶边上衣的高贵绅士。他一边哼着美妙而舒畅的小调，一边系着领结，突然有人敲门。彼得·伊里奇想："可能又是服务生来取早点的托盘。可我还根本就没吃这些东西，报纸的消息让我过于激动了。这个年轻的小伙子为这餐早茶要的价格真是不可想象——不过还是个可爱的年轻人，确实很可爱。""请进!"彼得·伊里奇说，他并没有离开镜子。

门被推开了。站在镜子前的彼得·伊里奇等待着听到茶碗的碰撞声和年轻服务生清脆而谦恭的话语；是啊，他承认，他很喜欢听到这个声音——那是一个年轻的声音——他所以没有完全转过身来，就是有意让这个小小的欢欣拖长一点儿。然而，进门后迟疑地站在门口的那个人，终于说话了，但却不是一个年轻的声音，他用鼻音，同时又用小心翼翼但肯定的声调说："您是柴可夫斯基先生，如果我没看错的话。"

彼得·伊里奇猛的转过身来。先是在惊吓中脸色苍白，随后又在愤怒中变得通红。“是哪位给我的荣幸?”他威胁地问，额头上又暴出了青筋。

“我是西格弗里德·诺伊格鲍尔。您的经纪人，柴可夫斯基先生。”站在门口的那个男子用温柔的语调说，同时甜甜地微笑着。

彼得·伊里奇好几秒钟都说不出话来，好像已经瘫痪。最后他终于轻声说：“难以置信。”他像看一个恶魔一样，死死盯着西格弗里德·诺伊格鲍尔。

“能够认识您，我感到很幸福，大师。”经纪人说，同时向柴可夫斯基方向迈出了几步。

西格弗里德·诺伊格鲍尔长相甚是奇特。他的偏红色的头发很稀疏，梳理精细的几撮，覆盖在他那长长的天灵盖上。他的胡须也很稀疏——染得比头发还要红——垂须从下颚边缘上才开始，但红润光泽的面孔——这是一副长鼻子、充满好奇但有些阴郁的面孔，一对没有睫毛的明亮的眼睛——显得那么光秃。甚至连上嘴唇都刮得那么光滑，并不符合当时的时尚，和那稀疏的红胡须形成鲜明的对照。这个人的微笑很甜，但却始终有些勉强。上唇下面露出几颗颜色难看的犬齿；加上那个长长的四处嗅闻的红润的鹰钩鼻，使得这副面孔具有了某种动物的特色：它让人想起了一只野兔或一只山羊。

“这是一个魔鬼。”彼得·伊里奇想，他对这个客人很反感，但却以极大的兴趣观察着他。西格弗里德·诺伊格鲍尔微笑着正视对方的目光——是的，他显现了一种漫不经心和特别迟钝的表情，就好像根本没有注意到对方对他的打量。他那双明亮的睁得圆圆的无睫毛的眼睛里遮着一层薄雾。正是这层雾使得这个人变得无懈可击。你可以对他喊叫，但他却会以甜蜜的甚至献媚的微笑给予回应，用他那好奇的长鼻子探索，在他那看不透的眼睛里不会出现惊奇，更不会出现震怒。彼得·伊里奇还没有对他喊叫就已经知道：这是没有用的。他根本就不会理睬我。他是我见到过的最没有尊严的人。而且他的仪态简直就是庄重的化身——这使人感到惊奇。这不仅是他的高高的立领和那件深褐色大方格面料的长外衣，而且也是他那耸起的宽厚的肩膀以及令人吃惊的苗条的腰身——是啊，一个奇特的人，上面是一个侏儒国王的脑袋，下面却是一个挺拔的身材！——这也在于他那对遮蔽着的眼睛中高贵的散乱的目光——这是一对可怕的眼睛，谦卑但又残暴。我的这个经纪人。

“您怎么知道我住在哪家旅馆?”柴可夫斯基压低嗓音但有些嘶哑地问。他决定不再喊叫，避免任何过高的语调。“您怎么会知道我在这里?”——“为了能够接您过去，我必须知道，大师。”经纪人回答，并神秘地微笑着。

“接我——为什么?”彼得·伊里奇的脸上又出现了不安的红润。

“去出席早餐会。”诺伊格鲍尔温柔地说，露出了犬齿，迷茫地观察着，抽了抽鼻子，似乎在开心地嗅着——无懈可击，做好了一切准备——等待着，看会发生什么事情。

彼得·伊里奇攥紧了拳头，向经纪人走了两步：他产生了强烈的欲望，真想向这个人打去，但他感到，这个诺伊格鲍尔即使遭到拳击，也仍然会以鹰钩鼻下面的甜蜜的微笑作为回答的。他压制了自己的情绪，稍带喘息地说：“真是岂有此理。您还竟敢和我谈起这个滑稽的早餐会。”

“可是，大师!”诺伊格鲍尔用一种油滑的声调柔和地埋怨说：“我几个星期前不是给您写信说我要举行一个早餐会吗?”

“而我也是在几个星期之前就回答您，说我不参加这样的聚会!”柴可夫斯基生气了。“我曾告诉您，我恨不认识的人，我怕见人，我胆怯——是的，我曾禁止您安排早餐会或者任何一种和我个人相关的这类东西。我难道没有对您特别禁止过吗?!”彼得·伊里奇威胁地说。

西格弗里德如何反应呢?西格弗里德抽了抽鼻子，微笑着和献媚着。“噢，我可没有认真对待您的禁令。”他说，带着一种可憎的卖弄。

彼得·伊里奇明白了：我必须尽快结束这个谈话。这是我无法对付的会晤。啊，我根本不应该踏上这个旅程。我真是发疯了，非要做这次旅行，而且是单独一个人——这样的会晤是必然要来的，必然要和这个可恶的世界发生冲突。“不管您认真还是不认真，我的先生，”他低声阴森地说，“我是不会参加您的早餐会的。”

诺伊格鲍尔抚摩了一下稀疏的胡须，胡须像触电一样发出轻嘶的响声。“现在是十点半，”他仍然柔和地说，“大家都在路德和瓦格纳饭店等着我们。”

彼得·伊里奇转过身，把背对着经纪人。

“您在我们这个城市有很多朋友，比您想象得要多得多。”诺伊格鲍尔宽宏地劝说着。

“朋友和崇拜者!”柴可夫斯基嘶声说，“朋友和崇拜者——我知道!”

“当然，”西格弗里德柔和地赞同——他的声调充满了理智，甚至是信心，“我也是您的朋友和崇拜者。”

彼得·伊里奇又把身体转向了他。经纪人摆出一副奇异的虔诚，头稍偏向一边，两只手合十在胸前。面对彼得·伊里奇的吃惊而无助的眼睛，他用鼻音缓慢地，甚至以一种很庄严的声调说：“是的，大师。您的所有作品我都有。”

彼得·伊里奇吃惊地感到，他必须相信他。这个难缠的可怕的人，可能真的喜欢他的所有作品，或许熟悉这些作品，到了晚上在钢琴上演奏它们，他的心中有什么在蠕动——多么可怕又多么动人！柴可夫斯基开始同情这个人——是的，他的同情几乎和刚才的愤怒和厌恶同样强烈；他甚至瞬间感觉，在他的心灵里，这种同情突然取代了刚才的愤怒。

“您可能真的熟悉我的音乐，”他急促地说，“但您却不能把它运用到其他方面去。我在这里完全是无名之辈。”

“多么难听！”诺伊格鲍尔难过地说，双手仍然合十在胸前。“您这样说话，太难听，太难听了！大家都认识您。乐队指挥比尔泽常常把您的四重奏中脍炙人口的行板纳入到他的通俗音乐会的节目中。”

“脍炙人口的行板，我知道。”柴可夫斯基感到嘴的四周有一团脏物。“我真应该拒绝这次巡回演出。”他突然声明说。把这句话说出来，他感到一阵轻松。“我答应了这件事，是一个错误。我根本无法承受。而且，我也不是指挥家。”他感到喉咙里一阵哽咽，“我想一个人待在这里，我想哭。”

诺伊格鲍尔沉默了，但这种沉默中却蕴藏着一种好奇，企图努力把对方的讲述，甚至心声勾引出来。

“这都是我的莫斯科的朋友的过错，”彼得·伊里奇苦恼地说，“是我的莫斯科的朋友把我说服的。开始时是乐队指挥阿尔塔尼犯了病，就在排练我的歌剧《女靴》的时候。您知道我的歌剧《女靴》吗？”柴可夫斯基问，同时生气地把头转到了一边，“这是一个可憎的阴谋——”

诺伊格鲍尔开心地享受着他的红胡须的嘶响。“我演奏过其中的钢琴部分。”他说，并闪出了梦幻的目光。柴可夫斯基不耐烦地摆了摆手。

“他们想找另一个人代替阿尔塔尼。”他又急促地讲下去——好像为自己和经纪人讲述这个过程，是为他当前的处境开脱——“但那是一个二流的指挥——我必须坚持我的作品演出的水平——是啊，尽管是一部较差的作品，或者说正因为如此——人始终面临遭到失败的危险。简要地说：我拒绝了这个人选，剧院经理处突然有人想到了一个荒谬的主意，让我自己指挥我的歌剧。我当然要说不——在大庭广众下亮相，我是最不合适的人选。于是，首演推迟了。到了下一个演出季节，我的朋友阿尔塔尼完全康复，他什么病都没有了。最美妙的事情现在发生了：他说服了剧院经理处，让我自己去指挥演出——我不知道他们期待着什么，或许是贻笑大方吧，或许是一次滑稽表演吧。他们敦促我，他们毫不放松。阿尔塔尼亲自劝说，我怎么办呢，我终于让步了。我已经记不清首演那天晚上的情景，观众肯定是出于礼貌而压下了嬉笑，是的，我们观众的素质要比西方想象的好得多。”

“您怎么能够把自己的天才如此贬低呢？”诺伊格鲍尔难过地说。“这太难听了。人人都知道，您作为指挥是如何风采奕奕，不仅在首演时，而且在音乐厅里也是如此。今年 3 月 4 日在彼得堡爱乐协会，您的大型音乐会，那是您的辉煌，大师。”

“您还记得日期。”柴可夫斯基嘟囔着说——他以吃惊的好感想着：这个人确实是我的一个崇拜者！“那其实不是一个什么辉煌；我已经告诉了您：我们的观众具有良好的素质。当我笨拙而可怜地登上指挥台的时候，观众只是想感谢我从前做出的成绩——尽管那些成绩也是不值一提的——”

“您是活在世上的最伟大的作曲家。”诺伊格鲍尔柔声地说，同时用眼睛注视着大师，那蒙眬的目光中包含着一种无耻的谦卑。柴可夫斯基似乎没有听到他的这句话。

“当然，”他沉思地说，“然后，国外来了邀请——我感到受宠若惊。他们想要我什么呢？这就是我的第一个想法。世界对我有什么期待？他们可能要耍弄我。但我的第二个想法就是：这是一个你扩展声誉的大好机会，同时也是你一生的光荣——是的，我为自己的声誉所做的一切，也同时扩大了俄罗斯的声誉。太少的俄罗斯音乐家有机会在外国观众面前亮相，只有格林卡在巴黎演出过一次。当然还有鲁宾斯坦，安东·鲁宾斯坦——”“可我为什么要把这些讲给这个普通的陌生人听呢？”他突然想，“他让我多嘴了——我现在像一个多嘴的老娘舅——”

他沉默了，坐在床沿上，低下了头。当他又开始继续说的时候，似乎忘记了在场的经纪人。“只是为了自己做的事情，最终只能为了自己——而且只能是失败。”他沉思着，眼睛茫然地望着前方，脚踏在那块满是尘土的足垫上，那块假熊皮。“或者说，”他更正说，同时突然抬起头，奸笑着：“人们从根本上只是为了自己的，因为其他人都离得那么远，任何声音和任何动作都无法到达那里。——根本无所谓，根本无所谓，”他站起身来，在房间里拖拉着走了几步——“关键是我想在巴黎举行大型的俄罗斯音乐会，您明白吗，诺伊格鲍尔先生？这是关键。在这个音乐会上，我根本不想演奏自己的作品，一个小作品都不演。我要向欧洲人展示我们的经典音乐家，伟大的格林卡和达尔格梅日斯基——人们根本就不知道他们——我要把在世的几位最优秀的作曲家介绍给观众。这些先生的功绩不是为了我，这我可以告诉您。但我做这些，也不是为了他们，而是为了俄罗斯。莫斯科和彼得堡的报纸很可能又闭口不谈这次音乐会，因为他们不想让人知道，我得到了外国的关注，他们也不想承认，我会为俄罗斯做些什么——我只不过是一个‘西方人’，而不是俄罗斯艺术的合法代表。但我仍然要向法国人展示，俄罗斯是如何歌唱的。这个音乐会对我才是关键。我想向人们证明，我的旅行并不只是出于虚荣心，不只是为了宣传自己的作品！”

“但是，”经纪人说，又展示了一个温柔而散乱的微笑，“恰恰这场音乐会无法举行。”

彼得·伊里奇完全呆住了。“为什么？”他只是问一句，同时睁大眼睛吃惊地看着诺伊格鲍尔。

经纪人耸了一下他那高贵的肩膀。“因为它会失败，”他友善地说，“费用太高。您是承担不起的。而且，巴黎也没有人对达尔格梅日斯基感兴趣，连他的名字都没有人能说完整。”他的声音里包含着一丝怜悯。

“请您住嘴！”彼得·伊里奇向他吼道。“感谢上帝，您没有插手我的巴黎项目。我把这次巡回演出的大部分事务都交给您去办，就已经够倒霉了——我是要把这些委托从您那儿收回来的。您怎么知道，我在巴黎要干什么？我在那里有很好的名声和强有力的朋友。”他昂起头说。“您从哪里知道，我在巴黎能够干些什么？我将肯定要举办那场大型俄罗斯音乐会的。”

“它搞不成的。”经纪人固执地重复说，眼睛里仍是散乱的目光。“这只是一个钱的问题。”他仍然用刚才谈论柴可夫斯基作品时那种抒情而低沉的声调补充说。

“我如果委托您去干这件事，当然就没有问题了，”彼得·伊里奇傲慢地指出，“我如果根本就不委托您，那就好了。您是一个蹩脚的经纪人。”

诺伊格鲍尔鹰钩鼻下的嘴微笑着，似乎正在享受着这个羞辱。“这当然是不公道的。”他把每个音节都通过鼻音，拖着长腔，像唱歌一样——声音里有一种气恼，好像要把一个对他过分的献媚甩掉。

“您把一切都搞糟了，”彼得·伊里奇针锋相对地说，“您搞的只是阴谋和混乱。您同时把我出卖给各个地方，就像是一瓶酸啤酒。您惹恼了又欺骗了所有的人。您自作聪明地把维也纳的音乐会安排到和巴黎的同一天晚上：我只好放弃了维也纳，而正是维也纳的观众，我很想征服他们。德累斯顿您也搞糟了，哥本哈根您同样给搞糟了——一切都是您安排的过错，因为您想显示自己的聪明。您把我给毁了。”彼得·伊里奇向他吼着，在房间里来回奔跑着。

“每个人都会有小的失误。”经纪人以一种朦胧的庄重声明说。

“我也不想在这里演出《1812 年序曲》。”彼得·伊里奇继续气愤地说。“我已经给您写过 10 次，我想演出《里米尼的弗兰切斯卡》。《1812 年》是个失败的作品，我不能忍受。那是一部订制作品，为了一个爱国宗教事件，它根本就不成样子，我绝不想在柏林用这个曲子登场。”

“可是，观众想听啊!”诺伊格鲍尔又心不在焉地耸了耸他那高贵的肩膀，插嘴说。

“我不管什么观众!”彼得·伊里奇喊道。“我不想拿我最平庸的作品在国外登场。在莫斯科救世主教堂落成典礼上，当结尾处俄罗斯国歌盖过马赛曲时，响起了礼炮和钟声，效果还是相当好的。可在音乐厅里，难道也要放炮和敲钟吗?或者观众也想听这个?——我已经给您写了10遍，我不想和《1812年》发生任何关系，可现在却又上了节目单!”

“可大家都同意《1812年》。”诺伊格鲍尔指出，带着一种不耐烦的无所谓，似乎根本没有必要再谈论这个题目。“施耐德先生、爱乐协会理事会，他们都同意《1812年》，甚至连冯·比洛先生也赞成。”

“我很尊敬汉斯·冯·比洛，他是一个伟大的音乐家，我还欠他很多情分。”彼得·伊里奇急促地说，并且用了尖锐的语调，因为他怕这个倒霉的诺伊格鲍尔会在他和比洛之间制造不和——“但是，对我自己的作品，我还是比他更了解。”

“当然，”诺伊格鲍尔说，他的眼睛已经变得格外蒙眬。“您也应该考虑到我们的爱国感情。我们当然愿意听到《马赛曲》被任何一支国歌所战胜，不论是什么国歌。”

“我是不是应该演奏《德意志之歌》去战胜《马赛曲》呀!”彼得·伊里奇很是激动。“那么我就可能荣幸地在我的音乐会上问候俾斯麦侯爵了。——我坚持演《里米尼的弗兰切斯卡》。”

“我们大家的意见都是一致的，大师，”诺伊格鲍尔说，把鼻子抽了抽，突然变得如此地亲切:“《里米尼的弗兰切斯卡》是一部很乏味的作品。”

柴可夫斯基的脸变得通红。“我受够了。”他轻轻地狠狠地说。

“您说得很正确:我们已经没有时间继续谈下去了!”诺伊格鲍尔一下子变得精神和活泼起来。“已经到时间了。我们必须去路德和瓦格纳饭店。”

对这种恬不知耻的行为，彼得·伊里奇不知所措了，他没有回答，而只是望着经纪人。“我为大师邀请了很多人参加早餐会。”诺伊格鲍尔满不在乎地用鼻音说。“而且今天还有很多事情要做。”他继续亲切地说，“我还为您安排了很多会见：和爱乐协会，和几个记者……”

“您违反我的意志安排了这些会见，您会把我和这些人的关系搞破裂的。”柴可夫斯基说，他不再看经纪人。“我不拜访任何人，也不接待任何人。旅途已经使我筋疲力尽。我需要休息一天。我不想见任何人。”

“您现在不想和我一起去参加早餐会吗?”诺伊格鲍尔说，就好像他又提出一个全新的建议。他的无神的长鼻子和红润的面孔没有任何表情。

“我们走吧!”柴可夫斯基粗鲁地说。

他让诺伊格鲍尔帮助他穿上皮大衣。经纪人递给他一顶圆形的大皮帽。这么一包装，彼得·伊里奇就变成了半个俄国贵族和半个大地主了。

诺伊格鲍尔礼貌地让他走在前面。他们无言地穿过铺着地毯的走廊，他们的脚步没有发出什么响声，他们走得无声无息，也走得很快，西格弗里德·诺伊格鲍尔离彼得·伊里奇半米左右，跟在后面。

宽宽的楼梯上铺着厚厚的红地毯。在每一个楼梯平台上都摆放着种植在彩色搪瓷盆里的落满灰尘的常青树。

大堂里也摆了很多常青树，在仿文艺复兴的沙发中，坐着长着浓密髭须和穿着高高立领的先生们，认真地读着报纸。髭须最浓密的是门房，他正笔直地站在柜台后面的老国王肖像下面。门房的面孔很像是一只发怒的公猫。他用军人式的点头向俄国作曲家和他的经纪人致意。

在很多螺旋式的圆柱包围下的钢琴平台上，坐着一个年轻的黑色长发男子，一条松散的黑色丝带系在颈部算是领带。他在敲打钢琴键，钢琴的音响走调。“当然是——瓦格纳，”彼得·伊里奇反感地想，“朝拜者之歌——他演奏得像军队进行曲。唉，这些德国人！”

他从那个尚武的门房面前走过，来到了外面。诺伊格鲍尔紧跟在他的身后。

外面的阳光很好，也很冷。彼得·伊里奇深深吸了一口新鲜的空气。有辆马车驶了过来，他招了招手，马车停了下来。车夫长着好看的灰色胡须，看起来几乎和家乡的车夫一样。

西格弗里德·诺伊格鲍尔也想上车，但彼得·伊里奇在他面前关上了车门。他从里面把窗子打开一道缝隙。“祝您在早餐会上玩得愉快！”他喊道，同时又突然笑了起来——这是一种顽童式的开心的笑，使他的面孔都变得年轻了——“我去散步！”

诺伊格鲍尔在马车后面又跟着跑了几步：彼得·伊里奇给车夫打了个手势，让他快走。着急的经纪人使劲摇晃着胳膊——就像是扇动着翅膀，似乎要飞上天去，充满苦恼和失望。然后他停住了脚步。柴可夫斯基还能看到，诺伊格鲍尔脸上那甜蜜而持久的微笑又慢慢出现，似乎这个人——无懈可击的人——又在享受这份新的羞辱。

“这就是这个世界，”彼得·伊里奇想，他感到有些冷，把毯子盖到了膝盖上——“人们确实不应该涉足进去，和它的任何接触都会耗费精力和自取其辱的。它不断骚扰你，这个世界，用爱情服务，而且无耻；它残暴，而且变态；恶毒、伤感而且没有才干，它所能做的只是捣乱，而工作——却是我们的事。它诱发我们的一切坏的本能，它刺激我们、误导我们、侮辱我们，它使我们傲慢、粗野和无助。我根本就无法去应对。尽管如此，这个诺伊格鲍尔还是让我同情。他或许从根本上还是一个正直的人，他有感人的目光，现在想起来，觉得如果能对他好一点，他很可能会感激不尽的。”

“请拉我去动物园!”他向车夫喊道。他的声音很柔软，几乎是乞求的声调，和以往一样，每当和小人物讲话的时候，他都是这样。

彼得·伊里奇每次到柏林，第一次乘车外出，都要去动物园区。这是这座大都市的一块他最想爱、或者最想恨的地方。这是这座巨大的首都唯一让他可以有一点在家的感觉的地方；柏林的其他区域对他都是陌生的，不论他来过多少次。

马车从弗里德里希大街拐向华丽的菩提树下林荫大道。地面上覆盖着一层薄薄的冰雪，路人和车辆走在上面，发出俏皮的咯吱声。积雪反射着阳光，这是一个大好的艳阳天。宽敞的大街骄傲地展示着它那庄严的美丽。大街尽头的宏伟的勃兰登堡大门构成了这个街景的光辉的终点，它迎面而来：这是专门为了凯旋的军队穿过它的拱门而修建的建筑物，在鸣鸣的号角和隆隆的鼓声中。这是一条何等辉煌的大街！很明显：所有在它的拱门下通过的人——精力充沛的先生和女士们，但也有不显眼的穷人——都在享受着它的光辉，通过阳光和闪烁的白雪，它显得格外壮丽。这是一个什么样的城市呀！这个无往不胜的国家的当之无愧的首都——这是本大陆被人惧怕的国家，无人完全信任它，无人完全爱它，但人人却都必须想着它。

马车里陌生的先生——来自莫斯科的彼得·伊里奇·柴可夫斯基——被面前的严酷而具攻击性的美搅得有些不安：他觉得这种美之中蕴藏着很多危机。“唉，这些德国人!”他再次想。“他们很友好，向我发出了邀请，在他们这里指挥演出，他们这样强烈地喜欢音乐，又确实值得称赞。可他们的这个样子！不，他们所有的人都长得是什么样子啊!”

他从车窗向外瞥了一眼，这是伤感而胆怯的一瞥。“他们每个人都是个小俾斯麦!”来自莫斯科的彼得·伊里奇在想。他带着心悸打量着那些男人的尚武表情：坚硬的髭须、浓密的眉毛和张扬的坚定表情，都赋予他们很多令人胆战的东西。他们中相当一部分人穿着制服，就好像随时都会把佩剑抽出来。他们向女士们投去蠢蠢欲动的轻浮目光；而女士们又都昂首前进，似乎每人都是一位日耳曼女神，充分意识到自身的尊严，她们双手伸在皮手笼中，就像是握着战利品在游行。成就显赫的巨商们则乘坐在闪闪发光的华丽马车中，拉车的马匹都挺拔俊秀、营养精良、驯养有方。大亨们的肥胖手指上闪烁着钻戒的光芒。巨商和军官似乎完全控制了这条宽阔的马路；在他们之间有时也匆忙走过一位心不在焉但却不无危险的自信的教授，戴着宽边软呢帽，杂乱的连鬓胡须，宽大而粗糙的驼绒斗篷，他固执地低着头，似乎正在头脑里酝酿着什么邪恶。

马车中的这位陌生先生看到了这一切：过于清晰，也过于简化，就像是看一张趣味小报上的魔鬼形象。他对自己有这些邪恶看法感到羞愧。但他必须再次想到："唉，这些德国人！今年不是差一点又在德法间发生战争吗？对这种事情我懂得不多，但我感觉到，所有的一切是多么令人不安。他们不是又扩充了军队吗？好像又通过了一项新的国防法案——"

马车穿过宽阔明亮的巴黎广场。敞开的勃兰登堡凯旋门接纳了它。马车在干硬的积雪上继续中速行驶着。这已经是动物园区了。

"我的克泰克就死在这个城市。"彼得·伊里奇想，突然感到喉咙里涌堵着泪水。"他在这个城市度过了他生命的最后几年。唉，他真不应该离开达沃斯，结果最后是在这个可怕而紧张的大都市离开了人世！我曾极力劝过他，当时就已经看出，他是无法承受这种生活的压力的。可他为什么会死呢？他很年轻，极具天赋，而且精力充沛。我很喜欢他，有一段时间，他对我意味着许多，如果他愿意，如果我们有更多的时间，他会对我更为重要。为什么不是我死而他活下来呢？那样，我就不会坐在这儿，在这个倒霉的马车里，而他可能正站在任何一个房间里，歪着沉思的年轻的头，用小提琴演奏着美妙的曲调。是啊，他是一个优秀的小提琴手，所以我还为他写了一首小提琴和钢琴《谐谑圆舞曲》，很欢快的一首曲子。他话说得多了一点，这是事实，有时会让人感到讨厌。他想起什么就说什么，有时完全是毫无关联的事情，就像陀思妥耶夫斯基作品某些人物说话的样子——但却是用一种舒服而可爱的声音，同样，他说话时那种沉思般的、有些心不在焉的面部表情，也十分可爱。我很喜欢他。上帝，我最后一次到达沃斯看他的时候，我们相互间说了些什么呀！我在那儿整整待了一个星期，我们说了那么多的话，我们有时不得不大笑——真的很开心，尽管可怜的克泰克病情已经很严重。我亲爱的克泰克，你现在何处呢？亲爱的，你现在的那个地方还能演奏音乐吗？我亲爱的……”

一个可怕的噪音打断了彼得·伊里奇柔情伤感的思绪。但那只是一条大狗在向马车吠叫，甚至这个吠叫中也带着一种威胁。一个警察也用他那浓眉下的目光威胁地打量着马车、车夫和里面坐着的外国客人：这个维护秩序的官吏似乎下了决心，要找一个什么理由把这个带着伤感目光的外国人立即拘留起来。一群孩童唱着歌走了过来，像军队一样排着整齐的队形，唱的歌当然是关于德国的荣誉，以及立即打败法国的内容。狂吠的狗、唱歌的孩童和危险的警察的上方，一个全副武装的先生以胜利的姿态挥舞着他那长长的战刀。这个先生是白色石头制成——是一座雕像，以这种挑衅的姿态装饰着已经冰冻的喷泉。彼得·伊里奇看到了这一切，感到心惊胆战。他又怕又恨。他周围的一切都对他敌视。他感到孤独，感到无助，感到危机四伏。甚至连明亮的天空也在威胁着他。

他恨石雕，他恨街道，恨到处是积雪的动物园和这座庞大的帝国城市。他突然急切地希望去完全另外一个地方，只要不在这里——只是不要在这里。

他熟悉这种感觉，这种让人窒息、无法言表的立即彻底改变环境的强烈愿望。这也是一种令人麻痹和鞭笞般的痛苦，比躯体的疼痛更为难受，会到处向他袭来，甚至在家里——如果他有一个“家”的话。但这种恨和厌恶却总是出现在他正好来到的地方。“我不想在这个城市乘车散心。”他痛苦地想，“我根本就不想在这个陌生而倒霉的城市乘车散心，克泰克就曾在这里受苦。我要是不在这里多好！阳光在积雪上的闪烁让我生病和发疯。我受不了。我现在要是在其他地方多好！最好在什么其他地方——只是不要在这里。

如果现在是秋天，我坐在麦达诺沃，我可爱的、宁静的麦达诺沃！不，我不是坐在那里，而是奔跑在辽阔的田野里，放着风筝——多美啊，放风筝。或者在森林里散步去采蘑菇——弯下腰去采蘑菇，这让人心静，我熟悉所有的蘑菇。麦达诺沃的森林很美，它虽然遭到了无情的砍伐，但它仍然很茂密。或许我的弟弟莫杰斯特也在我的身边，或者我妹妹萨莎的儿子，或者老拉罗什，这个懒鬼。我必须有一个我很久就认识、有着共同经历和我爱的人在我身边。我单独一个人，这很不好。我绝不能在这里继续散心了。”

“拉我回去！”他向车夫喊道。“拉我回旅馆！”车夫吃惊地把他那张长满胡须的老脸转向乘客。刚才还用温柔的语调说话的先生，突然变得粗野了。

彼得·伊里奇生气地迈着沉重的脚步穿过旅馆大堂：对那些坐在仿文艺复兴的沙发上的先生女士们来说，这个穿着长长的皮大衣、戴着圆形皮帽、满脸通红的先生的举止，是令人毛骨悚然的。上楼梯时，他仍然气愤地迈着大步。

当他快步穿过走廊时，他甚至对自己的步伐无声无息感到恼火，他多希望，他能够发出雷鸣般的声音。他抬起还有些颤抖的手，想去开门。在进屋之前，他又环顾了一下周围：他感觉到背后有一个蒙眬但锐利的目光盯着看他。

在走廊后面的角落里，突出一个高高的、红润的、好奇嗅闻的东西。这是西格弗里德·诺伊格鲍尔的鼻子，他本人也同时站了起来，耸着高贵的垫肩，嘴角挂着狡黠的微笑，露出了几颗犬齿。他一直在那里潜伏着。他的泛红的面孔被这种尴尬而有失体面的处境所带来的喜悦变得容光焕发——“您真的是把我给抛弃了!”

“让我安静一会儿!”彼得·伊里奇向他吼道，他继续说着法文，或许是为了使诺伊格鲍尔难堪，或许是由于激动而自然而然地说出了他最熟悉的语言。“我不想和您再有任何关系。我解除我们的合同。您还要听我的裁决。”

“这是多么不公正啊!”经纪人抱怨地说，但同时似乎又在享受这一切。

彼得·伊里奇把门在身后关上，并从里面上了锁。他还听到诺伊格鲍尔在外面扳动几下门把手的声音，以及他那细声细语的埋怨，就像是一只被关在外面又想进来但却不危险的动物。

柴可夫斯基在房间中央停住了脚步。他一动不动地站了几秒钟，闭上了眼睛。“我要把房间变黑，”他想，“是的，我拉上窗帘。我要坐在这把靠椅上，完全镇静下来。我要闭上眼睛，去想几个还没有抛弃我的人。这一天必须让它过去。明天我就去莱比锡，无论如何，那总是另外一个地方，他们虽然为了嘲笑我而引诱我到那里去，但那里不会比这里更糟。噢，上帝，多么可怕，多么可怕呀！噢，伟大的、严厉的、遥远的上帝呀，我信仰你，你为我安排了多么可怕的遭遇呀！为什么要我去经受这些呢？只是为了把这一切转化为音乐的旋律吗？那不会是美好的旋律的……我要完全镇静下来：一切都会过去的。”

第二章

“他好像没有乘这趟火车来!”月台上的四位先生中的一位说。从柏林快车上已经下来最后一批旅客。他们要接的柴可夫斯基却没有在这批旅客当中。

“这是不可能的。”四人中最年轻的说，他叫亚历山大·济洛季。其他三个人都穿着皮大衣显得很臃肿，只有他身着一件深色紧身双排扣大衣，显得格外精神和苗条。他有着特殊的金属般的嗓音，铿锵而具魅力，他突然喊了起来——脸向后仰着，用双手拢成喇叭状放在嘴上：“彼得·伊里奇，彼得·伊里奇！您在哪里?”

就好像彼得·伊里奇正在期待着这声呼喊似的：一秒钟之后，在头等车厢的门口处，出现了一个高大、稍有些驼背的身影，皮领子高高竖起，圆形皮帽歪戴在通红的额头上，唇间叼着一支香烟。他一只手拿着一本打开的书，另一只手提着一只手袋，不安而痛苦地向周围巡视着。“咳，哈罗，哈罗！什么事?”他喊了多次，却毫无意义；他的眼睛还没有看到月台上的朋友。

“彼得·伊里奇！请下车!”年轻的济洛季用他那漂亮的金属嗓音继续喊道。柴可夫斯基终于发现了他，有些茫然，像盲人一样无神地望着前方。“啊，是您，济洛季!”他招手，脸上逐渐露出了笑容。“唉，我老是弄不好我的行李——我有很多手提箱——”

济洛季向他跑去：他的动作是那么强劲，和他的嗓音一样富有弹性。“我亲爱的济洛季!”柴可夫斯基拉住了他的手，喉咙里感到一阵哽咽。“您能来，太好了！”他使劲摇晃着年轻人的双手。“我总是这么笨，把一切都弄得乱七八糟！”彼得·伊里奇笑了，表示请他原谅。“是啊，我很不习惯一个人旅行。——以前每次总是有我的好阿列克谢陪伴——”他拉住济洛季的胳膊，肩并肩地消失在车厢中。这时，其他三个人也招手叫来了脚行。

接着就是热烈的欢迎。彼得·伊里奇拥抱了他的老朋友小提琴家布罗茨基，热烈地握住钢琴家阿图尔·弗里德海姆的双手使劲摇晃着。第四个人——一个长着黑色小山羊胡、戴着总是滑到鼻尖的夹鼻眼镜的矮小而活泼的男子——自我做了介绍。“我的名字是克劳泽，”他急促地说，“马丁·克劳泽，《莱比锡日报》的音乐编辑，也是您音乐的崇拜者。欢迎您到莱比锡来！”他突然庄严地喊道，就好像是率领着一支带有乐队和彩旗的正式代表团前来欢迎似的。他得意地躬一躬身，就像一个魔术师出人意料地从耳朵里变出一只鸽子或一瓶红酒那样，突然从身后拿出一束玫瑰献给客人。“啊，玫瑰——太美了！”彼得·伊里奇感动地说，“而且是在冬天！”他想接过花束，但却没有空闲的手，只好先把手中的箱子放下；然后，嘴里的香烟也干扰着他，他干脆把它吐到了地上。济洛季赶紧过去利落地把它踩灭。

“欢迎到莱比锡来！”布罗茨基也用低沉的音调说，虽然稍微迟了一点。阿图尔·弗里德海姆会心地咯咯笑了起来。

“你们都来了，真好！”彼得·伊里奇一只手搭到了济洛季的肩膀上，另一只手拢住了布罗茨基。“我刚才差一点不敢下车。是的，我几乎决定继续坐下去——然后再从一个什么陌生的小城市发一封电报，就说我有事，不能到莱比锡来了！”

布罗茨基笑了，笑声震得车站大厅嗡嗡作响。“多么奇怪的想法！”他笑得几乎喘不过气来，“你还是那个老样子，愚蠢的家伙！”大家都大笑起来，只有济洛季的漂亮、纯洁和年轻的脸上是一副严肃而欢快的微笑。“我真高兴还是喊了您一声！”他轻轻地说，布罗茨基正在擦拭笑得发湿的眼睛。

“当时真是邪门了，”彼得·伊里奇讲述说，同时用眼睛盯看着济洛季，“我想，我根本不能下车。或者是根本就没有人到车站来接我，那将是很可怕的，因为我自己肯定会不知所措。或者，来了一些我讨厌的陌生人——那将使我更加无法忍受。可是现在我得救了！”

他把两个朋友搂得更紧些。人们看着他们三个人如何穿过车站大厅向出口走去；弗里德海姆、音乐编辑克劳泽和脚行跟在他们身后。柴可夫斯基的身体紧紧压在布罗茨基和济洛季的身上，看起来就像是被他们拖着往前走：这个被周围的人尊敬但又极度疲惫的老者，轻轻趔趄着，悬挂在他们中间。

“我无法忍受这样的火车旅行，”他说，“它让人生病，它把我粉碎了。为了能够坚持下来，我不得不每次都带上一瓶白兰地上车，但旅行结束时，它却突然变成了空瓶子。而从柏林到莱比锡的路程其实并不长。可我就是不能忍受，我完了，我已是一个废物，你们可以看得出来——而且，作曲，我也干不了了。”

“呵呵呵！”布罗茨基又笑了起来，济洛季严肃地摇了摇头，微笑着把脸转开。

“这是怎么了？”柴可夫斯基喊道，“怎么总是我一个人说个没完——却不让你们说话呢！好，你们大家过得怎么样，我亲爱的朋友？我已经知道：老布罗茨基现在是正式委任的莱比锡音乐学院教授了——”

“正式委任的小提琴教授。”布罗茨基用他那低音俏皮地更正。

“那么，我们的小济洛季呢？”柴可夫斯基把脸完全转过去看着他。“我的小济洛季是节节胜利。全世界都在谈论他，这太好了。我的上帝，过去的事情还都历历在目！”彼得·伊里奇突然在大厅中央停住了脚步。“当时，是我在莫斯科音乐学院给你讲授作曲课！这已经是很多年以前的事情了。然后你就开始了一个更重要的学习阶段——鲁宾斯坦和李斯特。可是，当时你还是一个小男孩，是一个多么漂亮的男孩啊！——当然，你现在还是那样。”彼得·伊里奇又补充了一句。

在济洛季象牙色的脸上泛过一片红晕，最后留在了颧骨上。

“你成名得可真快呀！”彼得·伊里奇说，眼睛还一直盯着他。

“您最近见过安东·鲁宾斯坦吗？”济洛季问。

“我很少见到他。”彼得·伊里奇回答，终于把目光从济洛季的脸上移开。“他对我相当严格，而且保持着距离。我怕他，就像我尊敬他一样。”布罗茨基笑了，但济洛季却仍然保持着严肃的表情。

“什么都无法弥补他哥哥去世对我的损失。”柴可夫斯基以一种失神的目光望着前方。“我非常想念我的好尼古拉，是的，布罗茨基。”他说着突然把脸完全转向他这位年长的朋友，“有多少事情都已经逝去。”布罗茨基不自然地、庄严地点了点头。他们这时已经来到了站前的大广场。

积雪在下午惨淡的阳光下闪烁着。天气相当冷。覆盖着白雪的房屋上方是一片晶莹剔透的天空。

音乐编辑克劳泽赶到三个朋友的前面，冲着前面的房屋、车马、雪橇、行人和整个广场，滑稽地鞠了一躬说：“请允许我介绍我们的莱比锡，大师，这是德意志帝国的音乐中心！”他是一个地道的撒克逊人，说莱比锡时，把“比”字说得很软，并把他家乡城市的名字拖得奇长但却很动听。大家都笑了。“自从门德尔松-巴托尔迪在这里工作过以后，这个城市就成了德意志帝国的音乐中心。”小个子男人又补充了一句，他的夹鼻眼镜又滑到了鼻尖上。

人们招手叫来了一辆雪橇。“它的样子真滑稽。”彼得·伊里奇说，他们登上了雪橇。——“样子其实并不滑稽，”布罗茨基解释说，“只不过和我们家乡的不一样而已。”

雪橇是敞篷的，大家把毯子裹在身上。彼得·伊里奇和布罗茨基、济洛季坐在朝前的座位上，弗里德海姆和克劳泽坐在他们的对面。音乐编辑克劳泽建议："我们最好先把大师的行李交给旅馆，然后直接去布罗茨基的家——这样我们就可以往肚子里填点暖和的东西了。"彼得·伊里奇开心而赞赏地看着他。"这些德国人都是些组织专家！"他确认。"填点暖和的东西——这是个大好的主意。"

凛冽的寒风吹得他们的脸和鼻子通红，只有济洛季的脸还保持着象牙般的苍白：在即将日落的下午的微弱的光线下，他的脸看起来不像是血肉制成，仿佛是另一种材料的产物。——彼得·伊里奇很兴奋，不停地说话。"你们不会知道，从火车上只有我一个人走下来，对你们是多么幸运，"他笑着滔滔不绝地说了起来，"因为我的朋友西格弗里德·诺伊格鲍尔也想陪我到莱比锡来——但我略施小计把他给甩掉了。"

西格弗里德·诺伊格鲍尔的名字像是一副兴奋剂刺激了所有在场的人：他们都认识他，大家笑着骂着乱成了一团。"噢，这个诺伊格鲍尔！"大家喊道，"这个凶神，这个小丑！"彼得·伊里奇很开心，笑的声音也最响。"是的，是的——一个凶神！"他开心地重复着大家对西格弗里德的每一个羞辱。"可是，我可以告诉你们：这个人有一种魔法。你对他毫无办法。他的韧劲就和他的生命一样不可动摇。难道你们以为，我已经把他给甩掉了吗？不，绝不是！上午我坚决把他给甩掉了，可到了晚上诺伊格鲍尔先生又陪着我去听音乐会了，尽管我毫无兴趣外出，更不愿意和他在一起。我竟然和诺伊格鲍尔一起听了柏辽兹的《安魂曲》，指挥是沙尔文卡先生——只跟你们说说：听这种曲子，即使没有诺伊格鲍尔也够难受的。沙尔文卡对我也相当无礼，因为诺伊格鲍尔早上和下午都安排了我和他会见，尽管他知道我不喜欢这样的活动。我不仅感到无聊，而且还受到不公的待遇。唉，这个诺伊格鲍尔！在我的想象里，理夏德·瓦格纳的森林英雄就是这个样子！我都不敢到旅馆门房那里去取我的邮件：肯定至少有他的两封电报。那是什么样的电报哟！第一封中烦琐的内容，到了第二封时就会全部收回去，每封电报都得用50个字，这得花费一口袋金币，而两封电报加在一起，就是一锅无可救药的糊涂粥！”

整个雪橇行驶的路上，他们都在谈论诺伊格鲍尔：人人都和他有过一段可怕的经历，人人都知道他的一段离奇古怪的故事。阿图尔·弗里德海姆甚至说，他曾在公开的舞台上在大庭广众面前打过他一记耳光，就因为他在演出结束时要和他拥抱与接吻。

布罗茨基教授住在市郊的一条安静而高贵的别墅街区。这里的房屋都很像是一座座舒适的骑士小城堡，装饰有很多角楼、墙垛、小尖塔、阳台、带有镶嵌的圆形窗子。“这多像是地方剧院演出《名歌手》时的布景，”彼得·伊里奇笑着说，“但在这里落脚，肯定是很惬意的。看起来，它们都很小康、整洁和舒适。”

布罗茨基的住宅，位于一栋舒适的萨克森式的小城堡的三楼。就在几位先生上楼时，两位女士出现在楼上，向他们招手和呼叫。这是布罗茨基的妻子和他的弟妹——两人都很富态，而且面貌也很相似。高高的发型下面的脸上露出了欢欣和友善，两人柔软的嘴唇上都叼着长长的纸烟。布罗茨基夫人穿着一件日式的和服——黑色丝绸面料，绣着黄色大花图案；弟妹则穿着一件高领俄式衬衣，面料是亚麻的，领子上刺绣着红色花纹，很板整，像是一件制服。布罗茨基拥抱了妻子，夫人立即就埋怨他们为什么要乘敞篷雪橇，人都已经冻僵了。

“可是，我的女士们！这是一个多么美好的夜晚啊！”彼得·伊里奇喊道。他在莫斯科时就认识布罗茨基夫人，那个弟妹现在是第一次见面。他在两位女士面前深深鞠了一躬，做出了一个滑稽而夸张的古老弗兰肯礼仪姿态。并把从克劳泽那里得到的玫瑰献给了布罗茨基夫人。

屋子里散发着枞树、蜜饼和俄罗斯铜壶的味道；房间中央的圆桌上摆放着圣诞树——是那种舒展、挺拔、对称的优良品种，上面挂满了彩球、苹果、各式各样的涂有银粉的松塔、无数小铃铛、蜡制的天使和其他的饰物。蜡烛已经点燃了，给房间带来了它的芳香和温柔闪烁的烛光。“是的，彼得·伊里奇，为了欢迎您，我把圣诞树换上了新蜡烛。”布罗茨基夫人说。

彼得·伊里奇显得很兴奋。“啊，一棵真正的圣诞树！”他一遍又一遍地喊道。“太美了！现在我终于发现了，我确实已经到了德国！是的，我的老朋友布罗茨基，你已经是一个真正的德国教授和一家之主了！不，你也仍然是一个好的俄国人。因为我在这里还看到了这些：大铜壶和玻璃茶杯，还有腌制的樱桃，长过滤嘴的纸烟，伏特加酒瓶，还有我爱吃的糖果！”他随手拿起一块褐色的巧克力夹心软糖放到了嘴里，兴致勃勃地参观各个房间。“啊，那里还有一个书柜，让我看看里面都有些什么：普希金和果戈理和《战争与和平》。能到这里来，我真高兴！我现在就是在俄罗斯！这很好！——这很好！”他轻轻地说，喉咙里感到一阵哽咽。“但我确实也是在德国，”他又补充一句，“这里有圣诞树和贝多芬脸谱。你们家集聚了两个国家的精华。”

“可是，您必须喝茶，彼得·伊里奇。”布罗茨基夫人喊道，“您不能老是说话——您必须喝一点儿茶，我还为您专门烤制了真正的俄式馅饼。”

“这里不是很美吗？”彼得·伊里奇对济洛季说，他的脚步停在了圣诞树旁。济洛季把他那张完美的脸转向蜡烛。“太美了。”他认真地说。

“不，不，我没有进入‘敌营’，也没有落入‘陷阱’。”柴可夫斯基喊道，他把目光从济洛季脸上移开，转向其他人，“那只是我的凭空想象——我曾经很恐惧。但我现在却很幸福。”

“您必须喝茶！”布罗茨基夫人又执拗地说了一遍，穿着俄式衬衣的弟妹也响亮地做了回应：“现在您必须要喝茶了，彼得·伊里奇！”

彼得·伊里奇拿到了一杯茶。他一边吃着莫斯科和莱比锡的美味食品，一边对布罗茨基说："你把我当成贵族接待了！在你们这儿真好！如果没有你们的好客，我今天晚上在这里肯定会死去的。你曾拯救了我的小提琴协奏曲，现在又拯救了我的生命——我不知道，哪个更有价值。——我对我们的老布罗茨基是感激不尽的。"他把头转向用手揪着小胡子聚精会神地听他们讲话的音乐编辑克劳泽。"在其他人不理会我的时候，我们的好朋友布罗茨基接受了我的小提琴协奏曲。我本来是把它献给我的朋友奥尔的。我的朋友奥尔表示受宠若惊和十分高兴。但他的高兴，就表现在他永远不想演奏这部作品：他说这首协奏曲无法演奏，因为它太难。你们可以想象，一个权威做出这样的评价，对这部可怜的协奏曲意味着什么，肯定对它的普及没有任何帮助。于是，它被扔到了一旁，没有人再敢去碰它——直到布罗茨基出现，这个勇敢的人。他费尽千辛万苦，终于出版了这部可怜的老协奏曲——是的，它这时确实已经很老了——那是在维也纳。但我的老朋友从中得到了什么呢？那就是多瑙河畔最有影响的评论家汉斯利克先生对此做的评论。"彼得·伊里奇把身体靠在沙发椅上，带着震怒的坦然，显然想逐字逐句地摘引汉斯利克文章的内容："我们知道，在当代的文学中常常有这样的作品发表，它们的作者描写着最丑恶的心理现象，甚至是无中生有的谣言。"彼得·伊里奇举着手指，郑重其事地背诵着，"这类文学作品，我们称之为臭气熏天。柴可夫斯基的协奏曲向我们表明，在音乐中同样出现了臭气熏天的作品。"

"岂有此理，岂有此理！"克劳泽气愤地喊道，气得夹鼻眼镜竟掉了下来——多亏有一根黑色的丝带拴住了它。阿图尔·弗里德海姆也激动异常。"这种评论实际是对汉斯利克自己的审判！"他扭动着肩膀，尖刻地说。布罗茨基则用他的低音埋怨道："你竟然还把它背诵了下来！难道你没有感觉受到伤害吗？"

"他是为你伤害了我，老朋友布罗茨基！"彼得·伊里奇使用一种几乎是柔情的声调说。“至于我——我对这种批评早就习以为常了。我在俄国读到过不少类似的批评。可是，你却付出了那么多的努力……”

“但是，”布罗茨基说，“现在你的小提琴协奏曲已经演遍欧洲了，我也不是唯一演奏它的人。”

“但是第一个人。”柴可夫斯基深情地对他微笑说。

“那是一部非常美的协奏曲。”济洛季用他的金属嗓音插入短暂的沉默中。柴可夫斯基望了他一秒钟，又把目光移开，转向音乐编辑克劳泽，笑着说：“现在我很好奇，看看莱比锡的评论家先生们会不会说我的管弦乐组曲也是‘臭气熏天’。”

马丁·克劳泽立刻冲动起来。“大师！”他气愤地喊道，“这几乎是一种侮辱！您应该知道我们这里的音乐界是严肃和具备很高艺术素质的，要高于维也纳的同行。而且，”他急促地说，“您是布业大厅请来的客人，这个事实本身，已经保证您将受到普遍的尊重。”

“这我知道，我为此感到很荣幸。”彼得·伊里奇赶紧礼貌地说，既不做作也没有讥讽。“但我会不配的，我会完全失败……”

“我们且不说是否荣幸的问题。”克劳泽的声音里蕴藏着某种严厉。“无论如何，这总是一件罕见和很有价值的事情。一般情况下，布业大厅都是很保守的，他们更钟情于古典节目：海顿、莫扎特、贝多芬、舒曼、门德尔松。甚至连瓦格纳、柏辽兹或李斯特都很少出现在他们的节目中——如果出现，也算是对现代派的一种羞答答的认可。这类作品的演出一般都由李斯特协会主办，我可以说，他们那里常常向公众展示一些很有趣的节目。——而您却可以在布业大厅！这是一个惊人之举！因为您在我们这里被看作是激进派的代表人物。”

“是的，彼得，”布罗茨基证实说，“你在这里被看成是最野蛮的一个。”

听到这句话，柴可夫斯基不得不大笑起来。“这应该让圣彼得堡的某些人知道!”他嬉笑着搓着双手。“某些人早已把我算作已经过时的一代，他们想让我成为一个保守的老爷爷。”

“两个极端的模式都是不可取的。”弗里德海姆插进来说，“实际上，您应该是两个极端的中间派，彼得·伊里奇。”

柴可夫斯基站了起来。“这是怎么了?”他问，并在房间里走了几步。“我们整个时间都在谈论着我和我那些微不足道的小事。这不仅使我在你们这些朋友面前难堪，而且也在那边那些大师面前感到尴尬。”他停在了壁炉旁边。壁炉上方的墙壁上挂着一些伟大音乐家的画像。他们依次是：格林卡和瓦格纳，舒曼和柏辽兹，李斯特和勃拉姆斯。“李斯特的头多漂亮。”彼得·伊里奇崇敬地说。“穿着教士长袍的雄鹰……”

大家突然又都说起李斯特来。弗里德海姆和济洛季都是他的学生。“没有人能像他那样如此美妙地驾驭这个乐器。”弗里德海姆说，同时用他那纤细而训练有素的手指敲打着三角钢琴的乌黑闪亮的琴盖。“鲁宾斯坦也不能。”他有些挑衅地说。“不，安东·鲁宾斯坦也不能。”年轻的济洛季的金属嗓音也证实。“而实际上，钢琴和整个音乐对他来说，或许只是引诱女人的手段。”弗里德海姆沉思着说。“李斯特，或者他的熟练的技巧——只是为了女人。”马丁·克劳泽嬉笑着插了一句，“这是一位德国诗人—哲学家说的话。”

“真奇怪，”柴可夫斯基说，“他死了还不到一年，就已经成了传奇人物。他在生前自己制造了传奇。这个穿教袍的大诱惑者，钢琴和爱情的战无不胜的专家……我从未拜访过他。”他缓慢地继续说：“一切都做得过分了，他只想要崇拜者围在他的身边。人们告诉我，他对我的创作并不怎么在意……”

他们继续讨论着李斯特，谈他的桃色事件，他在罗马、巴黎、魏玛和布达佩斯之间的穿梭旅行；他的花哨和虔诚的交织；他的不懈的助人、发现、促进启发的教学能力。“是的，他确实是一个伟大的活动家。”彼得·伊里奇最后说，“也是一个大巫师。他具有帕格尼尼的风度。是不是有人继承了他的秘密？——而这个，这是勃拉姆斯。”他又转向另一幅画像。

“是的，这就是约翰内斯·勃拉姆斯。”布罗茨基庄严地重复说。出现了片刻的沉默。柴可夫斯基仍然站在壁炉旁，背对着其他人。“你也是他的崇拜者吗？”他问道，把身体转向布罗茨基。“我们大家都崇拜他。”布罗茨基回答，仍然保持着庄严的声调。

彼得·伊里奇咬住了嘴唇。“我知道，我知道。”他说，“这里的人对他有一种宗教式的膜拜。站在膜拜者面前，自己又不属于其中，是很难堪的事情。”

“您在哪方面反对我们的大师勃拉姆斯呢？”马丁·克劳泽出于职业本能问，摆出一个姿态，就好像马上要拿出笔记本，把俄国客人的话记录下来似的。

“我反对他什么？”彼得·伊里奇问，他有些神经质，两只脚不停地左右移动着。“我完全不能理解他——我必须承认。是的，我很佩服他的水平，当然：他很严肃、深邃，甚至很高尚。他很正直和文雅，从不追求粗野的外在的效果，不像其他同时代的人那样，比方我。但我却不能喜欢他——不，不能爱他，尽管我曾做过努力。——我很难过，必须这样说你们国家受人尊重的大师。”他对音乐编辑克劳泽躬了躬身。“噢，不要紧，请您说下去！”莱比锡日报的记者鼓励地说，“这很有趣。”

“那好，如果您愿意听的话，”柴可夫斯基说，“我在你们大师的音乐里感到一种枯燥、冷漠、朦胧和令人厌烦的东西。总地说，他所做的是一种无根基倾向，这使我反感——请原谅我的粗鲁。我听他的音乐时，心里感不到温暖，恰恰相反，我有一种寒风吹面的感觉，是的：它使我寒战。使我寒战，您懂吗？我总觉得里面缺少什么——旋律中缺少美感。在他的作品中，从不把他的音乐思想完全表达出来。旋律的乐句刚刚开始，马上就滋生出和声的转调，浓郁而神秘，把旋律冲淡。好像是，作曲家把自己的使命就定位在含混不清和深邃难懂之上，不顾一切的深邃，甚至不惜让作品乏味。我常常问自己：难道这位德国大师真的很深邃——深邃到每时每刻，深邃到每个乐句中吗？或者他只是在玩弄深邃，以便掩盖他想象力的可怕的贫乏和枯燥呢？这当然是一个无法判定的问题。然而，不论他的深邃和高尚是真是假：反正它都不能打动我——不，不能打动我，丝毫不能打动我的心。”

“如果你能带着更大一些虔诚深入到他的音乐中去，你就不会这样说了，他的音乐中充满了神奇。”布罗茨基说，带着轻微的责备。“在他的伟大面前，你会心悦诚服的。”

“汉斯·冯·比洛早在几年前就曾这样预言过。”彼得·伊里奇迈着沉重的步子在房间里走动着。“‘勃拉姆斯将在您面前展现的，就像是一次上帝的启示。’他在莫斯科就是这样向我保证的。可是，启示并没有来。而且，我也很高兴，它没有来！”他在房间中央突然站住了。“不论我往何处看，这位德国天才的影响都是不幸的。比方，我曾拿到一个年轻的意大利人的总谱，他叫费鲁奇奥·布索尼——没有问题：这个年轻人有很高的天分和伟大的抱负。但他是如何背叛自己的传统，背叛意大利旋律的伟大而神圣的传统啊！实际上，在这个传统当中已经出现了新路，完全没有误入日耳曼风格之中：威尔第就是它的开拓者。但是，这样一个年轻人却想表现出‘日耳曼’来，深邃、乏味——真是让人想哭。我气愤而失望地把总谱扔到了角落里，赶紧拿出古诺的曲子来演奏，尽管它很平庸——但我想听旋律，真正的旋律！”

“我们对布索尼抱有很大的期望。”布罗茨基教授郑重地说。“这我知道，”柴可夫斯基说，他又坐回到茶桌旁，“德国的音乐分成两大阵营：这里是瓦格纳，那里是勃拉姆斯。如果让我在两者之中选择的话，那我就选择——莫扎特。”

大家都笑了，刚才的几分钟里在这个小小社会上空笼罩着的紧张气氛，顿时烟消云散。——“尽管如此，我还是想让你认识勃拉姆斯，”布罗茨基说，“直接见面或许会改变你的印象以及你对他的创作的评价。他明天晚上到我们这儿演出。你能够给我这个面子来出席吗？”——“能够认识这样一个著名的和有争议的人物，是我的荣幸。”柴可夫斯基立即表示，“非常感谢。我当然很愿意来。”

布罗茨基夫人又来斟第二次伏特加。阿图尔·弗里德海姆又打听了各个俄国熟人的情况；大家又讲了很多有关里姆斯基-科萨科夫和塞扎尔·居伊以及名家、音乐评论家和歌唱家的逸事。

四个俄国人几乎没有察觉，他们的交谈已经有一段时间用他们的母语进行了。音乐编辑克劳泽被甩到了一边，不时显示出酸溜溜的表情。后来，他就和两位女士谈论起莱比锡歌剧界的情况来。两个集团，不论是讲德语还是讲俄语的，都不时发出爽朗的笑声。当有人指出，现在已经是午夜时分时，大家都大吃一惊。大家相互帮助穿皮大衣的时候，彼得·伊里奇要求年轻的济洛季第二天和他共进早餐。告别时，他吻了老朋友布罗茨基的双颊，对被烧酒烧得脸庞通红的女士，他又是做了一个夸张的滑稽躬身礼。

“请您先不要走！”当年轻的济洛季早餐后一个小时要告辞时，彼得·伊里奇请求道。“请您再待一会儿！我害怕现在单独一个人留在这里……”

他们坐在旅馆的大堂里喝咖啡，大堂四处都装饰着人造大理石、描金的贴边和各种花里胡哨的饰品。他们小桌的后面，一个巨大的白色石膏天使，突出在一根粗粗的黄黑色相间的大理石圆柱上。天使一头茂密的卷发下面，是低低的额头和一张半球形的胖脸；两只粗壮的手中握着一支巨大的吹奏乐器放在嘴上，乐器的一半像横笛，另一半像军号——它像一个危险的武器高高悬挂在两位音乐家头部的上方。

“这里真令人讨厌，”柴可夫斯基说，同时把一个胆怯的目光抛向那咄咄逼人的天使身上。“您可以到我的房间陪我一会儿吗……”

年轻的济洛季严肃而真诚地微笑着点了一下他那冷漠而无瑕的面孔。彼得·伊里奇的脸被旅馆的无穷无尽的早餐食品和饮料弄得有些发红；济洛季的额头和面孔仍然保持着象牙颜色，白皙的脸上两条又长又黑的眉毛，就像是用墨汁画成。

“我亲爱的济洛季，您必须原谅我把您留这么长的时间。”彼得·伊里奇急促地说，“但我现在处于一种特殊的精神状态，单独一个人会使我感到痛苦。我可能是过于自信了。我非常害怕在布业大厅的音乐会。这是我第一次在国外指挥演出。我要搞糟的，我现在就已经有预感……”

“我很高兴能够和您在一起。”年轻的济洛季用他那悠然而明确，但却缺少内心情感的声音说。——“他离我多么遥远！”彼得·伊里奇想，这个印象使他如此震惊，以致在几秒钟的时间里他几乎不能动弹。“他和我的距离已经变得无法计算。他在想什么呢？只想自己和他的年轻的荣誉吗？永远无法猜透别人的心思，实在是很恐怖的。而这个像是陌生人对我微笑、和我说话的人，我却很早就认识，他曾是我的学生，我现在还能看到他当时和我一起坐在钢琴前那副聚精会神的稚嫩的面孔……”

“成名是不是很美？”柴可夫斯基问，并用他那温柔而深邃的深蓝色的眼睛望着曾是自己学生的年轻人。“它让你很开心吗？”

“您肯定知道这是怎么一回事，那个荣誉。”年轻的济洛季说，并用他那忧伤而多虑的目光经受着老师的考验，但他那张完美的脸上却没有一丝感动。“您在这方面知道得比我要多，彼得·伊里奇。我现在才刚刚开始。——而一个小小的钢琴师又算得了什么。只是一个微不足道的传播者而已……至于什么是荣誉，真正的荣誉，要由您给我讲才是。”

彼得·伊里奇疲惫地摆了一下手。“唉，我……”他说得很慢，低下了头。“我还有很多不明白的地方。我只是知道它是很累的事情，所谓的荣誉。而且，在我这里，它也来得太迟了。我完了，我的歌已经唱完了，我已经没有了什么新的东西。所有的人都认为，我在重复。我是一个老人，人们不再感兴趣。但你还年轻，你还有抱负，多么让人羡慕啊！我觉得，世界上根本就没有那么多的荣誉，不像你所要求和所期望的那样。”

“我当然有抱负。”年轻的济洛季坐直了身体。“但您却是不诚实的。”他补充说，微笑着冲着老师向前躬了躬身。“您既没有认为，您已经完了，也不是对荣誉无所谓。我们大家都需要它。”济洛季的声音突然大了起来，几乎是以一种胜利的语调，冲着后面那个奏乐的胖脸天使说。

彼得·伊里奇低着头坐在这两个年轻的音乐神灵之间，一个是不完美的、简单的石膏雕像，另一个则是有血有肉的高贵的年轻人，他没有抬起头，望着地面说：“我们大家都需要它——或许吧。是的，我刚才是有点不诚实。我们大家都需要它——但为什么呢？用它换取什么？到底用它换取什么呀，济洛季？”

“我们要换取的，正是我们为它而牺牲的东西。”这个学生说，他的脸凝固在一个冰冷而辉煌的微笑之中。

到了楼上的房间，彼得·伊里奇请求允许他躺下舒展一下身体。“我已经筋疲力尽了。”他诉苦说，“昨天我整夜都没有睡觉。”他服用了碳酸氢钠和缬草滴剂。他为济洛季把沙发椅移到了他躺卧的沙发床榻旁边。

年轻的钢琴家整个下午都留在柴可夫斯基的身边。交谈中间也有很长的间歇，彼得·伊里奇有一次闭上眼睛休息了一刻钟。不知道他是否睡着了，但济洛季安静地等待着。然后，他又开始说话，他们的交谈始终保持着同样安静而友好的声调，不论是谈论音乐界的琐事，还是对尼古拉·鲁宾斯坦的动情的回忆，还是关于其他他们都熟悉的人。彼得·伊里奇一再询问年轻的亚历山大·济洛季将来的打算：他喜欢听年轻人那种坚定的，但充满抱负而内心稍带颤抖的声音。他讲述着为扩大他的声誉将进行的巡回演出、音乐会项目等。

当房间里完全暗下来的时候——他们忘记了点灯，济洛季说他该走了，好去为布罗茨基的晚会更换衣服。“请您一个小时以后来接我，”彼得·伊里奇请求道，“让我们一起去布罗茨基那里。我很害怕单独一个人出现在这样的社交场合——特别是今天晚上。我真的很害怕和勃拉姆斯大师见面。他肯定已经听到过我对他不太尊重的言论。”

一个小时之后，他们肩并肩走在积雪的大街上。天气比头一天晚上更冷。尽管如此，彼得·伊里奇还是坚持要步行走完整个路程。“人必须运动！”他喊道，“否则就会僵化——我已经很老也很僵化了。”

当他们接近布罗茨基住宅时，他说：“虽然我很怕今天晚上——您等着看吧，这对我是一个难堪的夜晚！——我却仍然喜欢到布罗茨基的家里来。那里是那么温暖。或许还会有潘趣酒吧。”他兴奋地说，就好像他那柔软而性感的嘴唇已经在品尝着那滚烫的饮料。“我想肯定会有潘趣酒的。”济洛季预言说，走路时用右脚调皮地踢着前面刚刚降下的白雪。“今天是我们的除夕夜。”

彼得·伊里奇站住了，站在积雪的大街中间。“啊，今天是除夕。”他说，突然压低了声音。“我从未想过，这里使用另外的历法……是啊，是啊，完全正确，今天是除夕。一个新的一年。多么可怕呀，亚历山大！一个新的一年！”

他睁大了茫然的眼睛望着满是星光的夜空。当他的目光从那冬日天空的冰冷而闪耀的空虚中离开时，就像是受了惊吓而变得盲目一样落到了年轻的同伴身上。“一个新的一年……”柴可夫斯基喃喃地说，再一次缓缓地向济洛季伸出一支臂膀，好像要伏在他的身上。但他又把臂膀放下，仍然是缓缓的，就像刚才伸出时一样，他并没有碰到身旁的年轻人。

“一个新的一年。”济洛季用欢快而平静的声音说。“这有什么可怕呢？这只能意味着：我们又有了新的机会，又可以做些什么。”

“是啊，是啊。”彼得·伊里奇摇了摇头。他站在那里，腰有些弯，突然看起来像一个真正的老人。“每次都会使我寒战。我不知道为什么……每次都使我感到寒战……”

在布罗茨基的家里，他们受到两位女士——布罗茨基夫人和他们的弟妹——的欢迎。“衷心地欢迎！”衣着华丽的布罗茨基夫人喊道，她今天穿着一件格外精致的半露胸的晚礼服，面料是紫红色的丝绒，而那位弟妹则穿着一件绿色塔夫绸类似的长袍，显得格外精神。“衷心欢迎你，亲爱的彼得·伊里奇，祝您新年幸福！”他们热烈地握手，两位女士嘴里叼着长长的纸烟。彼得·伊里奇必须拥抱布罗茨基夫人；她的胸部颤动着，身上散发着强烈的东方麝香香水的甜丝丝的味道。

布罗茨基教授也迎了出来。他穿了一件庄重的小礼服，面庞红润，相当激动。“勃拉姆斯大师马上就来。”他预告说，“快进来，我亲爱的！其他的朋友都在等着你们。”

客厅里笼罩着热烈的气氛。彼得·伊里奇被圣诞树上闪烁的烛光照耀得无法分清各个面孔。他和很多人握着手。一位年纪较大的先生对他格外热情，他是卡尔·赖内克，布业大厅管弦乐队的资深指挥。“能在这儿见到您，我们十分高兴！”乐队指挥赖内克说。彼得·伊里奇躬身表示感谢。另一位先生走了过来，外表显得很老练，也有着一对智慧和善良的眼睛：这是著名的小提琴家约阿希姆，大家等待着的大师的老朋友。

彼得·伊里奇很想和这两位经验丰富的音乐家交谈几句，但他却无法回避正在向他走来的身材修长的女士。她的灰色的轻便的服饰——一种剪裁紧凑的猎装——似乎与这个市民阶级严肃庄重的场合不太和谐。她的身后，还用一根短皮条牵着一只腰身细长、眼放凶光的牧羊犬。“您是柴可夫斯基先生吗?”她有些挑衅地问；从她说的第一句德语可以确定，她是一个英国人。“很有意思！我虽然还没有听过您的作品，但人们向我谈论过您，我是 Miss 史密斯，是您的同行——是的，我也在做音乐。”——“很高兴。”彼得·伊里奇喃喃地说。“您到这里来，也是为了认识勃拉姆斯大师的吧。”史密斯小姐说，“您是第一次见到他吧？我很羡慕您！我们私下里说，他简直就是上帝!”她把圆润的手放到爱说话的嘴上，就好像是在泄露一个秘密。彼得·伊里奇想转身离开她，他强制自己有礼貌些，但史密斯还在不停地说：“我们能做他的同时代人，都应该感到骄傲。”他像在迷雾后面听着她那破锣似的声音。他气恼地瞟了一眼她那张又长又黄的——就像是皱折的羊皮纸——满是皱纹的老处女的面孔。他发现，布罗茨基正向他走来；一个稚嫩的、有些弱不禁风的年轻人迈着碎步走在布罗茨基的身旁。

瘦弱的年轻人停到了柴可夫斯基身旁，他的头上是相当稀薄的飘逸的卷发。从近处，可以看到他那明亮而纯净的无辜的眼睛周围，已经出现了纷乱微小的皱纹。布罗茨基把手放在彼得·伊里奇的肩膀上。“爱德华·格里格想认识你!”他说。

“爱德华·格里格!”彼得·伊里奇高兴地喊了起来。“可是，老朋友布罗茨基，你为什么没有告诉我，说格里格也在这里。那样，我就可以事先高兴整整一天了。”他们热烈地握手。格里格有些拘谨，一个肩膀神经质地高耸着。“真高兴能够认识您。”他用纯净的高音说。他说的德语带有一丝十分可爱的、轻轻跳动着的挪威口音。

“而我早就希望有机会和您相识！”彼得·伊里奇说，十分真诚，声音比平时大得多。——他明显动了真情，对能够见到这个腼腆的、几乎像个男孩的人感到兴奋，他喜爱他的音乐——那是一个充满朴实、清新和悦耳的宝藏。“您看起来多么年轻啊！——请您原谅我这样说，但是，我觉得我的年龄并不比您大多少。我本来想，格里格是我的同龄人，可是现在我看到的却是一个小伙子！”

“您看起来也相当年轻，亲爱的柴可夫斯基。”格里格带着一种滑稽的拘谨说。

“啊，我的朋友，请不要再讥讽我这个老头子了！”彼得·伊里奇幽默地用双手捂住了脸。

“妮娜！”爱德华·格里格急促地喊道，“妮娜，请快过来！你也可以来认识彼得·伊里奇·柴可夫斯基。”

从房间的一角传来了一个纯净的高音，和他的声音十分相像：“好，爱德华，好！”妮娜·格里格走了过来，她也和她的丈夫一样迈着碎步，和她的丈夫一样矮小，而且长着一副几乎和她的丈夫一样的面孔，只是她的头发已经花白。“妮娜·格里格，”丈夫格里格介绍说，“我的妻子同时也是我的表妹。”他们手拉着手站在柴可夫斯基面前，就像是两个听话的孩子。

“你们两位都在这里，太好了！”彼得·伊里奇说，并吻了妮娜夫人的手。他把其他在场的人都忘记了。当房间里的嬉笑和喧哗突然停止的时候，他才又意识到其他人的存在。房间里突然笼罩在一片虔诚的宁静之中。约翰内斯·勃拉姆斯走了进来。

彼得·伊里奇已经看到了他那臃肿而敦实的身影，但却摆出一副没有看见的样子。就在这突如其来的宁静中，他突然大声对格里格的夫人说：“您根本就无法想象，我是如何喜爱您丈夫的音乐，尊敬的夫人！”布罗茨基教授在身后捅了他一下。“彼得·伊里奇！勃拉姆斯来了！”他小声说。“噢，勃拉姆斯先生来了！”彼得·伊里奇摆出一副懒散而文雅的姿态。这时，勃拉姆斯已经向他走来。

“这就是我们的俄罗斯客人。”德国音乐大师说，并把头稍微后仰，用他那眯缝着的灰色眼睛打量着彼得·伊里奇。——“祝您新年快乐，勃拉姆斯先生！”彼得·伊里奇说；他感到气恼的是自己的脸竟有些泛红了。“可是，旧的一年还没有完全过去呢！”勃拉姆斯爆发出一阵短暂而嘶哑的笑声，但立即又戛然而止，就像刚才突然爆发时一样。站在两个作曲家——彼得·伊里奇·柴可夫斯基和约翰内斯·勃拉姆斯——周围的人，对德国大师风趣的表态报以欣慰的嬉笑。笑声最大的是音乐编辑克劳泽，彼得·伊里奇这时才在人群中看到他。

勃拉姆斯叉着双腿站在那里；双臂也稍微离开他那敦实的身体，他的样子就像是一个残疾人和笨拙的人。“他的样子，好像喘不过气来，”柴可夫斯基想，“尽管他的呼吸平静而均匀。”

“您喜欢莱比锡什么?”勃拉姆斯问，并缓慢地举起右手，把一支又长又黑的雪茄——看起来很重又很难闻——放进嘴里。“承蒙您提出这个问题。”彼得·伊里奇回答，用将要抽完的香烟点燃了一支新的。“我的朋友们热情地接待了我。我感觉好像在家里一样。”——“这我们很愿意听。”勃拉姆斯说，叉着腿站着，头稍仰，嘴唇微张，把冒着烟的雪茄又移开了嘴边。“是的，在布罗茨基朋友这里总是很舒适的。”他补充了一句，并朝着布罗茨基的方向微笑了一下。“这里有莱比锡最好的咖啡。”人们听到了布罗茨基夫人的短暂的笑声。

勃拉姆斯带有很强的北德的地方口音，短促并把每个词的第一个音节说得很尖锐。“维也纳并没有改变他，”彼得·伊里奇想，“包括他本人和他的音乐。可是，他面孔的圆润而柔软的线条和他说话时的尖锐的口音却很不相配。他的面孔几乎让我想起了玩具娃娃，浓密的花白胡须和细长的白发——头发很美，但可惜太稀疏了。还有他的深色的长上衣，也很像是教士穿的长袍，我过去认识的一位教士，长得和他真像。可他为什么穿这么短的裤子呢？这和长上衣很不配，那双臃肿的皮靴，实在太难看……”

“过一会儿我们演奏点儿音乐。”德国音乐大师说，有人给他端来了咖啡——彼得·伊里奇突然想起有人告诉他，说勃拉姆斯整天都要喝很浓的咖啡；他的心脏肯定是很强的。“我希望，你在这里不要感到无聊，柴可夫斯基先生。”

“我很骄傲，今天能够听到您的新三重奏。”彼得·伊里奇微微躬身。

“不过，或许不完全合乎您的口味。”勃拉姆斯仍然叉着腿站在那里，一只手拿着咖啡杯，另一只拿着雪茄，他知道，面前这个外国人不喜欢他的音乐。“其中没有辛辣的佐料，又没有闪光的东西。”他友好地看着彼得·伊里奇，也稍带一丝嘲讽。

“我坚信，它是很美的。”柴可夫斯基说，但又马上对这个愚蠢的回答感到懊悔。房间里所有的人都紧张地等待着他对大师刚才的相当直接、相当露骨的出击，会做出什么反应。现在，大家都失望了。

“人们说，”勃拉姆斯说，同时友善地，但又有些试探地望着他，“除了自己国家的音乐之外，您主要喜爱当代法国音乐：古诺、马斯内、圣-桑。”他在说法国名字时，有些吃力并带有错误的重音，或许也是出于某种敌视。

“您刚才提到的几位作曲家，都很值得尊敬，”柴可夫斯基说，高高的额头上泛起了红晕。“不过，在巴黎，人们批评我过于受德国的影响。”

“在巴黎，”创作《德意志安魂曲》的大师嘶哑地笑了，他说，“在巴黎，人们到处在说德国影响。——您的母亲是个法国人吧？”他突然问，并微微眯上了眼睛。

“我的母亲出自一个法国家庭。”彼得·伊里奇感到这样的谈话已经无法忍受；再过几分钟，就可能爆发一场难堪而永远无法弥补的事件来。勃拉姆斯可能也有所感觉，他结束了这场谈话，就像是结束了一次帝王的晋见。“无论如何我都祝您在我们这里愉快。”他说着转过身去。

牵着牧羊犬的瘦高英国女人就像一个女战士冲向敌人那样，跳到勃拉姆斯面前。“音乐会什么时候开始，大师?”她贪婪地问，“我们大家都很高兴，能够听到您的最新作品!”

彼得·伊里奇寻找着格里格，他和他的妻子妮娜退到了房间的角落里。他松了一口气，坐到了两个可爱的人中间。“让我们一起听三重奏吧!”他说。

这一夜他过得很差，感到整个白天弄得他筋疲力尽了，他的每一个关节都疼得厉害。他拒绝了一切约会，躺在床上休息。他害怕地想，可能这一切灾难都是从心而生。他有一种模糊而恐惧的预感，觉得自己患了严重的心脏病，这是他对自己的惩罚；可是，医生们，那些阴险的小丑，居然顽固地不想确诊，这反倒使他更加确信，他会有一天痛苦地死去。“我的心脏彻底垮了。它早已不再起作用。”他常这样忧伤地表示。但尽管如此，他还是整天吸着香烟，包括今天，包括现在躺在床上想休息的时候。长长的过滤嘴已经在身旁的烟灰缸里堆成了小山。彼得·伊里奇仰面躺着。他试图回忆这个可怕的夜晚长久使他骚动不安的那些噩梦。但却怎么也想不起来。他的母亲似乎出现过，这他还知道。她对他是那么不和善——他怎么会做这样丑陋的梦呢。是的，他好像站在一张桌子上，或者甚至是一个柜子上，而他的母亲却想把他推下来。他很害怕，但母亲却很开心。他怎么能做这样的梦呢?

服务生送来的午饭，他一口都没有吃。四点钟的时候，他要了一瓶白兰地。他喝着酒，抽着烟。时间过去了。彼得·伊里奇恐惧地看着天逐渐暗了下来。“7 点钟，”他对自己说，“我必须起来更衣。今天晚上必须到布业大厅去听勃拉姆斯的音乐会。这是一个大型的新年庆祝活动，整个莱比锡的音乐界都要出席。我如果不去，会被看成是一个示威。”

晚上，布罗茨基和济洛季来接他。他们乘坐一辆马车前往布业大厅。音乐厅的前廊里，前天布罗茨基的音乐晚会上出席的人几乎都在这里站成一个圈。彼得·伊里奇听到Miss史密斯宣布：“我可以告诉你们，我的朋友们，他才是真正的。我已经感觉到，他是真正的！我觉得只有三位伟大的音乐家，他们的名字都是B字开头：巴赫、贝多芬、勃拉姆斯。前两位是为第三位，最伟大的一位做准备工作的——是的，贝多芬也没有达到圆满。至于说瓦格纳，这个丑陋的虚张声势——他连准备都不是，而只是喧闹的误入歧途。所以，真正的只有一个，那就是勃拉姆斯！”大家没有笑她。她虽然有些怪僻，但却不是不正经。由于大师对她的肆无忌惮的公开崇拜给予友好的默认，所以大家也就把她归类于精选的亲密关系圈子之中。大家都习惯了在所有音乐会和其他音乐活动中和她见面。如果她缺席，大家就会知道：她回了英国，打猎去了。因为，除了勃拉姆斯之外，她只还有两个爱好：狩猎和养狗。

“现在您可以认识一下我们的新布业大厅。”音乐编辑克劳泽快活地对彼得·伊里奇说，“您的新的活动场地！您会睁大眼睛的，我尊敬的大师！”

彼得·伊里奇欣赏着大厅，并向所有想听的人表示，这是他所见到的最华丽的音乐厅，“真正的。”——勃拉姆斯的小提琴与大提琴双重协奏曲演出之前，先由托马斯教堂的男童合唱团演唱巴赫的一首经文歌。孩子们那严肃、稍微平淡和天使般纯洁的声音打动了彼得·伊里奇，同样感动他的还有孩子们脸上那认真、出神、热烈激动的表情，微微皱起的额头和圆润的小嘴；这些陷入陶醉的男童把手中的歌谱举得很远，就好像他们都有些远视。他们完全像是一群瘦长的天使为上帝奉献着美好的颂歌。“他们唱得比我们的教堂合唱团还要好。”彼得·伊里奇小声对济洛季说。“我的上帝，他们唱得多美啊……”

这时，勃拉姆斯登上了指挥台，受到了敬重的而不是狂热的掌声。然而，当他发出了开始的信号，摆出臃肿而笨拙的姿态举起手中的指挥棒时，整个大厅里出现了一片绝对的寂静，像是一次庄严的宗教活动就要开始。小提琴由大师约阿希姆演奏，大提琴由来自柏林的豪斯曼演奏。——彼得·伊里奇虔诚地聆听着两位弦乐演奏家纯净而有力的表演，“这是我所听到过的最好的乐队。”他深有感触地想，“在俄罗斯我们没有可以与它相比的乐队。”他带着完全客观而紧张的心情关注着作曲家的指挥动作——这种稍有沉重，几乎是笨拙的、带着力量和感情的姿态；在钢琴段落时，他的僵直的胳膊几乎是愤怒的摆动，然后立即：姿态突然松软下来，一种温柔的圆润，手臂乞求着、恳请着向上举起，像琴弦一样颤动着；在那张向后低沉的陶醉般的长着胡须的脸上，展现出来自内心的激动。

彼得·伊里奇很难集中精神听音乐的演出。他很紧张。他只想着明天将在这个大厅进行的乐队排练。

这位俄罗斯的作曲家在第二天上午被指挥赖内克介绍给了布业大厅乐队，他的脸色有些苍白和迷茫，稍有动静就会泛起红晕；下垂的花白髭须下的过软的嘴唇有些颤抖。“各位都知道著名作曲家柴可夫斯基，”慈祥的老赖内克说，“我的先生们，现在我向各位介绍指挥柴可夫斯基本人。”

著名作曲家和指挥家柴可夫斯基本人，在恐惧和害羞下有些驼背，走上了指挥台。小提琴手、中提琴手、大提琴手们都轻轻地用琴弓敲着他们的乐器表示欢迎；但他们的脸上显现出不很高兴的表情：他们不大喜欢和外国的性格奇异的作曲家合作。彼得·伊里奇胆怯地望了一眼这些冷淡而封闭的面孔。“我现在必须讲话。”他想，并感觉他的脸上已经泛红，“他们会讥笑我——他们会爆发大笑来讥讽我。”他开始用嘶哑的声音说：“先生们——我不会讲德语——但我很骄傲，能够在这样一个……这样一个……让我怎么说呢——我很骄傲——我不能……”坐在他身旁的首席小提琴手紧紧咬住嘴唇不笑出来。柴可夫斯基突然站直了身体，用指挥棒敲着谱架，“我们开始吧，先生们！”他用放松而坚定的声音大声喊道。第一管弦乐组曲开始了排练。

彼得·伊里奇充满激情地工作着。他常常打断乐队的演奏，让他们再来一遍，但却从不表现出不耐烦或烦躁，而是用一种和蔼可亲的态度对待乐队，是的，他甚至好像在努力乞求大家的爱戴。“我的先生们，我亲爱的先生们！”他用一种柔软的歌唱般的德语说话，滑稽地、恳求地举起胳膊，“我恳求各位：再来一次——更多一点儿柔情，飘浮一点儿，轻一点儿——绝对要轻！”第一乐章《引子和赋格》主要是给吹奏乐手带来了困难。两支大管在一开始就要以同度音奏出主导主题，高音部难以达到纯正。彼得·伊里奇只好让他们一再重复。而在排练第二乐章《嬉游曲》时，半暗的大厅后面出现了一个肥胖的身影，那是勃拉姆斯。他悄悄地坐到最后一排座位上，彼得·伊里奇在他一进门的时候就已经察觉。“多好啊，我们正好排练《嬉游曲》！”柴可夫斯基想。“这是很成功的一段，会给他留下印象的，这是全新的东西。是啊，我把我们的民间曲调——那种伤感的可爱的曲调——融合到德国圆舞曲的旋律之中，确实有些新意。这不仅仅是《悲伤圆舞曲》，而是一种新的伤感华尔兹，优美而明亮——是一种优美的诉怨之歌。您明白，这意味着什么吗，勃拉姆斯先生？用优美来控诉……这首《嬉游曲》是我后来补充进去的——我很高兴做了这个补充……”

乐队的音乐家们都进入了角色。这位外国作曲家的真诚的努力，激发了他们的虚荣心，而他的有些献媚恳求的可亲态度也使他们的情绪高涨起来。《嬉游曲》之后，他们又排练幕间曲，即使每隔几分钟就要中断一次，他们也还是愉快地继续下去。

当第三乐章中出现《微型进行曲》时，彼得·伊里奇有些不安了。他知道，坐在半暗大厅后面的勃拉姆斯肯定会有蔑视的表情。“我真应该把这个《微型进行曲》抛开。”他想。他向乐队要求演奏得轻盈一点：“这段音乐要像八音盒的声音那样！”他请求乐队：“我知道，这个小小的玩笑有点低俗，所以我才在旁边标明‘随意地’。但没有一个指挥家会放弃它，观众喜欢这样的玩笑。我们为什么要放弃这个笃定的效果呢？”

“而且，听起来也很美。”他想，心里产生一种执拗，实际是针对大厅后面角落里那个人的。——这个曲子中需要乐队的很小一部分：两支长笛、短笛、两支单簧管、两支双簧管、四把提琴、三角铁、钟琴。“声音听起来真的很好。”彼得·伊里奇想。他的思绪越来越跳动，越来越轻松，他喊道：“要轻，我亲爱的各位！很轻，很轻！八音盒，各位！”就在这一刻，他听到了勃拉姆斯的不满的干咳声。

排练之后，彼得·伊里奇对乐队说了几句感谢的话。“我想还过得去。”他筋疲力尽地说，擦去额头上的汗珠，“但那个《微型进行曲》还得再轻一点儿。它根本就不该有任何重量！”

老赖内克和他握了手，说了几句赞扬的话，也发表了一些意见。从黑暗的后面，勃拉姆斯的身影动了起来。他向他们两人走来，以适当的友善问候了柴可夫斯基，但一句也未提管弦乐组曲。他的样子就好像他根本就没有听到过。问候之后，他开始和赖内克谈下一个音乐会的问题，它将于柴可夫斯基音乐会之后在布业大厅举行。

经过这次排练，彼得·伊里奇可以说，一切令人窒息和僵化的理由都已不复存在：在乐队和他之间已经建立了良好而亲密的关系，双方都已相互熟悉，完全失利的可能性已经可以排除。尽管如此，他还是出席了第二天上午公开的彩排，他又有些畏缩和茫然。整个夜里，他都在设想着，勃拉姆斯及其信徒们还会在莱比锡制造反对他的阴谋，甚至组织一批暴徒，带上口哨和臭气弹来对付他。

然而，上午的彩排进行得相当顺利。音乐大厅中的观众很不少，很可能发放了免费的入场券，彼得·伊里奇发现了很多俄国大学生。正因为如此，大厅里的掌声确实很热烈；在对观众产生了积极效果的《微型进行曲》之后，他加大了庆典的气氛，以便在第四乐章的谐谑曲中逐渐平静下来，然后在终乐章的加沃特舞曲时，再次狂热起来。音乐厅中的俄国年轻人向他们的同胞高声祝福和热烈欢呼；他感激地不断招手致意，感觉到眼泪已夺眶而出——感动的泪，骄傲的泪，思乡的泪和疲惫的泪。当他坐到马车里回旅馆的时候，他感到一阵轻松和高兴。

到了旅馆，门房递给他一张刚刚送来的纸条。彼得·伊里奇读道："太美了！谢谢！您的朋友和崇拜者爱德华·格里格。"——他笑了，在蓄着浓密小胡子的门房面前，不好意思地擦拭着脸上流下的大泪珠。他把纸条放进外衣的胸兜里。第二天晚上去音乐会时，带在身上当作圣物。

人们事先和他打了招呼，十分严肃的德国观众不倾向于夸张和过早地给予赞赏的掌声。尽管如此，他还是感到有些茫然，在登上指挥台时竟然没有人拍一下手。台下一片寂静。今天晚上大厅里没有俄国大学生。彼得·伊里奇有些笨拙地鞠了一躬。但脆弱的观众是可以打动的：掌声一个乐章比一个乐章热烈，到了最后已经变得十分真诚，彼得·伊里奇不得不两次出来谢幕——人们告诉他，这在莱比锡已经是不比寻常的现象。

"现在我可以回家了。"彼得·伊里奇想，"现在我可以回到我的旅馆，躺到床上闭上眼睛了。然后我想什么呢？但愿我的思想能够安静下来，不再折磨我……"

济洛季为什么没有来呢？整个晚上我都没有看见他。他在哪儿？他没有来听音乐会？奇怪：应该来的人，往往就是不在。真是奇怪：他几乎每次都不在……

第二天早上，彼得·伊里奇很早就被人唤醒；还不到 7 点钟，就有人敲他的房门。旅馆的接待主任走了进来，气喘吁吁地说："您必须马上起来，柴可夫斯基先生！军乐团要为你演出致意！"——"在哪儿？"彼得·伊里奇茫然地问，"在房间里？"——"不，不！"接待主任激动地说："在旅馆下面的院子里。这是一个很大的荣誉。您必须在窗子这里接受演出。这是一个很大的荣誉，柴可夫斯基先生！这是节目单。"

他躬身递过节目单：那是一份用粗大的鹅毛笔写在硬纸板上的节目单，看起来很像是一份精致的菜单。大字标题是："为俄罗斯作曲家彼得·柴可夫斯基举行的早晨音乐会。"然后是分门别类地用玫瑰图案围起来的八首音乐作品。

还没等彼得·伊里奇看完节目单，楼下一支铜管乐队已经开始演奏俄罗斯国歌了。旅馆接待主任给彼得·伊里奇递过法兰绒的睡袍；彼得·伊里奇穿上，走向窗子。

"要我打开窗子吗？"他问。"当然。"主任赶紧点头说。——"但我会着凉的。"彼得·伊里奇嘟囔着。

他打开了窗子。一股清新的早晨空气迎面而来。下面，在积雪的庭院里，一支军乐队正全神贯注地演奏着。指挥向彼得·伊里奇敬礼致意。柴可夫斯基礼貌地回礼；他觉得，外面冷得厉害——他呼出的气像一团小云飘向外面冰冷的空气中。他把褐色的睡袍在胸前裹紧一些。轰隆隆的俄罗斯国歌结束之后，环绕旅馆庭院四周的所有窗子里，都出现了被惊醒的客人。他们在睡衣或衬衫外面都套上了皮衣或者裹上了一块毛毯。他们还不明白，下面到底发生了什么事情，但他们却都很高兴，因为外面的空气纯洁而清新，因为可以听军乐的演奏。一个胖女人，头上满是卷发的夹子，把身体探到窗外为军乐队鼓掌——这看起来很令人担心，她又胖又笨拙，恐怕会掉下来。旅馆的服务生、清洁女工、厨房帮工和戴着白帽子的厨师们，也都从底层的房间里走到庭院，想在现场经历这一切。俄罗斯国歌之后，穿着制服的军乐队又演奏了阿伊达一段咏叹调；然后是一首维也纳圆舞曲和瓦格纳乐曲的集锦；然后是各种效果极佳的用庄严和精确演奏的小段子，节目的最后是柴可夫斯基的D小调《肃穆进行曲》，它的主题有些像《守卫莱茵》。旅馆的客人和工作人员还以为这是一首稍加改动的德国曲调，立即热烈鼓起掌来。几个服务生张开大嘴，双手紧贴在裤缝上跟着唱起爱国的歌："亲爱的祖国，愿你放心！"歌词不完全和曲调相配，但却毫不影响他们的情绪。彼得·伊里奇向他们招手致谢——退回到自己的房间，庭院和窗子里的人们没有发现他的存在。

两分钟之后，演出时十分动情的军乐队的指挥，像一个活泼的拉线木偶似的来到了他的房间。他的粗犷而慈祥的面孔以及那带着冰碴儿的灰色胡须，令人想起了一条老狗。他的带着闪亮肩章的制服显得相当华丽，就像是一名将军；胸前还佩戴着数枚闪闪发光的奖章。

"请您允许，"这个军人乐师琅琅地说，"我的名字叫萨罗。"他打了个立正。

"我感谢您的美好的早晨音乐会，萨罗先生。我真的很受感动……"彼得·伊里奇向他伸出了双手。

"为著名的贵宾表示点小意思，是我们的荣幸……"军乐队指挥萨罗停住了，脸变得通红。"我是您的一个大崇拜者……您的音乐，柴可夫斯基先生……很多作品都是大师之作……人们并不都是对音乐一窍不通的人……"这个好人紧张得出了汗。"……对俄罗斯音乐——人们并没有成见……"他干咳了一声，更加拘谨了。"恰恰相反——人们十分尊重……音乐和政治相互是没有什么关系的。"他突然停住了讲话，用稍微蒙眬但和善的目光望着彼得·伊里奇。

"我衷心地感激您。"柴可夫斯基又说了一遍。

"那是我们的荣幸。"萨罗又站直了身体。"我很遗憾：还有公事在身。"他猛然转过身去，很快走出了房间。

旅馆的接待主任跟在他的身后。在关门之前，他又转过身来向彼得·伊里奇鞠了一躬。“这就是荣誉，柴可夫斯基先生。”他轻声说。他那蜡黄无神的脸上显现出了一种肃穆。

彼得·伊里奇一个人站在房间的中央。他突然笑了起来。爽朗的笑声像痉挛一样摇动着他。“哈哈哈，”他笑着坐到沙发椅上，笑得前仰后合，用双手敲打着膝盖。“这就是荣誉——哈哈哈——”

他的头仰到了后面，他的嘴大大地张开，好像要发出一声控诉的呐喊。

第三章

彼得·伊里奇又在莱比锡逗留了数日。每天在旅馆房间里醒来时，他就会看到壁架上的那些小摆设——其中有一只塞金根小号手，头上戴着插着俏皮羽毛的帽子，这是他最恨的东西——然后他就会想那个难堪的、他早已熟悉的、一再使他胆战心惊和麻木不仁的问题："你为什么在这里？你在这里有多么可笑，多么错误和多么恐怖……"可是，然后他却又在他的笔记本里看到，每天都摆满了各种约会；他必须起床，才不会错过这一天的第一个日程，今天是又一个喧闹的、劳累的日子。大多情况下，他的一天是开始于看那份服务生用银托盘送来的电报——这是西格弗里德·诺伊格鲍尔发来的一封逻辑混乱、晦涩难懂、敲诈勒索而又卑躬屈膝的电报——而结束于音乐。

这个上午的第一个客人是布罗茨基，他的腋下夹着一捆报纸。"我祝贺你，老彼得·伊里奇，"他喊道。他的脸显得通红，可能因为外面的冷风和他带来的消息。"新闻界对你的反应不错！"——"没有汉斯利克吗？"他们笑了。——"没有，人们对你很尊重。"布罗茨基把报纸展放在早餐桌上。"这是最重要的一份，"他解释着，递给彼得·伊里奇其中的一张报纸，"这是伯恩斯多夫写的，标题是：《音乐世界的信号》。"——"这就是最重要的？"彼得·伊里奇问。他读道：

> 对彼得·柴可夫斯基，这个属于俄罗斯新青年狂飙派的作曲家，我们迄今为止只知道两三首曲子，而它们，我们必须坦率地

> 承认，并没有给我们带来什么好的印象，这并不是因为我们认为它们的作者缺乏天才和能力，而是因为他使用其才能的方式方法使我们反感。我们同样坦率地承认，我们是不无一定的恐惧去接触节目单上标明的组曲的，因为我们担心又会看到各式各样的怪异、扭曲和顽固的东西。然而，事情却并非如此：柴可夫斯基在上述提到的作品中变得有节制和开明了，他的优势已经不再是为了哗众取宠而去追求辛辣的佐料、独出心裁和巴洛克式的东西。我们说：不再是主要的倾向，因为在个别细节上仍然没有摆脱过去的风格，而且还强烈地散发着粗俗奇想和自我怪异的味道……

彼得·伊里奇笑了。"'为了哗众取宠而在巴洛克中追求优势'，这当然绝不能去干。"他说，"我知道，如果有人这样做，那他们就会不无一定的恐惧去接触！"

《音乐世界的信号》一文的结尾是："我们现在已经无法摆脱这样的印象，在莱比锡的音乐界，不能再说有俄罗斯恐惧症了。"——"这一点，那个戴大肩章的乐队指挥萨罗已经向我保证过了。"彼得·伊里奇开心地说。"人们都感到很骄傲，不再让俾斯麦决定他们的音乐口味。"——"这确实值得赞赏。"布罗茨基教授非常严肃地说。"我们必须看到，德国人喜欢一切都由人给规定好，包括音乐口味。——其他的评论也都差不多是这样的充满敬意的口气。"布罗茨基翻着报纸说。"整个新闻界都在详细地研究你——您看这里：《音乐周刊》、《莱比锡报》、《新音乐杂志》、《莱比锡日报》、《消息报》、《莱比锡城郊总汇报》！"——"都是充满敬意，但却惊诧不已。"彼得·伊里奇兴奋地说，"为什么我们总是对他们写的东西这么认真呢？总是认真对待，是我们的一大优秀品格。"

中午在赖内克那里举行一个小型聚会，彼得·伊里奇坐在年轻的费鲁奇奥·布索尼旁边，他那天使般纯洁、苦行僧般瘦弱、被一种精神上的严肃所折磨又美丽的面庞深深吸引着彼得·伊里奇，但同时也使他感到震惊和茫然。两人之间就是无法进行一次平凡而肤浅的交谈；但此时此地又不允许讨论严肃和深层的问题，所以他们之间的谈话也就只能是毫无意义的少言寡语了。

晚上，他们在歌剧院预定了一个包厢。演出的节目是《名歌手》。序曲之后，彼得·伊里奇对赖内克说："你们的年轻指挥真棒，我为他所倾倒。他似乎对乐队有一种魔力。我的上帝，他几乎什么都没有做！而像我这样的老新手：辛苦了一辈子——还得去乱蹦乱跳，——而他却省去了一切多余的表情，完全安静地——安静得让人激动不已——，却能够强迫乐队时而像千把杰里科的号角齐鸣形成雷霆万钧之势，时而又柔声细语，像是——像是什么？对，就像是一只小鸽子——逐渐弱了下来，带着一种甜蜜……真让人喘不过气来！你们知道你们得到了一个什么样的人吗？"——"我们是不是知道阿图尔·尼基什是个什么样的人！"所有坐在经理包厢中的人都突然激动起来，"阿图尔·尼基什是我们的骄傲和希望。"厚道的老赖内克说。而马丁·克劳泽又断言："没有任何一个指挥家在理解瓦格纳晚期作品上能和这位年轻的大师相媲美——不，连比洛都不能！"他挑衅地喊道，"比洛有些哗众取宠，而阿图尔·尼基什却是神圣的从容。"

演出休息时，彼得·伊里奇请人带他去见这位年轻的指挥。尼基什还不到30岁，他长得纤细柔嫩，苍白的脸上有一对明亮的眼睛。

"我感到羞愧，"彼得·伊里奇对年轻的指挥说，"我感到很羞愧，我亲爱的朋友。是的，像我这样一个人竟然敢去面对观众，好像我就是一个指挥。而您，您才是真正的指挥！"

年轻的指挥阿图尔·尼基什——他苍白的脸庞被乌黑的头发和乌黑的胡须簇拥着——在彼得·伊里奇·柴可夫斯基面前深深鞠了一躬。当他缓缓直起身来时，他说："我很骄傲，能够与《叶甫盖尼·奥涅金》和《第四交响曲》的作曲家面对面地站在一起。"——彼得·伊里奇脸红了。“您知道我的作品……”他急促地说，“我很高兴，您提到了《第四交响曲》。它并没有完全失败，不，不，没有完全……”他甚至有些神秘地补充说，就好像这句话只是说给年轻的指挥阿图尔·尼基什听，而不是说给任何其他人——“而且，这也并不是我的最后的作品。绝不是。它不会是我的最后作品。”

当要与尼基什告别的时候，彼得·伊里奇感觉，和他握手的这个人是一个朋友，不是那种萍水相逢的朋友，在好感和爱慕的变化中不期而遇，又突然走掉的朋友；而是一个真正的朋友——是他作品的朋友。也就是说，有着建设性根基的朋友。为意外事件所左右，成了彼得·伊里奇性格的固定组成部分。

第二天晚上，李斯特协会在老布业大厅举行一场柴可夫斯基音乐会。这不是一个有特殊规格的场所，而是提供人们在莱比锡扶持现代音乐的舞台——因为，关注那些还没有成为经典的勇敢的新人，是李斯特协会的使命和工作。老布业大厅很小，也不舒适，甚至有些肮脏，但音乐编辑克劳泽还是骄傲地告诉在休息室刚脱下大衣的彼得·伊里奇说：“这是门德尔松和舒曼常来的地方。——您看，大师，”他补充说，同时又得意地揪了一下他的小胡子，“我们的李斯特协会成立三年，但已经有了它固定的忠诚的观众群体。大厅里已经坐得满满的了。”——音乐编辑克劳泽和阿图尔·尼基什、亚历山大·济洛季一样，都是这个协会的特邀监护人。

为这场柴可夫斯基晚会，人们从魏玛请来了小提琴家哈利尔。他专门演奏那部被奥尔拒绝，而被布罗茨基接受的《d大调小提琴协奏曲》。老布业大厅的观众——大多是年轻的观众——对这部被奥尔说成是“臭气熏天”的作品如醉如痴；坐在台侧乐队旁边的彼得·伊里奇，在第一乐章结束爆发热烈的掌声时，轻声对他的邻座讲述了那句人人皆知的消极评论——他的邻座是格里格。

小提琴家哈利尔的成功，在光辉四射的华彩段之后已成定局，这意味着第一乐章的高潮和中心，和勇敢而孤独的独奏乐器在同乐队集体的激情斗争中的辉煌胜利。协奏曲的成功肯定是在第一乐章取得梦幻般成功之后就已确定。观众们全体起立，热烈地高举双手鼓掌。大厅的服务员抬来了花篮，彼得·伊里奇不知道如何处理它——在红色的缎带上写着金色的大字：“献给俄罗斯大师”。不，这些高水平的德国青年观众没有把快板主题的游戏般的轻松、缓慢旋律的伤感抒情看成是平庸，也没有认为这是不正经；他们对第二乐章中长笛和单簧管的鸟鸣和终乐章的舞蹈般的放纵没有产生反感；在这座有着庄重严肃音乐的城市，人们对这样的音乐仍然保持着开放和接受的态度——这是一个正在康复的人的半伤感，但又重新活跃的音乐成果。

正在康复的人就是柴可夫斯基，这是他创作这部小提琴协奏曲时的状态。他的坠入回忆的沉重的心正在经受着回忆的冲击，因为他现在必须拘谨地鞠躬答谢这些陌生而狂热年轻人的欢呼。在他要开始创作这部协奏曲的时候，都发生了什么样的事情：不要去想它！现在千万不要再去想那个短暂婚姻所造成的难以启齿的灾难——那只是一个前奏，真正的东西紧随而至——这部乐曲来了。不要去想他必须转化成音乐的痛苦，而只应该记住进行这种转化工作的那些时日，那是既轻松又严厉，既美好又自由的时光。三月的日子，在日内瓦湖畔——那是1878年——在从巨大恐怖的不光彩的尴尬中逃逸的时光。啊，那寒春的柔和的光线——啊，那残雪间的动人的花朵。从旅馆房间可以看到水，看到水和闪光的高山，我在写；那痛苦而不光彩的灾难已经远离我而去。这是什么样的慈悲呀：让个人的耻辱、怪异的阴谋得以补偿、消除和遗忘，办法就是把它编织在奇妙的音乐之中。几个星期的工作——然后是长时间的讨论和与亲爱的克泰克的演习；第一乐章的修改，和克泰克共同写出的新的华彩段。然而，亲爱的克泰克却没有演奏这部小提琴协奏曲，他惧怕曲子的难度，他或许已经生病，不能对他强求。“但，我知道，”彼得·伊里奇想，“他是很愿意演奏的。现在是哈利尔站在指挥台上向观众躬身致意。事情还在继续……”

音乐会继续进行。人们在演奏《A小调钢琴三重奏》，上面的献词是：“纪念伟大的艺术家”。当大提琴响起了哀歌的悲诉曲调时，彼得·伊里奇又有了时间，内视自己的往事，因为“伟大的艺术家”就是他的朋友尼古拉·鲁宾斯坦，那位不可替代的朋友——是的，永远无法替代的朋友，包括他的有害的和沉闷的性格：粗暴、反复无常的情绪、永恒刻板的无所不知。但他需要感激他的东西实在太多，所以必须原谅他的一切缺点。这时，第一乐章的充满哀伤的主题出现，恰似心灵的悲诉——彼得·伊里奇聆听着，一动不动地坐着，在妮娜和爱德华中间，坐在台上，处于惊异之中的好奇而开放的人群的盯看之下——一个衰老的，比他的年龄更衰老的老人——他就是这样坐着：头沉重地低垂着。因为当时有那么多的苦恼，需要他转化到音乐中去，啊，这个转化并没有彻底成功，在神圣而棘手的进程中，掺杂了不纯净，他做了妥协，他追求了效果，作为惩罚，保留了苦恼的残余，那就是没有解脱和没有转化的生活——至今还能感到舌头上的那种苦涩，就像是一棵苦菜。

人们以为已经沉沦的图像和面孔，在第二乐章和它的充满艺术品位的变奏中升起。充满苦涩的回忆，以浓郁的内在聪慧和优美表现了出来。在台上躬身坐着的聆听者可以感到骄傲了，实际上，骄傲也确实充实着他的心灵，尽管还有很多忧伤。“好尼古拉可以对他的纪念碑满意了。”彼得·伊里奇想，“他还会咒骂和不满吗？或者甚至像当年对待钢琴协奏曲那样拒绝我的奉献呢？我当时真的对他很恼火。不，不，这次他会同意的，或许他现在不知在什么地方聆听并微笑，因为他是个行家。他们演奏得多好啊！纪念伟大的艺术家。这已经不再是室内乐了，这是一部由三种乐器演奏的交响曲，它有着宏伟的气势——这次你不能再唠叨了，我的老尼古拉，也不应再伤害我了：这不是一块不体面的纪念碑，你得承认！”

他们合作得天衣无缝：济洛季的钢琴、哈利尔的指挥和施罗德的大提琴，后者彼得·伊里奇在莫斯科就认识。济洛季的完美的面庞，闪耀着肃穆和虔诚的聚精会神的光芒。“他坐在那里，让我的转化了的回忆变成了音响。”彼得·伊里奇激动地想。“在这一刻，他不是距离我更近了吗？但等到演奏结束，他又会变成一个美丽的陌生人。并不是我的回忆打动了他，而只是回忆所表现出来的形式——只是我创造出来的公式……”

第二天，彼得·伊里奇邀请爱德华和妮娜·格里格来旅馆共进早餐。——“你们已经来了，我的孩子们！”早饭前，他们在旅馆大堂见面时，彼得·伊里奇对这两个可爱而友善的客人说。——“怎么是您的孩子呢，父亲柴可夫斯基？”格里格想知道，明亮的眼睛周围的小皱纹抖动着。——“啊，你们还不知道吗？”彼得·伊里奇笑了。“昨天在音乐会上，中间休息时，布罗茨基给我讲了一个故事。我们三人昨天和睦地坐在台上，面对着观众。布罗茨基听到一位莱比锡的女士在告诉她的女儿：‘你看，露伊丝，’她指着我们三人说，‘那就是柴可夫斯基和他的两个孩子。’两个孩子——那就是你们！”大家都开心地笑了。“其实，这是很悲哀的事情，”彼得·伊里奇说，同时向妮娜夫人伸过去胳膊，“我只是比爱德华年长几岁，我也还不到50——可是人们已经把我看成是他的父亲。每当我照镜子时，自己都感到震惊。人变化得那么丑和那么快，真让人感到恐怖和厌烦——日复一日——但你却没有察觉。几年前我还完全是另一个样子。如果我拿起一张当时的画像看，我就会想：这是一个陌生的年轻人。是啊。”他说——旅馆的接待主任把他们带到餐厅角落的一张桌前。“如果我有一个和您一样的妻子，一生伴随我，那我今天会完全是另一个样子，我肯定会保养得更好。有一个您这样的妻子，是多么幸福的事情。”他说得很认真，从他的湛蓝色的目光里飘出一丝忧伤，“我羡慕您，格里格。”

“比她更好的妻子是找不到的!”格里格说，彼得·伊里奇喜欢他那跳跃式的唱歌般的声音，“没有她，我的生活就不会有任何作为，就只能是短暂而空虚的一生了。”妮娜夫人的脸通红了。“你在说什么呀，爱德华!”她摇着头喊道。“你接纳我的时候，就已经站在峰巅之上。当时你已经是一个大人物，而我只是会唱几首你的歌曲的乡间小表妹而已。”她说话的语调和口音和爱德华几乎一模一样。“他们是那么的相像!”彼得·伊里奇想。格里格温柔地说：“妮娜·哈格鲁普从来就不仅仅是一个小表妹而已，你当时为我唱歌的时候，就已经是一个大艺术家，我亲爱的。而我当时却疾病缠身，而且情绪低落。如果没有你，我当时就完了。”——“噢，爱德华，爱德华!”他矮小的妻子向他摆着手，花白头发下面的脸庞已经绯红。彼得·伊里奇觉得，他们温柔的吵嘴，就像两只小鸟在巢穴里或在一棵大树上啾啾地相互交谈。“两个人心心相印，是多么的美妙。”他轻轻地说，“你们的身上流着同样的血液，充满着对美好事物同样的爱，但你们却是一个男人和一个女人：比你们两人更为亲密，是根本不可能了。”

早餐的菜很精致，彼得·伊里奇很愿意做东：他用很多时间选择酒和菜肴。

“您把我们惯坏了。”妮娜夫人说。爱德华几乎用同样的声音和同样的语调说话。

“您愿意在莱比锡吗?”柴可夫斯基问。格里格说：“我在这里感觉几乎像在家里一样。我年轻时就在这里生活了很长时间。”——“对!”彼得·伊里奇突然记起，“您在这里上的大学。”——“但我现在却不想离开北方的时间太长。”格里格明亮的眼睛，扫过彼得·伊里奇的脸望着对面的墙壁，似乎在寻找着什么，似乎在那石膏装饰的后面突然出现了一幅他喜爱的图画。“您必须到北方去看我们，亲爱的柴可夫斯基。”他说。——“是的，您必须得来一次!”妮娜喊道，就像是小鸟鸣叫的回声。彼得·伊里奇问：“你们的家是在最北边，贝尔根附近吧?”——“叫特罗尔德豪根,”格里格说,“就是特罗尔德山丘,您知道什么是特罗尔德吗?就是一座简单的房子。可那里是多美呀。”——“是啊,那里是多美呀!”又是那小鸟鸣叫的回声。

“我在莱比锡这里有很多美好的回忆。”格里格的眼角的细小的皱纹在沉思中抖动着。他眺望着远方。“我来到这里的时候,还很年轻,也没有经验。当时给我的印象是多么巨大!我过去所见到的场面都很小。是的,北方的城市都很美。但对于一个年轻人,一个想真正有所作为的年轻人来说——您明白我的意思吗?——对于这样一个人来说,在我们那里很快就会感到一种压抑。在我们美丽的城市里,笼罩着一种派系气氛,每个人都知道其他人的一切,于是就产生了阴谋和仇恨和嫉妒和一种卑鄙的利己主义。不,不,一个想有所作为的年轻人在那里就只能堕落。而在这里,我始终被一种美好的无所不在的动力催促着。我在这里确实找到了真正的音乐世界和公平的评论以及著名的老师。”妮娜夫人认真地听着丈夫又是表哥的话,就好像她也是第一次听到这些——有时她也点着头,张开嘴无声地重复着丈夫的一些话语。

格里格讲述着他学习时代的莱比锡:各种大型音乐会,对他这个年轻的天才产生重大影响的接触,门德尔松的高超技艺,罗伯特·舒曼的旋律。“是在奥莱·布尔的启发下,我到这里来的。”他说,“奥莱·布尔,我们的小提琴之王。”

一提到这个名字,就像是讲一部北欧的传说,充满力量和神奇,妮娜夫人笑了起来,短促而可爱。彼得·伊里奇说:“我还从未见过他。他肯定是个非凡的家伙。”

“他当然是个非凡的家伙!”爱德华·格里格喊道,他一想到这个充满神奇的大师就不由产生敬畏和兴奋。“他肯定和他的老师帕格尼尼处于一个档次。我当时被允许在他的面前演奏,那时我还是个孩子。我感到我的双手都湿漉漉的,激动得全身僵硬。这个大人物奥莱·布尔对我相当粗暴。但到了最后他却吼道：'你还是有点才气的，孩子！'然后他对我的父母说，我应该到莱比锡去学习。奥莱·布尔的话是不能违背的。"

格里格继续讲述挪威的这位大音乐家，妮娜夫人也不断地开动着她那孩子般的嘴唇，证实着丈夫的话。格里格讲了奥莱·布尔的趣事，说他跳进了塞纳河，就因为他的昂贵的小提琴被盗；后来他遇到了一位富有的夫人，送给他一把更华贵的小提琴。他一生都为这把乐器提心吊胆，始终是他的圣物，但是厄运老是降临在他头上：那把小提琴在美国又被盗；奥莱·布尔疯狂地追捕盗贼——"而且是在屋顶上，"格里格说，他的声音里增加了一种庄严肃穆的语气，就像他们的前辈在篝火旁讲述英雄史话那样——"据说，奥莱·布尔穿过所有纽约的屋顶，紧跟在盗贼的身后，并终于抓住了他，重新得到了它，那把小提琴。是的，在太平洋上的一次海难中——因为奥莱·布尔在全世界各国演出——他当时当然也带着那把小提琴，那是一把神奇的乐器，曾使全世界着迷，船上着了火，海水已经漫上了甲板，于是他跳下了大海，带着那把小提琴。或许他当时就对着怒气冲冲的海浪演奏了什么曲调，海浪逐渐平息，变得风平浪静——反正，他获救了，还有他那把小提琴。"

"难道他不是个非凡的家伙吗！"格里格喊道，妮娜仍然动着嘴唇在确认。"当我初次见到他的时候，我盯着他看，就像看着一个半仙。是的，他是一个口吐狂言的半仙。是的，他能把蓝天吹破，他肯定是在吹牛，但他却吹得无比地美妙，他是一个伟大的民族形象。"爱德华最后说，"他有一个很大的爱国主义抱负，他在贝尔根创建了'国家剧院'——那是一个什么样的激动场面，多大的声势和多大的幸福啊！挪威的国家剧院——我们大家都以为，我们的伟大渴望即将实现，但我们高兴得太早了——太早，总是太早！又出现了纠葛、阴谋和灾难，钱也不够了，报纸也写了些愚蠢的事情，最终，奥莱·布尔只好气得吼叫着逃跑了，就像是一个战败的勇士。”

格里格沉默了。妮娜仍然点着头。彼得·伊里奇动情地望着他们两个人。“但是，我们的民族音乐，”爱德华说，“却没有人能够夺走，也没有任何阴谋能够让它的旋律沉默。当我们还很年轻的时候，我们就找到了它，挪威的旋律!”他转向彼得·伊里奇：他兴奋地满面红光。“您会完全理解的，我亲爱的柴可夫斯基!”他喊道，“您肯定能够完全理解的。因为您为了俄罗斯所做的一切，就像一些人和我为了挪威，或者像现在德沃夏克为了捷克所做的那样：您为俄罗斯奉献了一个民族音乐。”

彼得·伊里奇低下头不好意思地说：“请不要把我算进去!”他低垂着头，就像是一个人接受了他不应该得到的赞扬——他想着在莫斯科和圣彼得堡读到和听到的那些批评和诽谤：他的音乐不纯净，不正统，非俄罗斯化；它不亲切，过于程式化、西化，受到国际犹太人安东·鲁宾斯坦的无可救药的影响，不是俄罗斯的音乐；真正的、真实的俄罗斯音乐是那五个“改革者”，他们来自民歌，没有学习过任何东西，他们之中最真实的又是穆索尔斯基，那个激情满怀的天才，那个酒鬼，那个原始人，那个民众的贴心人，彼得·伊里奇把他称为“大吵大闹的外行”。

“请不要把我算进去!”柴可夫斯基请求道。但爱德华·格里格又去谈他的挪威了。“我们或许不是‘伟大的民族’，”他说，“但我们有伟大的民族形象。这我们可以说!”听起来像是吹起了礼仪的号角，他的眼睛周围的小皱纹又愉快地抖动了起来。他在谈论理夏德·诺拉克：“一个优秀的小伙子，是我们国歌的作曲者。是的，是他打开了我的眼睛，或者更是耳朵——进入了我们的挪威旋律。我突然听到了它。我们两人认识时都是20岁——当时在哥本哈根的提沃利剧院的情景，至今还历历在目——我当时工作在哥本哈根——诺拉克当时说：‘现在我们这两个伟大的人物终于见面了!’是啊，我们当时都很年轻、可笑，但也很傲气！我们当时确实做了些工作——至于我，不太多，但确实有一些——而且我们事先也都熟悉对方。是啊，在提沃利剧院……诺拉克三年后就去世了。”

“可他写了你们的国歌。”彼得·伊里奇说，似乎这个事实和理夏德·诺拉克的夭折有着特殊动人和奇异的关系。

格里格说到易卜生和比昂逊——“因为我们的国家还是有很多强有力的人物的，而这两个人恰好代表着我们性格的两极。——易卜生或许是我见到过的最恐怖的人，”格里格说，“我现在还能看到他在我的面前，是如何在看着我，那是我第一次去拜访他——那冰冷而深邃，聪明得让人胆战，悲伤得让人恐惧的目光——那是在罗马。已经很久了，十多年喽……但和亨利·易卜生是不能交朋友的。”格里格忧伤地摇着他那柔嫩的头，而妮娜夫人则表现出恐惧和悲伤，似乎她就站在宏伟而冰冷的亨利·易卜生的面前，看到了他是如何在罗马阴森地看着爱德华的样子。

“但尽管如此，”彼得·伊里奇说，并望着眼前这个挪威人，“尽管如此，您的名字还是和易卜生的名字紧紧连在了一起。《彼尔·金特》把你们连结了起来。”

“我为此而感到自豪。”爱德华·格里格轻声说，“但是比昂逊，”他喊道——眼睛里放出了光芒——“我们的比昂逊您必须去认识他！他是我们的最伟大的人物——我们完全可以这样说。是不是这样，我亲爱的？”他突然爽朗地笑了起来，看着妮娜，而妮娜则点着头和他一起笑了起来。爱德华继续谈起比昂逊来，这个挪威的“无冕之王”。他充满激情地生动地描绘出他这位伟大朋友的形象：一个细小温柔嗓音的巨人，但如果面对不公正而愤怒以及在法庭上为了美好和善良而斗争时又会雷霆万钧；一个有创意、有斗争性、不妥协、奔放、热情和心地善良的人。“我们必须感到自豪，因为我们有了他。”格里格说，“他是我们国家的精英。诺拉克——他们是亲戚——创作了我们的国歌。但对所有挪威人都热爱的比昂逊，我们应该每天都唱一首赞歌。”

他的话题还不可能很快离开他那位心中的偶像。他讲述了他是如何认识这位诗人，他们的友谊开始时是如何美好，和他一起工作是如何愉快。“没有他，我的生活会是何等的贫乏，我想我是可以这样说的！”结束了这段议论之后，他那纯净的高音的微微的跳动显示出更多的庄严。

“可是，我们谈了这么多挪威和我的生活——对我来说，这两者是融为一体的。”格里格说，“可我也很想听听您讲一讲俄罗斯的情况，关于那个充满神秘的大俄罗斯。”

“我很愿意听您的讲述。”彼得·柴可夫斯基说，他想，看一眼他的生活和那些使他动心和充实的事物，同样会感到纯净和清新，就像看一眼爱德华·格里格那双海员般明亮和梦幻般宁静的眼睛。——半个小时之后，当布罗茨基教授来喝黑咖啡时，他们两人正在谈论着果戈理、托尔斯泰和陀思妥耶夫斯基，他们的作品，同样在挪威为人所知和受到爱戴。格里格得知，彼得·伊里奇和伟大的托尔斯泰个人相识，多次进行过长谈，甚至还为他举行过音乐会时，格里格显得格外激动。“我第一次见到他的时候，也感到很是惶恐，”柴可夫斯基向虔诚地聆听他说话的这对夫妇讲述，“我想：这肯定是一个很危险的人物——只要他看你一眼，就会知道你的一切，一瞥之间，就掌握了你的本质和你的全部缺陷。但是，这个危险人物却是一个极具魅力和醇厚自然的人。”格里格夫妇对此很高兴，微笑地点着头。而当彼得·伊里奇讲到他对《战争与和平》的作者表示异议时，他们又变得沉思起来。“我现在对他的爱，要比当年那次难忘的会面时少多了。这期间，他僵化了，变得生硬了。他对人的爱今天已经变成了公式，他的身上出现了专横和狂妄，虽然还保留着善良——却自以为是、目光短浅，甚至阴险狡诈：这使我感到担心。他现在好像背离了基督的信条，对所有非基督徒冷眼相看。”格里格难过地摇着头。然后，他们开始谈论其他一些俄罗斯的作家。

他们谈起屠格涅夫时，连声调都变得特别温暖和柔和。他们之间出现了选择最强烈表达方式的竞赛，因为他们要赞扬他的作品和人品的人性和纯洁。他们讲到了他生活中的细节和令人感动的隐私。“您知道人们也曾批评他不够‘俄罗斯化’和‘西化’吗?”彼得·伊里奇说，这时，布罗茨基来到了他们的桌旁。

格里格面部泛起红晕——他的妻子妮娜也羞涩地微笑着，似乎一个美好的但有些不光彩的计划提前开始了。格里格说：“是我把我们的朋友布罗茨基请来的；我想和他一起为您演奏我的一首新作品——如果您不感到无聊的话，亲爱的柴可夫斯基。这是一首小提琴奏鸣曲……我不久前才写完……我是把它献给德国画家弗兰茨·伦巴赫的……”他说得有些慌乱和急促，好像他在请求原谅，因为他要演奏新的奏鸣曲。“这太好了!”彼得·伊里奇高兴地喊道。

演奏是在柴可夫斯基套间的小客厅里进行的，从客厅有一个门可以通向卧室。“这台贝希斯坦钢琴还很正规。”彼得·伊里奇说。“我虽然还没有从它身上获得什么灵感，但那是我自己的罪过。”他和妮娜夫人坐到了立灯下的沙发上，灯罩上的丝穗为客厅带来了温馨的气息。

当格里格在钢琴上尝试第一组和声时，他那孩子般柔嫩和腼腆的面孔，一下子获得了严肃和十分投入的，甚至带有威胁的表情。一阵小提琴的狂奔，带着痛苦的执拗插了进来。柴可夫斯基聆听着，头微微后仰，靠在精雕细作的沙发靠背上，嘴微张着，双腿叠起。在整个演出中他始终保持这个姿态。

曲子的开始很突然和粗犷，就像一声呐喊。——“这个苍白消瘦的人，哪里来的这种力量?”彼得·伊里奇想，他那温柔深邃的目光凝视着格里格——呐喊变成了较平静的控诉。——但那第三乐章的跳动和颤簸的主题，却包含着什么样的执着和多少几乎是愤怒的欲望，随着这个主题，坐在钢琴前面那个矮小的男子好像在长大，他坐得笔直，脸上呈现出平时几乎看不到的果敢。控诉消融在降 A 小调之中，试图覆盖在战斗颠簸的主题——这是呼唤劳动和战斗的主题——之上；这个诱惑同样被克服，美好的执着取得了胜利，用勇敢和毅力，去解脱痛苦，消融痛苦，使用的是形式。——“啊，这是钢琴前那个瘦弱的年轻男子的胜利！”深受感动的聆听者想，后脑虽然长时间靠在沙发坚硬的雕刻上，他却丝毫没有感到疼痛。“啊，这是这个瘦弱而不屈的力量的美好的胜利。你已经生病，似乎已经没有反抗能力，人们甚至认为，你将很快沉沦。但在威胁你的一切冲击面前，你却用短促而颠簸的旋律，证明了你的强大。钢琴前的瘦弱的朋友，你为我演奏了绝美的音乐，这一种升华和教诲——这是一个朋友的心意，恰恰为我演奏这首乐曲，恰恰是在现在，使我重新站立起来，使我获得了新的力量！”

“我谢谢你！”彼得·伊里奇跳起来高声喊道。“我谢谢你：太美了。这肯定是你创作的最美的作品。这也是来自你们国家的最美妙的音乐！”

爱德华·格里格恢复了他那孩子般柔嫩而怯懦的面孔。“亲爱的柴可夫斯基，”他说，“亲爱的柴可夫斯基，您使我感到幸福。”他的妮娜激动得已经泪流满面。

布罗茨基迫不及待地大声赞扬着作品的各个细节。“这是一首大师之作，”他雷鸣般吼叫着。“我们的格里格创作了一首大师之作。”

“没有人能比你咏唱得更好了。”柴可夫斯基说，深情地靠近了格里格。

“但是，想出名，却要依靠那些可爱的小曲调。”格里格解释说，嘴角突然出现了一丝浅浅的无可奈何的微笑——这是一种在他的家乡受到沉重压抑的微笑，在偏远小城狭隘的环境中常常遭受痛苦和烦恼的微笑——“只有‘家乡音乐’，那些可爱的、容易演奏的小曲，才能使人出名。”

“但我现在感觉到，我也还没有唱完。”柴可夫斯基说，他——突然完全转向了自己，转向了自己的苦恼和希望——好像并没有听完格里格最后说的话。“你等着，格里格，我也有东西要出来的——会有什么东西，会有什么东西要出来……”

他把双手放到格里格的肩膀上，他的目光似乎穿透了这个新结识的朋友的身体，继续伸向远方，他缓缓地摇晃着那个矮小的男子，以一种固定的节奏，左右摇晃着。“你等着，你等着!”他说，带着一种咏唱般的、奇特威胁般的声音面对着吃惊的格里格。“我们还没有结束——我们还绝没有结束——我们绝不能过早地屈服……”

地点和面孔不断变化。他们擦肩而遇又擦肩而过。彼得·伊里奇望着他们的正面，又望着他们的背影，还是用他那温柔而深邃的目光。他认识了很多人，握过很多手。一个稍微有些拘谨的知名人物——和蔼可亲，但易受影响——他活动在各式各样的空间，参与了很多无关紧要的谈话。有时他感觉，他惧怕所有这些陌生的面孔，他们的笑，他们的陌生的眼睛和那些陌生的嘴唇里做出的毫无意义的动作。

他又到柏林停留了几天；在那里为他的音乐会进行了一些谈判。和他常常坐在一起的，有一位有影响的先生，他是胡戈·伯克。商务参事伯克坚持让彼得·伊里奇在爱乐乐团演奏《1812 年序曲》：“我们的观众喜欢这个!”这就是他的观点。在这样一些谈判中，西格弗里德·诺伊格鲍尔当然不能缺少。他抽动着鹰钩鼻子，享受着彼得·伊里奇当着第三者的面向他抛去的各种羞辱。西格弗里德·诺伊格鲍尔参与各种事务，到处制造混乱，发着鼻音自命不凡地提出最荒谬的建议，并且用一种声调，仿佛这是世界上最明智之举；一旦遭到训斥，他就蒙眬着眼睛，甜蜜地微笑；他狡猾、无情、纠缠不休和无条件的顺从；如果他被人指示小厮赶出房间，用不了一个小时，他又会把他那张绯红而充满忧虑的脸伸进房间来，并说：“您实在不公道，大师，但我始终是您的仆人”。对彼得·伊里奇来说，他就是生活中一切顽固不化事物的化身。他支付给这个可怜的人一笔相当可观的补偿金，以便能够解除和他的尴尬的合同。他发誓绝不再接见他，不打开他的任何电报和信件。

彼得·伊里奇从柏林前往汉堡。在那里他又见到了汉斯·冯·比洛，觉得他老多了。这位大指挥家的高高而稍秃的额头上的皱纹，鼻侧上方到浓密髭须间的皱纹又深了许多，变成了可怕的沟壑。狭窄、神经质、充满机智的面孔，短短下颚上蓄着尖尖的山羊胡须，发生了奇特的变化：看起来不再像过去那么活泼、那么敏感，一种苦涩的平和爬上了他那紧张而不安分的面庞。比洛——这个一向以情绪怪异和黑色幽默闻名的人——说起话来也变得迟钝和拘谨了，当然有时还会从目光里迸发出那恶毒而有魅力的小小的火花。这位被可悲的流言蜚语、来历不明的失败光环所笼罩着的老者，也用他流利的法语——他习惯和柴可夫斯基用法语交谈——讲述一些在两个大陆的音乐界流传的恶言恶语。有时，他的目光也会走神，这时他的声音就会变得遥远而神秘，说出一些莫名其妙和不合情理的话来，并显现出抑郁的微笑。“他总是摆脱不了那些已经说过几千遍的可怕的个人逸事。”彼得·伊里奇吃惊地想，“生活对我们是何等残酷。它甚至不允许我们直起身来走路，只要有可能，它就要压抑和羞辱我们，对每个人它都会施展独特的折磨和诽谤；比方对这个人，就已经把他变成了这个时代的最著名的绿帽子。他是瓦格纳及其贪婪的占有欲的牺牲品，也是那个肆无忌惮的风流女人克西娜的牺牲品。”汉斯·冯·比洛和柴可夫斯基之间的交谈活跃而亲切，但彼得·伊里奇总觉得，这次交谈的友好气氛已远不如在俄国的那一次。“或许是因为，”他忧虑地想，“我没有在他所领导的协会指挥演出，而是在他的竞争者那里；这两个组织是处于竞争状态的。我真的感到很难堪，因为我对这位奇特而重要的人物还欠有很多感激之情。但是他的竞争者首先向我发出了邀请，而且它的名声也要大得多。”

然而，几分钟之后，比洛就打消了彼得·伊里奇刚才的顾虑。他自己也开始埋怨他所领导的，同时也是汉堡歌剧院的乐队了。“他们从歌剧排练中累得半死，来到我这里，实际是完全不在状态之中。”他恼火地说。他还嘲笑强有力的汉堡戏剧经理人博利尼先生的过大的野心，是他一意孤行创立了这个新的交响乐公司。“他是在模仿马戏团的经理，这个博利尼，”他说，“想用翘起来的乌黑发亮的小髭须和肆无忌惮的动作来干这件事。我甚至看到他在马戏场中把鞭子抽得山响……”谈起戏剧经理人博利尼，他逐渐神经质地气恼起来，面孔开始扭曲，并突然断言，博利尼想要他的性命。告别时，他送给彼得·伊里奇几件奇怪的礼物，比如一套图片，上面都是德意志帝国议会的社会民主党的议员，一个大贝壳纽扣。“为了让您开心，我亲爱的。”他说。

后来，有人告诉彼得·伊里奇，说比洛现在对所有的老朋友都是这种心不在焉的有时甚至有些恐怖的声调。有些人甚至暗示，他的精神有点问题；这种无端的猜测，彼得·伊里奇无法理解。另外他还得知，比洛经历了对瓦格纳的失望和对勃拉姆斯的不自然的神化之后，正在发现新的天才，并想把一个年轻的作曲家推出来，人们在保守的汉堡怀着某种谨慎和半怀疑的好奇心谈论着这件事——（难道这不是一向追求轰动效应的比洛先生的又一个奇想吗！）——他的名字叫理夏德·施特劳斯。彼得·伊里奇知道他的一首交响乐作品。但他觉得很差，过于粗糙，音律不纯，几乎毫无才气。

“所以，我已经不再被列入比洛的节目之中了。”柴可夫斯基得出结论说，他还能记得这位大指挥家曾为他投入的巨大的热情，当时在圣彼得堡——这才刚刚过了 3 年——他当时说第三组曲取得了巨大的成功，使那次首演成了一件轰动国际的大事——就是那首第三组曲，彼得·伊里奇要在汉堡，在同比洛对立的阵营里亲自指挥演出。比洛的指挥当时取得辉煌成就之后，他就把这首组曲始终看作是他最好的作品；可是现在他又没有了把握，现在，他怀着沉重的疑虑翻开了总谱。

他握了那么多人的手，看了那么多的面孔。晚上要去听一场音乐会：比洛指挥的《英雄交响曲》。彼得·伊里奇决定第二天早上要逃往一个陌生的小城市；因为，距离他在汉堡的音乐会，还有几天的时间。

这座陌生的小城市是灰色的且地处边缘，彼得·伊里奇漫步在它的狭小而有尖顶山墙的街巷之中，他参观了古老的市政厅和一座古老的教堂，他很喜欢这座陌生的小城市，它叫吕贝克。旅馆也相当讲究，他租了一间卧室和一间小客厅，价格并不很便宜。

彼得·伊里奇突然产生了一种恐惧，他害怕可能会由于钱不够而困在什么地方，无法支付旅馆的账单，皮大衣和他美丽的怀表会被抵押。这种对突如其来的灾难性的贫困的惧怕有时会突然向他袭来——就像他毫无根据地突然惧怕那险恶的心脏病一样——尽管，他的收入相当可观，而且他那位神秘的女施主和女友娜杰日达·冯·梅克对他的资助也有保障，他每年从她那里可以得到不少于6000卢布的补贴。——“我又花费得太多，太多了。”他胆怯地想，抽着香烟，跺着脚在客厅和卧室之间来回走动着。“一切都花费太多，但收入却很少。昨天音乐会之后在饭店吃饭太贵了。我请了爱乐乐团的一位先生，博利尼也在座。这不会有好结果的。如果这几天没有获得彼得堡的答复，关于我向皇帝申请一份荣誉补贴的问题，我就得打电报给出版商约根松，而且我也有必要向好心的娜杰日达请求一份额外的资助。我感到很难堪，我已经花了她很多钱，但没有别的办法，我总不能把我的暖和的皮大衣和美丽的怀表抵押出去呀！”

彼得堡的答复来了，就在两天之后：它光彩夺目。沙皇陛下恩准向作曲家彼得·伊里奇·柴可夫斯基每年给予3000卢布的荣誉补贴。

皇家剧院的总监、作曲家的朋友和崇拜者伏塞沃罗日斯基——这一切都是他动议和支持的结果——通知了这个决定并表示祝贺。这是一件很舒心的事情，他又可以放开手脚花钱了；因为彼得·伊里奇从未想过由于有了这笔收入就放弃梅克夫人的资助。

可惜的是，这期间又发生了其他不愉快的事情。这些安稳的日子本来是很好的——他可以写信，给弟弟莫杰斯特和给梅克夫人；他可以坐在那里读书，他也可以在弯曲的街巷漫步，晚上可以坐在一家小酒馆里喝烧酒。不幸的是，旅馆老板的儿子也对音乐感兴趣。他在客人登记簿里发现了这位俄罗斯作曲家的名字，于是和他的父亲一起到这位著名客人的房间进行拜会。场面是相当尴尬的，父子二人语不成句，满脸通红，另一个满脸通红的就是彼得·伊里奇，他这时最大的希望就是不在这里。“这个，”吕贝克这个旅馆老板说，“我死去的妻子歌也唱得很好，但都是些欢快的歌曲……”彼得·伊里奇陷入了绝望的边缘。

晚饭他是在房间里吃的。饭后，他乘车去城市剧院：著名的巴纳伊出演《奥赛罗》。彼得·伊里奇——心情烦躁和茫然——坐在一个包厢的后排座位上观看这场演出，包厢里散发着陈旧丝绒沙发的霉味。幕间休息时，他漫步在剧院的回廊里，穿行在吕贝克权贵人物中间；他对夫人们的服饰和她们拒人之外、几乎是僵硬的面部表情，感到惊异。但另一方面，他又感到舒适，因为他知道，这些人当中肯定没有人听说过柴可夫斯基的名字。但不幸的事情还是发生了，旅馆老板的儿子——一个苗条而严肃的年轻人，有些忧伤和满是粉刺的脸上戴着一副大眼镜——也在剧院之中。彼得·伊里奇发现了他，想转身返回包厢，但已经来不及了：那个对文化有所追求的年轻人跳过来挡住了他的去路，并且立即就说他是如何崇拜莎士比亚，他如果没有音乐和莎士比亚就无法生活，并想了解——他的双手已经出了汗——在俄国是否有人理解莎士比亚，他是否可以叫来几位他父亲的朋友。彼得·伊里奇惊诧地点了点头。就像是早就潜伏在一个角落里等待一样，几个先生立即出现在他的面前：大多是大腹便便和满脸通红，其中的一个——穿着半长的外衣——消瘦而苍白，和其他人相比，他似乎有着优越感，但同时又受到这种优越感的折磨，脸上和嘴角都显现出一丝苦涩；他把彼得·伊里奇拉到一旁，轻声问，他是否觉得吕贝克的土气太重，他本人是普勒施克博士、私人学者、无神论者，专门研究一切最现代的事物。彼得·伊里奇说，他非常喜欢吕贝克。他现在已经怀疑，这一切都是旅馆老板的儿子所策划、所准备和约好的阴谋：剧院售票处的男子或许向他通告，一个俄国的先生预定了包厢，于是他就把他家庭的熟人都邀请到剧院。"真是卑鄙！"彼得·伊里奇想，而且他也受不了对面那个大腹便便的先生把满嘴的酒气都吹到了他的脸上。所有这些人都有一个毛病，就是常常无端地大笑；他们的口头禅就是"了不起"、"太伟大"和"绝顶"，彼得·伊里奇并不完全理解他们指的是什么。他们问他，能在德国举行音乐会，是不是感到非常自豪，作曲的行当是否很辛苦，俄罗斯是不是也有军队进行曲，他如何评价理夏德·瓦格纳，他是否见过沙皇，莫斯科的夏天是不是也很冷。彼得·伊里奇决定，就在今夜，最迟明天一早他就返回汉堡。

在汉堡，他住的房间紧挨着年轻钢琴家萨佩尼科夫的房间。萨佩尼科夫将在音乐会上演奏《B小调钢琴协奏曲》。早上9点他就开始了练习，彼得·伊里奇被自己的音乐所唤醒，萨佩尼科夫不断演奏着同一个段落，10遍，15遍，30遍。他终于冲进了彼得·伊里奇的卧室。

"我不行，大师，我不行！"萨佩尼科夫喊道，白色的额头上挂着汗珠。"噢，我真想咬掉我这双手！"他确实用嘴咬着他的拳头。

"会行的！"彼得·伊里奇躺在床上说。

"噢，这双手——这双笨拙、不听话、僵硬的手！"萨佩尼科夫埋怨着，摆弄着他的手指——长长的训练有素的、修长而有力的手指，指甲剪得很短，看起来就像是用牙咬下来似的。“而且，这个音乐会对我非常重要！”他说着坐到了沙发上；把长长的腿向前伸去。在他那棱角分明的消瘦的脸上，那对乌黑深邃的眼睛充满了饥渴——这是对荣誉的饥渴。这种荣誉在济洛季的美丽而明亮的眼睛里，意味着理所当然和非他莫属，当然也是生活的必需；而在萨佩尼科夫这里却是要用全力去争取，不惜付出任何代价。

“我昨天收到索菲·门特尔从伦敦发来的一封电报。”他报告说，“她认为我应该全力以赴，这场音乐会将对我的前程起关键的作用。”他又摆弄起他那长长而健壮的手指。

彼得·伊里奇认识索菲·门特尔夫人，她是萨佩尼科夫的老师，那是在圣彼得堡和莫斯科时期。他很尊敬她，她是一个优秀的钢琴家，也是一个很有魅力但漫不经心的人。她一直邀请他去提罗尔她的宫殿去做客，他也很想到那里去一次，但始终未能成行。“替我问候索菲夫人！”彼得·伊里奇说。

“我必须成功！”萨佩尼科夫喊道，同时从沙发上跳了起来，好像一个人要是说“成功”两个字时，是不能坐着的。

“您会成功的，我亲爱的。”彼得·伊里奇像对待一个病人那样说道。“您会取得很大成功的。肯定会很优秀。”他带着疲惫而同情的微笑，观察着激动地来回走动的萨佩尼科夫，他想：“我必须帮助他，这个欲望必须得到满足。这样一个饥渴难忍的人是不能让他到处乱闯的。我要为他在柏林安排一场音乐会，我要在所有采访中都提到他，替他做宣传。这个年轻人如果不能很快取得他的荣誉——他的可怜的荣誉，他是会发疯的。”

“您对我真好，大师！”萨佩尼科夫说，深邃而炽热的眼睛里闪着泪花。他用力地握了一下彼得·伊里奇的手，又回到了他自己的房间，去继续练习了。他每天练习 10 个小时。

萨佩尼科夫演奏的《B 小调钢琴协奏曲》取得了很大的成功，远远超过了柴可夫斯基。彼得·伊里奇可以清晰地感到，作品本身并没有受到人们的喜爱。人们的欢呼是冲着萨佩尼科夫去的。“看来，我所喜爱的第23号作品，在这里并没有得到认可。”柴可夫斯基在演员休息室里想，萨佩尼科夫正在兴奋而幸福地在台上鞠躬致谢。“人们只是很傲慢，但是对待魅力却持保守态度……”

他拥抱了被胜利陶醉得气喘吁吁的萨佩尼科夫。“我祝贺，我祝贺。”彼得·伊里奇不断说着，并用手拍着全身颤抖的年轻人的背部。“你弹得太棒了!”萨佩尼科夫愣了一下，光彩照人地说：“是吗，是吗？真是吗?”他问，期待着赞扬。“开始时我激动得厉害，我甚至弹错了一个地方，在第一乐章……但这只是天气的缘故，”他接着说，“我越来越紧张，如果乌云密布——索菲·门特尔常常向我警告。”现在说天气确实没有什么意义：今天是一个晴朗的冬日。——“真的很好，我的孩子!”彼得·伊里奇说，继续拍着他的背部。

这时萨佩尼科夫才想起，人们并没有呼叫柴可夫斯基的名字，他或许会对这种不公平的欢呼感到恼火。“您为什么没有到台上来呢，大师?”他问。“人们并没有呼喊我，”彼得·伊里奇说，“钢琴协奏曲并没有取得成功，只是您的演奏受到了欢迎。”萨佩尼科夫没有反驳。“但人们对第一个节目，那首奏鸣曲，给予了更多的理解。”他说。

“但我并不在乎那首弦乐奏鸣曲。”彼得·伊里奇说，他突然感到很疲乏。（唉，我为什么要到这里来呢？放风筝，在麦达诺沃的草原上。）“钢琴协奏曲对我更为重要。我对这首钢琴协奏曲是抱有很大期望的，因为我至今还对尼古拉·鲁宾斯坦当时的评语耿耿于怀。您还记得那件事吧，整个莫斯科音乐界都在嘲笑这件事。当我第一次给好心的鲁宾斯坦演奏这首协奏曲时，遭到他狠狠的臭骂，我不得不收回我的献词。后来。汉斯·冯·比洛却愿意接受它，是他使这首曲子成名的。”

“汉斯·冯·比洛就在大厅里。”萨佩尼科夫说，还一直在气喘吁吁。这个晚上的兴奋和胜利似乎无法使他镇定下来。“我真想知道，他是不是喜欢我的演奏。”

“他能来，太好了，”柴可夫斯基说，“他是一个绅士。我曾担心，他会感到羞辱，因为我没有和他的乐队合作。看来，奏鸣曲也没有给他留下什么深刻的印象。”他难受地补充说。“其实，它确实没有什么。我把它放在节目的开始，是因为它比较容易指挥。它自己都可以指挥自己。这有助于我克服那讨厌的紧张情绪……”同样，对第三组曲的反应也很冷淡。演奏头几个乐章时，下面很多人在咳嗽。最后乐章变奏的效果，也被终乐章的庆典喧闹《波洛乃兹》所破坏；这个终场的曲子，比洛在彼得堡指挥演出时取得了欢呼，而在这里，却使人感到不解和生厌。长号、大鼓和最后的弦乐齐奏完成了辉煌的喧闹的尾声；但观众们却坐在那里冷若冰霜。他们不喜欢这样的激情迸发。他们希望的是有节制和正统。这里是崇拜勃拉姆斯的中心。这位大师在这里受到比在莱比锡更为无条件的敬重。这里的脆弱的观众是在勃拉姆斯和古典派教育下长大的，反对瓦格纳，但出于保守的谨慎。这里的报纸几乎每天都在说，这里的人们完全反对“标新立异”。

由于彼得·伊里奇的全部神经都感觉到，他坚持插入的庆典的喧闹，在这里没有找到回应，所以他恨它——他甚至对这种凯旋的清脆的和隆隆作响的喧嚣感到恶心。他向前伸展的胳臂感到疲惫，嘴里的味道也很坏，他感到一种无以言喻的尴尬，还不得不站在这里指挥着这个永不满足、不断重复、越来越升华，甚至超越自己的乐队怒号。“啊，我为什么总是要如此把自己投入进去呢，投入到这一终结！”他痛苦地想，“我不仅让自己投入，我甚至把自己纳入到一种对我毫无可能的欢乐和陶醉之中。所有这些音响是多么乏味和虚伪和华而不实！这实在令人难堪，我真想钻到地底下去。”

稀疏的掌声过去之后，柴可夫斯基羞愧得全身颤抖着退下了指挥台，这时，汉斯·冯·比洛走进了演员休息室来和他握手。彼得·伊里奇疲惫地说："在终乐章时，我真想把指挥棒扔到外面去。您在彼得堡指挥时，要比现在美得多……"比洛对消瘦的、面孔仍在闪光的萨佩尼科夫说了几句对他的演奏赞美的话。彼得·伊里奇这时才发现，他确实显得老多了：是啊，他也完了。（人是否可以知道自己已经完了呢？啊，人总是走来走去，但他脸上的阴影会告诉别人：你已经完了。）比洛继续说："我今天又一次理解了我一生从事的音乐的全部美妙。我们的朋友柴可夫斯基是个伟大的人。"他把久经苦难风险而有些扭曲但现在充满激情的脸从正在贪婪聆听的萨佩尼科夫转向了彼得·伊里奇。

彼得·伊里奇必须参加爱乐协会为他举行的大型招待会：一百多名客人受到了邀请。大家都坐在很多小桌周围；柴可夫斯基坐在贵宾席上，旁边是高贵的老者阿韦-拉勒芒，协会的第一主席。这个瘦弱的老者给他十分好的印象；在扎着老式丝带的坚硬的竖领上方，是一副布满纤细皱纹的雪花白石膏颜色的面孔，长着银白色、梳理得十分整齐的短短的面颊胡须和一双表情丰富的乌黑的眼睛。

"请允许我，对您完全开诚布公，亲爱的柴可夫斯基。"这位耄耋老者说，他正在用他那纤细但却灵巧的手指扒开一只柑橘的皮。"我已经 80 岁了，所以我有这个资格。"他的声音很高但有些哀苦。

"我感谢您的坦率。"彼得·伊里奇回答，并比平时的声音要大一些：他必须设想，对方可能有些耳背。

"您很有天才，"阿韦-拉勒芒说，他一直还在扒他的柑橘，"非常有天才！"他小心翼翼地举起他那苍白的食指，"但是，您走上了错误的轨道。"他责备地摇着他那软弱的头。"有些粗野，有些亚洲化——请原谅这句刻薄的话！——在您的音乐中有些野蛮的东西，使我听起来耳痛。"他摆出一副敏感的表情，把两只像尖尖的小叉子一样的小手捂到了耳朵上，就好像柴可夫斯基的喧闹的音乐现在还使他的耳朵疼痛不已。"您滥用了打击乐器，"他哭丧着脸说，"不，这是个多大的喧闹啊！您的第三组曲的结尾——那简直就是火药爆炸！震得耳膜山响——嗷！而且是一种虚无主义的喧嚣——您明白我的意思吗？它没有说明任何问题，原则说是空洞无物。”

彼得·伊里奇认真地听着，把头靠近老者，尽管他说话很清晰。

“您完全可以成为一个大家——是的，一个大家，”他用有些哀苦的高音说，“如果您能够做某些修正的话。重新学习吧！去改正自己吧！去做另外的抉择吧！您还很年轻！”听到这句话，彼得·伊里奇为之一震，使他感到茫然又感到欣喜。他继续聆听把他看成年轻人的老者的话：

“到我们的大师们这里来学习，学他们的高尚的含蓄，他们的完美！到德国来吧！留在我们这里。我们的国家是唯一具备真正的和严肃的音乐文化的国家！”

“您可以成为一个大家——一个真正的大家。”彼得·伊里奇在听；还有：“您还很年轻！”他突然感到十分疲乏，连眼睛都睁不开了。在他的眼前只有那个瘦弱的老者模糊的面孔，正在吃喝谈笑和呼吸嗅闻的这个陌生的会场都在烟雾中模糊了起来。

“我想再次逃向一个陌生的小城市。”彼得·伊里奇想，“还在我必须在柏林见到别人之前。我听说，马格德堡是一个很小的陌生的城市。”

地点和面孔不断变换，他们擦肩而遇，又擦肩而过。彼得·伊里奇望着他们的正面，又望着他们的背影，用他那温柔而深邃的目光。

从马格德堡他又去莱比锡，从莱比锡前往柏林。在这里，他感到比在其他城市更为疲惫；音乐会之前就必须去参加招待会和晚宴。彼得·伊里奇在大音乐经纪人沃尔夫家里安排了一场活动，使萨佩尼科夫有机会在一批有影响的人物——评论家、音乐家和富有的音乐爱好者——面前演出。“这样，我们还是可以从这样的活动中得到点什么！”彼得·伊里奇说，他感到一种伤感的满足，因为他又被年轻人利用了一次。所有的人都想往前走，不惜一切代价。他们的抱负有一种让他感动的力量。“他们是不会和我说话的，”他想，“一句话都不会说——如果我对他们没有用处的话。我必须对他们有用，他们还都那么年轻。”他觉得，他的声誉如果能够用到自己和年轻人的身上，那它还是有点儿贡献的。

萨佩尼科夫在有影响的人物面前进行了表演，并取得成功。在另外一个场合——那是在成功的商务参事伯克先生那里——彼得·伊里奇又见到了一副很久以前曾使他动情和欣喜的面孔。它现在发生了变化，微软的脂肪已经浮现在上面。

这就是女歌唱家德西蕾·阿尔托的那张覆盖着厚厚一层脂粉的面孔。面庞和双下颚精心维护的皮肤已经变得松软。上嘴唇上面浮现出浅浅的黑影般的胡须，但嘴唇本身仍然展现着漂亮的弧线——这嘴唇的迷人的弧线，或许就是阿尔托夫人 20 年前充满诱惑的主要原因——她笑的时候，会露出美丽的牙齿来。还有她那乌黑成熟的眼睛和精心修整的睫毛，都使她具有一种纵情的闪电，使得彼得·伊里奇第一次相信，他发现了世界上他的最爱。当然，当德西蕾夫人独自静静坐在一个地方，觉得没有人注意她的时候，这双眼睛也会闪出疲惫和冷漠的目光。

在开始的一个小时里，他们之间谁都没有认出对方来。彼得·伊里奇在其他客人中间只是发现了一个雍容华贵、引人注目的身影：深红色软缎礼服，闪闪发光的首饰装饰着巨大雪白光滑的露胸——胸脯大得让人感到担心，但后背却很美；彼得·伊里奇欣赏着，冷漠而客观，就像在博物馆里观赏一件展品，在他还没有认出这个老女友的面孔之前，最先引起他注意的，就是后背那光滑的皮肤。

阿尔托夫人知道人们邀请了柴可夫斯基，但却仍然和这位花白胡须的先生擦肩而过。他穿着一件有些紧的燕尾服，停在了她的椅子旁边。这副紧绷的面孔和高高的额头，沉重的眼帘和沉思茫然的目光，柔软的嘴唇，对她都是陌生的。但她终于认出了他，她喊着，伸开了赤裸的白胖胖的胳膊，使首饰发出了叮咚的响声。“皮埃尔！”阿尔托夫人喊道，漂亮的眼睛里突然闪出了泪花，或许是由于重逢的震惊，或许是由于看到老朋友已经如此衰老和改变了模样所感到的恐惧——“皮埃尔！这不是真的！”

彼得·伊里奇轻轻地说：“德西蕾！”他的脸失去了血色，突然变得苍白。这对花白胡须的男人和体态肥胖的女人，在很长的时间里面对面站在那里，一动不动，一言不发。彼得·伊里奇颤抖着向她的手躬下了腰。至少这双手还保持着纤细，他又找到了它。他早就发现，这个偏爱珠宝的女人，从来不戴戒指。

“有多长时间我们没有见面了？”彼得·伊里奇首先说出了两人都在想的问题；他那深邃的目光，从站在他对面的阿尔托宽大的身躯扫过，似乎还在寻找她当年苗条的身影。

“噢，算了吧——算了吧，你这个坏皮埃尔！”德西蕾夫人用她那深红色的小手帕摇晃着说。彼得·伊里奇似乎没有听到她的话。“已经整整20年了。”他以一种漫不经心但残酷的客观声调说。

她垂下了手中的小手帕。“噢——已经20年了，亲爱的皮埃尔！”她用她那美妙的、低沉而苦涩的声音说。“她的音色肯定还是那么美妙，”彼得·伊里奇想，“人们告诉我，说她的高音已经变得尖厉，就像是一根针，所以她已经不会有太多作为了。但我相信：她的低沉声音仍然是那么迷人。——而且，我最后一次听她唱歌的时候，她的声音就已经不再那么好了，那是在莫斯科——我们两人之间的小插曲后的一年，她那时已经结婚，和那个家伙，那个西班牙的男高音——他叫什么来着？当时的报界已经认为她正走下坡路，但她还是取得了很大的成功，她的天才取得了胜利——她是一个多么有魅力的演员啊！”

“我后来又见到过您一次——当然是在舞台上——您那时肯定已

经把我忘记了。”他说，“那是在——您突然走了一年以后。我躲在一个包厢里，欣赏您的演唱。我还记得，您唱完《胡格诺》之后，谢场20次……”

“谢场20次！”阿尔托动情了。“多么可爱，皮埃尔，您当时还数过——而且您还记住了这个数字！”她向他抛去了一个湿润、苦涩和温情的目光。

“我永远也不会忘记那场《胡格诺》的演出。”这并不是柴可夫斯基的客套话。那天晚上的每一个细节他都历历在目，因为他再次见到了德西蕾·阿尔托夫人——这时已经是帕迪利亚夫人（是的，帕迪利亚是她西班牙丈夫的姓氏），那是在莫斯科歌剧院的舞台上。整个演出过程中，观剧望远镜始终没有离开他的眼睛——他还记得，长时间举着望远镜，使他的胳膊已经酸痛——但并不是因为他想看得更清楚些——看到什么，对他并不重要，而且他的座位距离舞台很近——而是因为他不想让同坐在包厢里的朋友看到，他在流泪。当观众用掌声对他们喜爱的阿尔托欢呼时，他忍不住哭了，他的眼泪一直流到20次谢场的最后。彼得·伊里奇在哭什么呢？肯定不是因为失去了这个女友吧？如果他真能留住她，他会失去她吗？他并没有占有的东西，他能够失去吗？他并没有狂热地想占有的东西，他能够占有吗？难道这真的是一个被不忠诚的爱人背叛的恋人的眼泪吗？如果这是悲伤的眼泪——那么他伤心的是什么呢？不会是因为他白白地爱过一回吧！（啊，德西蕾是以多么强烈的柔情献给了他这个追求欠缺的人！）他没有全力去爱：这会使他悲伤，也可能使他流泪。但是，这或许根本就不是悲伤的眼泪，而只是羞愧的眼泪……

“您一定要给我讲一讲您的经历！”阿尔托夫人说，“您已经成了世界名人了——当年的小皮埃尔今天已经是大人物了。您必须尽快到我家里来玩！带上柴可夫斯基夫人！您肯定已经结婚了吧，亲爱的皮埃尔？”她带着一种轻柔的、几乎是温情的调皮说。

“我从未结过婚。”柴可夫斯基说。

“噢?”阿尔托夫人吃惊地说，“但我听人说……”

“不值一提。”彼得·伊里奇用嘶哑的声音打断了她的话。“那么您呢，德西蕾?”他问，“我们听到很多有关您的消息。看来，您在柏林同样受到了欢迎，就像当年在华沙、莫斯科和圣彼得堡一样。”

“人们对我很好。”女歌唱家的宽平的大脸上突然出现了一丝烦恼，双下巴和松软扑粉的面颊抑郁地垂下，“但我不再年轻。”她轻轻地补充，低下了满是首饰的头。

“听说，您在宫廷中是很受欢迎的人。”彼得·伊里奇说，“您为德国皇帝陛下演唱您的无与伦比的颤音和唱段。我真羡慕德国皇帝。噢，德西蕾，您还是那么结实！我完全可以想象您在宫廷做屈膝礼的样子——您肯定会表现出无与伦比的风度的!”

两个人都笑了。一个雷鸣般的声音传了过来：“看起来，你很开心嘛，我的甜心!”在德西蕾身后出现了一个穿着燕尾服的巨人：浓密油渍的长发围拢着一副松软但慈祥的面孔，湿润的嘴唇和一双炽热、乌黑的小眼睛，镶嵌在脂肪皱纹之间。这就是帕迪利亚，阿尔托的夫君。

德西蕾微笑着转过身去。“亲爱的，”她说，“我想给你介绍我的老朋友彼得·柴可夫斯基。”

帕迪利亚大声喊了起来：“哈哈!”他用力抓住了彼得·伊里奇的肩膀，使他痛得呻吟了一声。“哈哈！这可真是个空前的惊喜!”

“应该惊喜的是我，帕迪利亚先生!”彼得·伊里奇说，他对这个大嗓门的巨人感到震惊了。

“而且，我总应该知道，我妻子原来的未婚夫到底长得什么样子啊!”帕迪利亚对自己的无礼大声地笑着，声音异常洪亮。

“帕迪利亚！你在说什么呀?”德西蕾夫人喊道，并用小手帕向他打去。

然而，彼得·伊里奇却想："未婚夫！我真曾是她的未婚夫吗？不过，整个莫斯科都在这么说，父亲甚至写来了祝福的信——如果你们之间真的相爱，孩子！——他是不会反对的，尽管她比我大五岁，而且她当时赚的钱比我多得多——正相反，她赚钱多，我可能更感到高兴。我的朋友们却为我担心，他们不知道这会有什么结果，特别是好心的尼古拉十分忧虑和生气。那么，结果如何呢？她走了：一下子就走了，去了华沙，在她的充满权力欲的妈妈的陪同下。她的妈妈一直反对我们的婚事——（这个利欲熏心的妈妈，但愿已经不在人世!）——几个星期之后，她结了婚，就和这个男高音巨人，她甚至没有想起要通知我一下。——难道我真的曾是你的未婚夫吗，德西蕾？"

"您必须下次到我家去吃晚饭，柴可夫斯基!"帕迪利亚说。阿尔托也补充说："这我早就邀请过了，我亲爱的!"

妮娜和爱德华·格里格为参加柴可夫斯基在柏林的音乐会，专程从莱比锡赶来。帕迪利亚家中的私人晚宴，准备在音乐会前一天晚上举行——"算是预祝您将取得的伟大成功，亲爱的皮埃尔!"德西蕾是这样说的。彼得·伊里奇建议也邀请格里格夫妇出席。这样，参加晚宴的就是五个人：帕迪利亚夫妇、格里格夫妇和柴可夫斯基。

彼得·伊里奇发现，帕迪利亚其实是个很可爱的人，如果习惯了他那雷霆万钧的行为方式和他那幼稚不得体的言辞。首先必须经受肩膀上挨一重拳这一关，这是他在接待客人时的方式；然后是他的哈哈大笑和不合时宜的幽默；但最终人们在他那里会感到很温馨的。他是一个热情奔放的人。

"在你们这里真舒适，德西蕾!"彼得·伊里奇说，"是啊，你们有一个真正的家……"

德西蕾撒娇地靠在她巨人丈夫的身上，他正在为了一件什么事情爽朗地大笑着。"是的，我们很幸福，"德西蕾向彼得·伊里奇微笑着说，"很可惜我们不能给您介绍我们的女儿——她特别迷人，我觉得比我在莫斯科时更迷人。而且她也很有天赋！她会有一个很伟大的前程的。”——阿尔托夫人比在晚会上穿着礼服时更显得庄重和漂亮。硕大的胸脯被一块黑纱覆盖着。

开始入席时，大家的情绪都很高。交谈时都使用法文，尽管这种语言对格里格夫妇有一些难度。他们的跳跃式鸟鸣般的有时可笑的生硬的成语，与柴可夫斯基的十分流利柔软拉长唱歌般的法语形成有趣的对照，而帕迪利亚的法语则是粗犷的俚语，带着尖硬的子音和滚动的 R，又和阿尔托的地道的巴黎话相得益彰。

“现在我们大家都坐在一个柏林住宅的餐厅里，”格里格说——他的妻子又默默地模仿着他的口型，“一个法国人、一个俄国人、一个西班牙人和两个挪威人。我们这些音乐家就是未来国际社会的榜样！”

“干杯！”帕迪利亚喊道，举起了波尔图酒的酒杯——其实有点不合时宜，因为人们正在喝汤——“我们干一杯，为了你们相互没有走到一起！”他转向他的妻子和彼得·伊里奇，突然哈哈大笑起来。

妮娜和爱德华·格里格望着他们愣住了。彼得·伊里奇低下了头，脸上泛起红晕。“他在讥笑我，”他痛苦地想，“或许他是随便开个玩笑，但已经超出了最卑鄙的讥讽的界限。”阿尔托用小手帕向她的不识时务的丈夫摆了摆——她今天穿着一件深色的服装，奶油底色带有黑色花边。“帕迪利亚！”她申斥说，“你太可怕了！”——“怎么啦？”男高音问，笑得有些激动，“我们相处得不是很好吗？你的旧交和我！”他和彼得·伊里奇碰了一下酒杯。

德西蕾夫人，有些急促地向柴可夫斯基打听她过去的老师保利娜·维亚尔多的情况：彼得·伊里奇最近一次到巴黎时曾见过她。“这位老夫人非常友好地请我吃了早饭，”他说，眼睛没有离开汤盘，“真难以置信，她仍然那么精神和活跃。”——“是啊，一个奇妙的人！”阿尔托有些漫不经心地说。

餐巾更换了以后，格里格问起彼得·伊里奇有关汉堡音乐会的情况。彼得·伊里奇讲述了萨佩尼科夫和汉斯·冯·比洛。“再次见到比洛，总觉得有些异样，”他说，“我觉得他的变化很大。他肯定发生了什么大事。”阿尔托接过来说，眼睛看着正在给大家送来冷盘的姑娘，“他似乎一直无法克服科西玛的悲剧。”——“是的，这已经超出了我们的理智。”彼得·伊里奇说，但却有些走题。妮娜夫人却喊道——她对自己竟然这样失态也感到吃惊：“我永远不能理解，一个女人怎么能这样——我是说，在如此可怕的情况下这么做。这实在太残酷了：比洛在慕尼黑为理夏德·瓦格纳工作——他全力以赴地为弘扬他的伟大的朋友的作品而效力！——而她却欺骗了他，而且就是和这位伟大的朋友一块儿！”

爱德华抚摩着她的手，让她镇静下来。“在人与人之间经常有命运交织的情况——在那些有着特殊身份的人们之间，你知道吗，我亲爱的？我们这些外界的小人物是不能去评价的。”他说，既是教导又是安抚。

帕迪利亚先生似乎要讲一个巴黎歌剧界中破坏婚姻的故事，但阿尔托却摆出一副慷慨激昂的样子仍要谈论瓦格纳—科西玛—比洛这个题目。

“是的，”她说，“格里格说得对：这里涉及的都是有特殊身份的人，我们不能用小市民的标准去衡量。我曾有机会见过科西玛几面。这是一个什么样的女人哟！伟大的李斯特的亲生女儿和德阿古伯爵小姐。她可以不在常规中行动。当然，西格弗里德·瓦格纳是一个崇尚自由的情种。但他难道不是伟大、狂热、不妥协和不惜牺牲的情种吗？”德西蕾夫人挑衅地问道。妮娜夫人脸上泛起红晕，帕迪利亚先生不合宜地嬉笑着，彼得·伊里奇想：“我的上帝，她读过易卜生的作品！啊，她是想引人注意——引谁呢？我吗？实际上，她根本就不赞成自由的爱情，她一直是坚持市民阶级的观点，我们曾为此争吵过多次。”

“您的看法呢，亲爱的皮埃尔？”阿尔托问，把她的大脸转向柴可夫斯基；她美丽的嘴仍在微笑着，似乎想在对方回答之前就给予表扬，她期待着对她这个鲁莽的观点的支持。

彼得·伊里奇沉思地望着她。“我想起了可怜的被欺骗的比洛对科西玛的一个亲戚说的关于瓦格纳的一段话。”他缓慢地说，“他认为，大师是‘在其作品中和其行为中都是无可比的’。至于这句话的第二部分，”彼得·伊里奇微笑着说，“我想强调一下。——能够对两个传奇式人物十分著名的事件加以谈论，也确是很有趣的事情：无比美丽和茫然的巴伐利亚的年轻国王的形象才使这幅激动人心的图画变得完整。慕尼黑的这场《名歌手》的演出，真应该去看一看——但必须戴上隐身帽躲在后台。瓦格纳和比洛之间的致命的紧张状态，超越了一切王室家族和各位赞助者，以及所有的庆典活动。两个人从此再也没有见过面。而李斯特，那位肇事的科西玛夫人的父亲，却置身于事外。我很愿意设想，他从罗马，凶狠而虔诚地，关注着事情的进展——不赞成，也不干预。有人告诉我，《名歌手》举行宏大的首演那一天，老奸巨猾的修道院院长在西克塔斯教堂听了那首弥撒曲，然后在一架贝希斯坦钢琴上为教皇庇护九世演奏，于是，教皇让人送给他一盒雪茄作为奖赏。这一切不都很有趣吗！”

“在我看来，如果我们还要讨论理夏德·瓦格纳的私人生活，是不是有些过分了。”格里格说，“弄清楚他的艺术现象，就已经使我们费尽心机了。因为，我们大家都知道，他是我们这个时代最了不起的艺术人物，没有他，我们的存在都是不可想象的。可是，我们中有谁爱他呢？”

“噢，他写过几首特棒的男高音歌曲。”帕迪利亚说，他始终在不停地吃着。而阿尔托——她的白胖的胳膊支撑在桌子上，那块黑纱滑了下来，露出她那美丽而成熟的体态——激动地说：“我崇拜一切伟大的人物。”

“她并不太聪明，”彼得·伊里奇想，并用一种冷静而好奇的目光望着她，“真奇怪，当时我觉得她是很聪明的……”于是，他挑衅地说：“还有些大人物，是我们需要恨的。或许瓦格纳就属于这一类。”

在整个用餐过程中，他都极力设法使谈话保持在大事情上：瓦格纳、拜罗伊特及其对音乐的意义——这是一个永远刺激他激情表态和辩论的话题。或许他想用这种持久的热情制止帕迪利亚再有机会影射早已过去的伤感事件，让人脸红。

所以，他就用愤慨和讥讽向大家讲起了拜罗伊特的经历；在他的强烈但不公正的言辞中，他又编织进去很多赞叹的套话——例如“这个巨大的天才当然给我留下了深刻的印象”等等——企图以此争取使他的褒贬产生更好的效果。他严厉地说：“这个瓦格纳真是一个堂吉诃德！他用他的荒谬的理论削弱了自己的天才！罗恩格林、汤豪舍、荷兰人——这些还都可以忍受，这些都还算是歌剧。可是后期的作品，实际上是想搞出一种包罗万象的，把所有艺术都概括进去的艺术作品《乐剧》出来：而这一切又都是骗人的谎言和彻头彻尾的虚张声势，它是在多大程度上缺乏艺术的真实、淳朴和美妙——简直就是没有人性！在其中活动的都是些超越自然的大人物，和我们没有任何共性，站在高跷上，而描绘他们庄严表情的音乐，既残酷又淡而无味。——后期的瓦格纳为什么变得如此不能忍受呢？”彼得·伊里奇问道，并向周围巡视着。“因为他失去了一切标准！”他得意地自己回答。“因为他的魔鬼般的豪气，他的帝国主义的、纯德意志的傲慢毁掉了、吞噬了他的天才，彻底吞噬了！”他气愤地重复着，又为自己倒了一杯白兰地。“几年以前，就在柏林，我第一次听了《特里斯坦》。何等令人气愤的乏味！这种东西根本就不应该存在！整个晚上我所感觉到的：这是一个正在走下坡路的艺术家。难道真有必要去观看这位伟大人物高度难堪的失败和放纵吗？——我的一生中还只有一次曾经历过类似的无聊：那就是《众神的黄昏》。”

彼得·伊里奇一分钟都不想中断关于瓦格纳的谈话——又讲起了他在拜罗伊特的见闻：那是1876年夏天，音乐节剧院落成的时候，他当时还为《莫斯科消息报》撰写音乐通讯。“那是一个非常热闹的场面，”他说，“一个巨大的新年集市：这个德国小城市变成了一个国际大世界。在街巷中和酒馆里，到处可见著名人物——但却缺少足够的第一流的音乐家：威尔第、古诺、勃拉姆斯、托马斯、比洛、安东·鲁宾斯坦都因为缺席而大放光彩。我从里昂来，我在那里看望了弟弟莫杰斯特。好心的尼古拉·鲁宾斯坦到拜罗伊特火车站去接我；我还记得他对我说：‘呐，在这里你可得有思想准备呀！’上帝，我在音乐节剧院遭了什么样的罪呀！那个《指环》就是不想结束，当《众神的黄昏》最后一幕终于过去了，我才松了一口气，就像是从监狱里被释放。我当时只有一种感觉：呼！——是的，我知道，”他向想反驳他的格里格挥了挥手，“其中也有美妙的东西，甚至是绝妙的东西。但是作为整体，令人极度沮丧。看过它之后，必须要去休养才行。你们知道，我看完《指环》后想干什么吗？想去看德利布迷人的芭蕾舞剧《西尔维亚》——我当时产生了十分强烈的愿望。但在拜罗伊特却没有它的演出……”

大家都笑了。阿尔托说：“是啊，《西尔维亚》很美，但必须到巴黎去看。可是，在拜罗伊特去想它，我却永远做不到，我会产生罪恶感。”

女佣送来了甜食，柴可夫斯基又讲他在拜罗伊特很难得到什么可吃的东西——“组织工作实在差极了，”他说，“热菜你根本就不要想，而在这个充满香火的音乐节城市，人们听到的更多的是香肠和土豆沙拉，而不是英雄形象的主题。在《女武神》和《齐格弗里德》幕间大休息时，人们把啤酒摊围了个水泄不通！我在那里看到了百万富翁和世界名流争夺一份面包夹香肠，就像是饥渴难忍的野兽。但愿那些特邀的头面人物至少能得到足够的吃喝吧!”

他非常生动地讲述了漂亮而忧郁的巴伐利亚国王到达拜罗伊特小车站时的情景：理夏德·瓦格纳是如何与他的帕西发尔陛下和那些高贵的崇拜者和贵族们热烈握手。“我站在月台上观看着这一切。”彼得·伊里奇说，“瓦格纳的嘴是多么的恶毒和紧绷！那位可怜的年轻国王看起来很美但很苍白，就像一尊雕像直瞪着眼睛从大师的脸上扫过——从他的不知报恩的朋友和大师的脸上扫过。人们可以感到：在他们之间存在着一堵无形的墙，他们之间不再理解，他们之间的距离越来越远了。——而这个受人热爱的国王，又是多么惧怕和人接触！人们可以从他的脸上察觉到这种恐惧，当他乘坐一辆封闭的马车穿过街巷时，当人们向他欢呼时，他却只在车窗后面点头，面孔僵硬、苍白和无比的悲伤。他听完了《指环》之后，立即离开了剧场，回到他那充满传奇的宫殿。人们都说，那是一座受到诅咒但极其华丽的宫殿。我认为，他所以这么急促离开，是有很多特殊的原因的：首先是因为他对瓦格纳感到失望，但更重要的原因，是因为老威廉皇帝答允到拜罗伊特来；而这位浪漫的巴伐利亚国王很自傲，不甘心把这个普鲁士君主当作自己的皇帝欢迎。”

女佣送来了黑咖啡。彼得·伊里奇还是滔滔不绝，就像很怕别人插嘴进来。“老皇帝到来时——真正的表演才算开始!”他说，德西蕾的目光始终没有离开他，但这似乎使他有些心烦不安。“我们都看到了什么呀，欢迎的号角和火炬游行——这确实是一场宏大的戏剧，可以和音乐节剧院中的节目相媲美！不时会有一个什么君主在一个什么阳台上亮相：德意志帝国的皇帝和巴西皇帝站在一起，有时又是符滕堡或者施威林的君王。而在这些刻意安排的戏剧当中，总有那个瓦格纳的皱着眉头、冰冷而可怕的恶毒的面孔。瓦格纳，同时接见500人的瓦格纳，接受贷款的瓦格纳，和歌唱演员吵架的瓦格纳，高谈阔论德国艺术的瓦格纳。瓦格纳，这些乌合之众的统治者、驯兽者、诱惑者……”

在短暂的沉默中格里格说：“但是，现在他们两人都已经死了，年轻的国王和自负的大师。”

他们又谈起了理夏德·瓦格纳在威尼斯去世时的庄严场面，他的棺木从意大利北部运往德国南部时的隆重。“科西玛夫人出于悲伤让人剪短了头发。”阿尔托感动地说。“在慕尼黑，人们对死者的敬畏胜过君王，”格里格说，“而在拜罗伊特，他简直就像皇帝一样被安葬。从未有过哪一个音乐家获得过他这样的荣耀。”

“他的帕西发尔国王只比他多活了三年。”彼得·伊里奇沉思着说。他们又谈起了施塔恩贝格湖畔那位病态国王的悲剧。“一个医生也卷了进去。”彼得·伊里奇说，突然感到口中出现一股苦涩，几乎恶心的味道。“那个医生想干什么呢？这位国王或许根本就没有神经错乱。他只是想要自己的安宁。如果一个人想要安宁，别人就会说他疯了。”

帕迪利亚先生对这样的谈话不感兴趣，他从餐桌旁站起身来。“这里的气氛是多么庄重啊！”他喊了起来。“我们到旁边去喝一杯烧酒，不，最好是很多种烧酒！”

在客厅里，帕迪利亚先生和格里格夫妇谈论着斯堪的那维亚的烧酒品种，然后又谈及各种甜酒。德西蕾在一个窗台前找到了他的皮埃尔，他半藏在丝绒皱折窗帘的后面。

“您谈了成千件事情，我亲爱的！”她说，并温柔地把她那美丽的手放到了他的肩上。“您所以这样做，只不过是为了不必谈自己。可是，我是多么希望多知道一些您的生活啊。您生活得怎么样，皮埃尔？”

“关于我的生活，其实没有什么好讲的，”他说，“我在工作。”

“除此之外呢？”她问——彼得·伊里奇感到她离自己太近了。“您一个人吗？”

“我也不问您什么。”他粗暴地说，完全不符合他的习惯，甚至有些没教养。

她轻轻地回答：“亲爱的皮埃尔——您所以没有问我，是因为您在您的一生中——在您的整个一生中——还从未认真关心过别人。”

“您真的这样认为吗，德西蕾？”他嘶哑地问。德西蕾严肃地点了点头——就是这个德西蕾，人们曾说是他的未婚妻，他失去了她，现在完全变得陌生了，变成了一个又老又胖又矫揉造作的女人——他想发作，似乎要进行辩解，或许要控诉自己；但他没有，他停住了。“不要说这些了！”他说，并转过身去，“我们还是搞点音乐吧！”

“好，我们搞点音乐！”女歌唱家重复了一遍这句话。彼得·伊里奇已经去找别人。大家都来到了钢琴旁边。

于是大家决定，让妮娜夫人唱几首格里格的歌曲，由彼得·伊里奇为她伴奏；阿尔托则想唱柴可夫斯基几个曲子，伴奏由格里格承担。

“这个分工很合理！”帕迪利亚先生满意地说。“您根本就不知道，我的小妻子是如何对您的音乐佩服得五体投地，柴可夫斯基大师！她对待您的作品简直就像崇拜圣物！”

“帕迪利亚！不要说这些了！”德西蕾用她的小丝手帕摆动一下说，她的厚厚的脂粉下的脸居然泛出了可爱的红晕。

“为什么，为什么呀？”她的丈夫大吼道，“这些还是可以说的嘛！——好，开始吧！”他要求——妮娜夫人靠到了钢琴旁，摆出一副艺术家在一场大音乐会开始前的放松的姿态——“对我们这些人来说，没有比音乐更为美好的爱好了。任何其他东西都会使我们产生邪念。”

彼得·伊里奇说：“您说得对。”向帕迪利亚先生微笑了一下。他缓慢而沉重地走向钢琴，坐到了转椅上，打开了琴盖。他把眼睛闭上了两秒钟，然后把他那双沉重而白皙的手伸出去，放到了琴键上。

第四章

“我曾是多么爱你啊!”这个令人丧气的说法，这个无力的有条件的保证，一直陪伴彼得·伊里奇回家的路。

你只剩下了一个人，在那座房子前，你和可爱的格里格夫妇分手，你的老德西蕾就住在这座房子里，和她的大嗓门的帕迪利亚丈夫以及一个漂亮的女儿，可她没有让你看到她的女儿，这个狡猾又可怜的人！你只剩下了一个人，走在德国首都的一条陌生的街道上。你迈出每一个沉重的脚步都在想着这个：唉，你呀——我曾是多么爱你啊！……

已经有过多少放弃，已经用尽了上百万次的无望，每日又重复上百万次的公式：我爱你——这个哭诉，写向了虚空，喊向了远方，那里有人期待着回答。而现在你看到（你还在孤独地重步走在一座陌生的城市的陌生的街道上），这个仍然可以确定的、虽然伤感但却坚定的“我爱你”发生了变化，变成了半自我退缩和自我放弃的一句：“我曾是多么爱你啊!”本来应该是你，我当时本应选择了你——是的，如果……就在这个“如果”的后面却打开了一个深渊。

或许真的是，亲爱的皮埃尔，您在您的一生中，在您整个的一生中，从未认真关心过别人。非常可能，这就是原因。或许我对你，我的德西蕾，实际上根本就没有爱过，就像对曾和我短暂有过一段令人羞愧的婚姻——但又不是婚姻的可怜的安东妮娜没有爱过一样。我从未在有人真的要约束我、再次爱我并把我固定住的希望或危险中爱过。我从未像女人所希望的那样——企图改变我的生活——爱过一个女人。我把感情投入的地方，是不存在这种危险和会产生约束后果的希望的，我在那里投入的感情，只能得到不理解或者冷漠的友谊，或者是精心的计算，最多只是过眼云烟的温柔。啊，我是多么经常要掩盖我的无端爆发出来的感情呀！它是多么不合时宜又多么不被那些我渴望同他们相互馈赠和共同富有的人所理解啊！有时，在个别的情况下被人接受，但那只是一种同情，或者我必须支付现钱。我知道，他们在捉弄我，在我的背后或者当面。我变成了滑稽人物，或许自己都讨厌自己——这一切都是为了我不得不投入的那份感情。比方德西蕾，我当时是那样卑躬屈膝——而正是你，我真的是要认真尝试一下，改正过去的一切，想走上正轨，正是你，正是我曾爱过的德西蕾，竟敢带着责备的目光对我说：您从未认真地关心过别人——在您整个的一生！如果这是真的，您也不该对我说。因为，情况和您想象的完全相反。您把我看成是一个软弱的个人主义者，这就是您的想象力所能达到的水平，因而觉得有资格这样说，只是因为和您共同经历过或者没有经历过什么——在 20 年前。你觉得，当你带着强烈的柔情走向我的时候，我没有抓住时机，我永远是那么冰冷，那么吝啬，那么精打细算。你难道真的这么不了解我吗？我曾是多么爱你啊！

德西蕾对我们的重逢是另外一种设想，充满戏剧性和柔情。她肯定认为，我根本就没有任何震动。我确实感觉到了某种震动，但那只是在商务参事的晚会上，当我看到她现在这个样子，我立即就意识到，在她的和我的生活中已经逝去了多少时光。然而，然后一切就都变得普普通通了，并没有因为这也是很悲哀的事情而感到心情激动。结尾总是平淡无奇的，它总是一种烦琐而庄严的装饰，不再会激发新的思绪，这只是一个常规的僵化了的庆典而已。其实，如果我没有见到你，会更好些。现在，我的回忆又变得沉重了许多，而我现在要承担的东西已经很多了，每个小时我都会感到口中的苦涩，就像是含了一棵苦菜。

我很怕他们，因为我现在进入了我的陌生的房间，因为我漫步在这条陌生的街道——这是一条痛苦之路——陪伴我的是那无望的自我退却和爱情公式的单调的旋律——已经留在了我的身后；我又达到了不是目的的目的。我只是一个人——当然还有那个神秘、伟大、遥远和严厉的上帝解读着我的思想，聆听着我嘴唇的喃喃细语。只有他，或许能够理解我们不理解的问题，严肃对待我们认为可笑的事情，在他的七重面纱掩盖着的博大的脸上没有一丝触动。当我们由于人间的某种悲剧感到震惊，当我们的眼泪从我们平凡的眼睛流淌的时候，但他，却保持安静和期待。我相信，他对我们的期待和委托，是有着一定的意图的。是的，我相信他和他的可怕的公正。我知道，他是我的微不足道的斗争和失败的高贵而公正的见证。他不会讥笑我们，他不会为我们哭泣。他是公正的，他在期待。他想用可怕的惩罚考察我们生活的真相。

因为我们不知道他的目的和意图，当然也无法理解他的惩罚，我们常常在惩罚的面前不知所措，因为它常常不期而遇，这是隐蔽者惯用的手法。但我们却必须接受所有这些惩罚，为了我们生活的真相。我们是否——当然是痛苦地——距离他更近了呢？啊，不是，啊，肯定不是。他不会取下脸上的那块面纱，只要我们在他的面前还是这样笨拙地运动，穿着凡间的衣着。我们在巨大的恐惧中为这个遥远的他取了一个名字，一个很小的名字，一个想用它传达我们的无助的名字。我们喊“上帝！”但由于没有得到回答，有些人就以为，他们是喊向虚空，我们想呼唤的人根本就不存在，他只是虚伪和错误的希望。可是，让他怎么回答呢？我们根本就不知道他的名字，我们的大脑过于软弱，我们的嘴没有其他能力，而只能说出那愚蠢的声音。我们弱智的嘴不断喊道：“上帝——上帝——上帝”，并期望着他给予回答，而他的名字却完全不是这样，他的名字和他的面孔一样是个巨大的秘密，他的声音、他所计划的和所要做的也是一样！人类最聪明、最有学问的大脑，还没有能力找到他真正名字中的一个字母，而他真正的博大的名字中，哪怕是一个字母被人听到，我们这个地球就会爆裂成为碎片，就像一块脆弱的玻璃。但这只会在他的法则已经实现，他的面纱已经获取了全部真相，用他那不可想象的、漫长的、充满痛苦的惩罚。然后，只有在这之后，他的名字的第一个字母才会出现在我们的即将毁灭的星球的上空，作为我们获得解救的信号。

而现在，我不再想继续喊“上帝——上帝——上帝”了，而是要从对他博大和不完全理解的思想那里返回，回到我个人生活的狭小的世界，回到我个人微不足道的回忆中——这或许同他有关，或者也是他的一部分，或许是他逼迫我说出我生命真相的严酷计划的一部分。

彼得·伊里奇坐在床沿上——他已经把深色的上衣、硬领和宽宽的丝绸领带脱下，穿上了一件长长的驼绒睡袍。彼得·伊里奇向床头柜低下了身子，用手指抚摩着几件东西，他从长年经验知道，这几件东西有一种引起他回忆的力量：那是几件回忆的吉祥物。在碳酸钙药盒和缬草滴剂之间，放着那只漂亮的装饰有金色雕琢的白金怀表和两张已经泛黄的照片。第一张——那是一张金属板照片——上面是柴可夫斯基的全家：右边，坐在丝绒幕布前面的一张装饰有雕刻的靠椅上的，是伊利亚·彼得洛维奇·柴可夫斯基，一个腰板笔直、跃跃欲试和慈祥和气的先生，头发已经花白，但浓密的胡须却仍呈黑色——也不排除经过染色；在他的膝盖上是小许波利特，当时刚刚 4 岁，穿着白色的罩衣；全家照的最左边，是彼得·伊里奇，他穿着方格外衣，8 岁的他脖子上戴着硬领，严肃地望着前方，柔软的嘴唇微张着。他亲昵地靠在坐在旁边一张椅子上的母亲身上。美丽的亚历山德拉·安德列耶夫娜，把下颚支撑在她那长长的白皙而高贵的手背上，显出一副故作沉思和梦幻般的姿态；她那伤感而苍白的椭圆形的面庞，被整齐又美丽的乌发包围着；她的柔软动人的上下嘴唇显现着美丽的曲线，或许稍微有些沉重，让人想起了她儿子彼得的嘴；但她那深沉的目光——在浓密乌黑的眉毛下，十分忧郁、温柔而深邃——带着一层蒙眬，从全家扫过，表现出一种高傲的无动于衷，同样扫过她的彼得，向虚空望去。靠在母亲满是刺绣的黑色衣裙上的是小亚历山德拉·伊利尼日娜，她比彼得·伊里奇小两岁，比许波利特大两岁。在她那整齐的白色紧身衣裙下面，露出她的小内裤的花边。这个小姑娘——双肘支撑在母亲的膝盖上，小脸放到圆润的手上——梳理平整的头发下面的脸显现出一种执拗和果断。母亲身后，站着一个已经成熟的少女，双手放在母亲的肩膀上：这就是济乃妲，彼得的同父异母的姐姐，是野心勃勃的伊利亚·彼得洛维奇和他的第一个德国妻子玛丽·卡罗夫娜·凯塞所生的女儿。在济乃妲和父亲之间还站着尼古拉，他的头发同样梳理得十分平整，穿了一身深色的西服、雪白的衬衣，摆出一副长子的尊严：他是1830年——比彼得早10年——出生的。

这就是1848年柴可夫斯基的一家：父亲抱着小许波利特，已经长大成人的济乃妲，目光忧郁的母亲；穿着方格外衣的彼得，穿着花边内裤的执拗的小亚历山德拉。最小的双胞胎兄弟安纳托和莫杰斯特当时还没有出生，他们是两年以后来到人世的，但那时母亲已经不久于人世了。1848年时，父亲已经退休，他当时53岁，在采矿业已经有过一个不错的前程——而且同他的野心勃勃的性格相适应，他也曾有过各种各样的职业和冒险：他曾是矿山督察、钢铁厂的主管、钢铁厂的总管和矿山总管。退休时他有权佩带少将头衔。在沃特金斯克小城，矿山经理是个有威望的岗位，可以过上一个大地主的生活，掌管很多下人，就像是一支私人小部队，有着100名哥萨克人。尽管如此，他在沃特金斯克仍然感到无聊乏味，这是一个非常偏僻的地方小镇，前往圣彼得堡需要三周的时间。

彼得·伊里奇还有另外一张照片，那是1855年美丽的母亲逝世一年后拍摄的：在上面我们可以看到父亲伊利亚·彼得洛维奇·柴可夫斯基和一对双胞胎兄弟安纳托和莫杰斯特——这时他们刚刚5岁。他们都穿着俄罗斯式的罩衣、灯笼裤和高高的皮靴；他们的头发梳成了平整的马尾式直至额头。安纳托用双手抱着父亲的胳膊；而莫杰斯特，虽然长着一对招风耳，但却有着充满热情而敏锐的目光。这时，父亲的髭须已经和头发一样全白了。他失去了爱妻，漂亮的亚历山德拉死得很快，快得让人感到恐怖。但已经一头白发的伊利亚·彼得洛维奇却仍然保持着良好的状态，刮得光亮整洁的下颚搁置在高高的硬领的上边，仍然那么风度翩翩，仍然那么挺拔，穿着他的丝绒领子的宽边休闲上衣。坐在靠椅上的他，仍是一个有尊严的丝毫不显得衰老的汉子，仍然具备一个家长的素质，仍然是家庭的支柱，尤其是对两个晚生的儿子，那一对柔弱的双胞胎安纳托和莫杰斯特。当然，他已经不再是一个可靠的支柱，这个健壮的老伊利亚·彼得洛维奇；但这一点，两个亲昵地依在他身上的孩子是不可能知道的。实际上，他仍然还很轻率，仍然没有改变固有的孤注一掷的毛病，而且总是愿意受一些更加无所顾忌的伙伴的诱惑和利用，而常常在生活中陷入悲惨的失败和破产。但他却始终保持着无可救药的几乎是愚蠢的乐观主义。这一切，彼得·伊里奇这时已经知道；但两个柔弱地贴在父亲身上的双胞胎当然是不知道的。

彼得·伊里奇动情地、但不无震惊地凝视着他们。动情，是来自对自己的过去和家庭的过去的深深的怀念；动情，是因为他想在两个穿皮靴的男孩身上找到他们现在形象的痕迹，但却发现，可爱的安纳托和莫杰斯特已经不再是这样了！这个发现和理解、思考这种变化，使他感到震惊。因为，照片上的两个男孩实际已经死去，今天仍然活着的、彼得·伊里奇称为朋友和弟弟的已经是两个另外的人。两个男孩没有留下任何当年的痕迹，他们的音容笑貌，至今还都存在于彼得·伊里奇的记忆当中；随着时间，他们的一切都发生了变化。从那时起，逝去的每一秒钟，都使他们发生了一些变化。因为，每一秒钟都是一次小小的死亡，它在扼杀生命，但它本身就是生命，生命就是由这些飞逝的、滑向死亡的每一秒钟组成的。所遗留下来的，就只是记忆了。在已经滑过去的记忆大海中，还能升起这些面孔的影子，时而朦胧，时而清晰。已经滑过去的，不再回来，但却保留在记忆之中。难道你还想让它们再回来吗？啊，在我的一生中，我没有一分钟想过再活一次，但我却对它的逝去感到悲伤。这一生中可以使人忍受的安慰，就是它的转眼即逝，它的短暂性，它的闪烁性，它的不真实，它的本质的飞逝滑过——这同时也是它的最糟糕、最苦涩的地方，一切悲伤的诅咒和渊源。

彼得·伊里奇的目光，从父亲和两个弟弟的照片转向那只装饰有雕琢的漂亮的怀表。这只表，是他的很多的回忆和思绪的出发点和动因；其中也包括他经常愿意返回的记忆，因为，他从中可以得到温暖和力量。在这只迷人的怀表面前——“但愿你能永远留在我的身边！”彼得·伊里奇想，“你是我占有中最珍贵的东西！”——他首先想起了送给他这个珍品的最可爱、最自然的那位女士，那位善良的仙女和神秘的女友娜杰日达·费拉雷托夫娜·冯·梅克。“她是对我最忠诚的人。”彼得·伊里奇想，不无对他认识的其他人的某种谴责。“想到她，总给我一种安全的感觉。我把第四交响曲献给她，是完全正确的——它还不算是一部完全失败的作品——献给‘我最好的朋友’。因为我最好的朋友，就是她：我的神交之友，最可靠的精灵。我们之间的关系所以这么好，所以从未发生过不愉快的事情，可能主要的原因就是我们从未见过面。这有利于维护友谊的长久。这是一种相互启发和相互信任的纯洁的关系，交往的形式就是书信。她熟悉和理解我的音乐，因而也熟悉和理解我的生活。她出于对我的爱和理解，给予我定期的经济补助，我很愿意接受，也很感激。她是我真正的夫人——一个遥远的、关照我的夫人，正在我需要的时候，她就来到了我的身边，因为不管从哪种意义上说，我都特别需要这种帮助!”

她来了，正是在那一年，当他误入同安东妮娜·伊万诺夫娜那个悲惨错误的婚姻冒险之中的时候：那是 1877 年。可以想象，他当时的处境很坏也很悲惨；熟悉和理解他的音乐和他的生活的冯·梅克夫人，或许对此有所感觉。通过经常和她在一起演奏音乐的年轻人克泰克作为中间人，她试图接近她崇拜爱戴的作曲家：委托柴可夫斯基为她创作小的音乐作品，并支付非同寻常的报酬。彼得·伊里奇对创作问题一向敏感，理所当然给予了拒绝。但娜杰日达夫人却毫不动摇，她知道彼得·伊里奇陷入严重的困境之中，所以她就建议，她愿意一次性汇给他 3000 卢布。于是，一切敏感都不存在了，他感激地接受了这个建议。过了不久，梅克夫人又答应每年向他提供 6000 卢布作为终身补贴，他当然也没有任何困难地接受了。这简直就是从天而降的礼物，他热情地称赞这位女施主。于是，就开始了书信往来和神交的友谊。“献给我最好的朋友”，他在第四交响曲的开头这样写道，其中的第一部分是他在同安东妮娜不幸的婚姻中写成的。

不过，这位慷慨而浪漫的寡妇冯·梅克，在她的建议中还附带了一个条件：她永远不想与她行善和梦幻的对象见面。偶然相遇时，他也不应该同她打招呼，不应该看她。这是一位饱经风霜、神经脆弱的贵妇的怪癖——她是工程师冯·梅克的遗孀，11 个孩子的母亲，长期十分贫困，经历过不少坎坷和艰辛——彼得·伊里奇却很愿意接受这些条件。梅克夫人，这个慈善家、最知心的人和最好的朋友，将永远是个陌生人。不论从哪个方面讲，这都赋予这一关系令人兴奋和着迷的童话般的特点。如果彼得·伊里奇到他神交的女友的乡间别墅中小住几日——这也是经常发生的事情——那么这位女友就会从这里消失、远行和不见踪影，恰如一个仙女，被神秘而严格的律条所禁止，不会在凡人面前显现自己的身形。彼得·伊里奇很喜欢这样，因为这可以激发他的想象力。而当他有一次在歌剧院里，有人想让他看一眼他的女施主的时候，他只是怯懦地斜视了一下站在远处的那位女士。但他所看到的，却是一张憔悴的面孔和杂乱花白头发下的一对炽热乌黑的眼睛。他觉得，梅克夫人似乎很自负地搐动着自己的上嘴唇。这位年迈的夫人佩戴着沉重的金项链，每一动作都会发出叮咚的响声，她走路时有些驼背，拄着一根金柄的手杖。彼得·伊里奇怀着敬畏的心情只是用目光匆匆扫过：她怕这位仙女会察觉他的目光而惊叫起来，然后化为银光遁去。

"但她并没有化为银光消失。"柴可夫斯基想，并柔情地用手指轻抚着那块怀表，在他的这个最珍贵的东西上滑过。"她还在，她还在我的生活中。多好啊，她还在我的生活中！——怀表上的阿波罗雕像真美。但我更喜欢在另一面雕琢的奥尔良的少女……"

少女这个词，是他渴望回忆的心中的主导词。他并没有想到他为这位英雄少女所写的歌剧——他根本就不想提起这部歌剧，因为它是一部彻底失败的作品，是一部最乏味的大歌剧，受了迈耶贝尔的过多影响，而且它取得的成功也并不大。奥尔良的少女这个名字，使他想到了一个儿童世界——一个已经逝去的世界，一个被飞逝的时间所抹掉的世界——是他的思乡之情。

这个"法国女英雄"，是她热爱的家庭女教师法妮·迪尔巴赫当年给他讲的一个故事——这位女教师来自贝尔福附近的蒙贝利亚尔，当时和她在一起的时光是多好啊！后来的年代，不论在任何地方都再也没有过那样的经历，后来出现的思乡，也只是因为时间已经逝去，而不是因为有过什么值得再次经历的内容了。

法妮会讲很多各式各样的故事，但最迷人的，就是她开始讲述奥尔良的女英雄。她还曾展示过美丽的图片，当孩子听话的时候，她就拿给他看：这是当时最高的奖赏，因为没有任何东西能像图片上那个穿着盔甲的男孩样的少女那样闪闪发光、那样苗条、那样优美动人和那样勇敢。彼得知道为什么——她听到了上天的声音。没有一个男孩能够穿上战斗的盔甲和拿起盾牌，但当她用长矛刺出的时候，她肯定并不想伤害任何人，因为这只不过是一种骄傲的游戏，她的微笑告诉了我们一切——那个微笑，甚至比圣母的微笑还要甜蜜。

为这个苗条的超越性别的英雄形象，这个欣喜异常的男孩曾用法文作过一首诗，常常在晚上朗诵给法妮听。他慷慨激昂地读道：

“我们爱你，永远把你记在心中，
你是我们美丽的英雄，
你拯救法兰西于水火之中。
你是一个牧羊人的女儿，
却做出了如此壮美的行动！
你杀死了英国蛮凶，
赢得了整个法国的爱戴和尊荣。
你的金黄长发飘曳腰际，
它们是如此美丽迷人。
你的英名直抵天庭，
天使米歇尔为你引路攀升。
人们向你致敬，
人们也没有忘记那些恶人。”

彼得·伊里奇还记得，他还曾写过其他法文的“诗歌”，在那逝去的时代；但只有这一首他还记得住，他还知道，只有当他在晚上为法妮朗诵这一首诗的时候，她才会说：“相当不错，我的小皮埃尔。”

法妮真好。她从家乡带来了一只八音盒，放到了她自己的小房间里，可以演奏各式各样的旋律，一首比一首更美妙。后来彼得·伊里奇才知道，其中最好听的就是莫扎特《唐璜》中的音乐；这时他才理解：比这更美的旋律是没有的，在这其中，一切沉重的东西都被抛弃，超越一切逝去的时代在升华——啊，达到这个高度是永远也不可能的，因为我们已被俘虏，我们已被牢牢地束缚。

而在法妮面前，他却可以毫无胆怯、倾心地去爱。她的声音可以使他镇静。如果在夜里，那巨大的恐惧出现，那是他现在还常常感觉到的巨大的恐惧，房间里的任何响动都是那么恐怖，包括钟表的滴答声，每一秒钟都在恐怖地滑向那无底的深渊，这时他就会喊叫起来，而法妮就会突然出现在他的床旁，然后用她那十分亲切的声音说："你应该睡觉，我的小皮埃尔。"他的额头就会感觉到她的手。他就入睡了。

在这种最可怕的时刻，母亲从来没有出现过。他不能指望母亲的安慰，但却可以指望法妮，母亲要比法妮离得更远：这在可怕的时刻是可以显现出来的。他也倾心爱他的母亲，但却不无胆怯。或许正是因为胆怯才有了爱，那是它的苦涩而甜蜜的佐料，只有这样，爱才能充满激情，才能无比地强烈。

在法妮身上一切都是那么亲切，而在母亲那里却一切都那么陌生。母亲的面孔常常是严肃和悲哀的，她早已不再温柔和善谈。有时，她几个小时都不说一句话，皱着眉头，忧郁地望着前方。她的美丽而白皙的双手上显露着青筋，像僵死一样搁置在膝盖上，乌黑的头发框住苍白的脸庞，呆呆地像是一顶寡妇睡帽。母亲高兴的时候，会想出意想不到的游戏来。她高兴时只说法语；她会欢呼："我可爱的小皮埃尔！"然后把儿子举到空中，尽管他很重。然后却会立即又陷入忧愁，不再理会别人。

小彼得从法妮那里得知，他的母亲来自一个法国家庭，正是那个奥尔良的少女和法妮自己的祖国：那肯定是一个美好的国度！母亲婚前的名字叫阿西耶；小彼得很喜欢独自哼唱着这个名字：阿西耶——阿西耶——阿西耶——，听起来耳朵里特别舒服。法妮还告诉他，说母亲比父亲年轻得多——“这其实不应该这样。”法妮还很严肃地补充说，“这是不会幸福的。”这句话使小彼得感到震惊。他似乎预感到某种不祥的关系，在母亲的不稳定、脆弱和忧郁的性格和父亲比她大之间。到了晚上，彼得常常替他的母亲祈祷。他从法妮那里常常听到：“你应该跟随母亲！”——也就是说，他从上帝那里得到的忠诚和顺从，都应该贡献给母亲，应该帮助她从忧郁中解脱出来。

“让我永远跟随母亲！我愿意跟随她，我想永远跟随她！”

法妮·迪尔巴赫回到了法国的蒙贝利亚尔。为什么非这样不可呢？彼得痛苦得几乎不能自持。整日的啼哭、呼喊和喧闹无法使他安静下来；整月都茫然和发脾气。一个新的家庭教师来了，但彼得恨她，他变得执拗和懒散，即使上钢琴课，也无法使他提起精神；没有人相信他具有音乐天才。能够对他有所帮助、他也衷心渴望得到其帮助的人，是母亲，但她却没有去关心这个执拗而敏感的儿子。

当时，柴可夫斯基一家已经从沃特金斯克迁到了莫斯科，父亲在那里获得了一个新的岗位。最好的时期，真正的童年，他值得思念的时期，已经过去，已经消失，已经坠入了深渊。在这个思念当中最重要的两个人就是：沃特金斯克和法妮。

“法妮肯定早已去世了，”彼得·伊里奇在旅馆房间里想，“她是否死得安宁呢？她已死了很久吗？”

两年后，母亲带着两个大儿子尼古拉和彼得回到了圣彼得堡。尼古拉进入了国立矿业学院，彼得进入了法律学校，为这个男孩今后进入官员阶层做准备。尼古拉住在一个朋友的家中，而彼得却不得不和其他男孩们住在一起，在学生宿舍。啊，当母亲又要乘车离开时，他是如何扯住她不放，他恐惧地感到自己要被单独留在这里，和那些不认识的学生在一起。但母亲还是用她那双美丽而白皙的手把彼得的发热的双手从肩膀上推开，“你必须要理智一些，皮埃尔！”当车已经启动时，他再次跳上马车门前的踏板，法律学校的一位老师把他拉了下来。

在这个痛苦的日子和另一个痛苦的日子之间已经过去了多少时间啊？那是母亲弥留之际，他被召回到母亲病榻之前的时候。但她已经失去了知觉，而且模样也发生了可怕的变化。——这两个痛苦日子之间相隔了四年，彼得·伊里奇计算着：因为他记得，他来到法律学校时是 1850 年，而美丽的母亲在霍乱中死去的时候，是 1854 年。

14 岁的他，在痛苦和震惊中愣在那里，他感觉到——那个正在同死神搏斗的老人更能清楚地感觉到——母亲如此迅速和悲惨的死亡的背后隐藏着一个秘密。在家中和朋友圈内传播着一个流言：亚历山德拉·安德列耶夫娜·柴可夫斯基是自愿死去的。她向死神挑衅。她用自己的手招来了死神，当她把那一杯她明知有毒的水喝到嘴里的时候。她是在极度悲伤的时刻这样做的。这个流言无法平息，它有着极大的韧性和力量。人们看到，这个美丽的女人越来越抑郁和不满。她那野心勃勃的丈夫——他当时也得了霍乱，但他顶了过去，又活了 25 年——失去了他的全部家产，由于一些坏朋友的过错，使他越来越陷入了轻率而有风险的经营活动之中。现在就只有贫困了！抑郁的母亲无法忍受下去。霍乱传染病为什么要来呢？喝一杯水就足够了……

直接和公开的自杀，她是不能做的，因为她过于虔诚。但上帝从未禁止过喝一杯水。最终中毒与否，完全掌握在上帝的手中：总之自己并没有做什么坏事，只是把裁决交给了上帝。由他来裁决。他让母亲痉挛和无比地痛苦；他把母亲的脸染成了黑色；但最终他又让她变成蜡状，使她呈现出一种陌生的冷漠的美丽。她不再受苦了。

母亲是自愿死的。“噢，上帝，让我也跟随母亲吧！我愿意跟随她。我想永远跟随她！”年轻的彼得必须返回法律学校，而且这时他已经不再住在学生宿舍。他的父亲在彼得堡又有了自己的住所，可以容纳所有的孩子。在新住宅的各个房间里，又可以听到两个最小的双胞胎兄弟安纳托和莫杰斯特开心的嬉闹。其实，母亲死后，这个家庭的生活并没有被悲伤所笼罩；但正因为如此，彼得在高兴的时候还是会感到胸中有一种闷郁的疼痛，仿佛他正在做着一件不好的和不应该的事情。（我应该跟随母亲而去！）

柴可夫斯基一家似乎又有了转机。经过千锤百炼的爸爸状况又有了改善。到了夏天，他们搬进了一座小小的乡间别墅。那里经常很热闹，里面有不少女孩，因此也有很多男孩出没。年轻的女孩当时有：彼得的同父异母的姐姐济乃姐、他的表妹吕蒂娅和安娜——彼得·彼得洛维奇舅舅的两个女儿，后来他们曾搬到他家去住——以及小妹妹亚历山德拉，人们都叫她萨莎。

彼得很愿意做姑娘们的伙伴。他觉得他属于她们，而不是那些到别墅来同姑娘们调情的轻浮的年轻人。彼得和姑娘们在一起，就像她们一样：他和她们一起玩耍、跳舞、吃零食，他和她们共同做手工。他特别愿意和妹妹萨莎在一起，他爱她，因为她有和母亲一样的眼睛和漂亮的双手。他也爱表妹安娜，特别愿意和她捉迷藏和一起做手工。姑娘们都是好伙伴——比在法律学校里的男孩好得多，他们老是那么残暴，老是想找机会打架；彼得不愿意打架，他很温柔和宽厚。

但是，这些姑娘中却没有一个人能够像他的一个同学那样，对他产生一种特殊的影响力，那是唯一具有这种力量的人，就叫阿普赫丁。

彼得·伊里奇在同学中是个很受爱戴的伙伴，他很正直也很随和，和他很容易相处；而且，人们也都不认为他具备什么特殊的天才。他在学校中是个普通的学生，数学甚至差一点不及格。但有关阿普赫丁却流传着很多令人吃惊的谣言。人们散布着他的神奇、他的超然的天才和邪恶。他认识所有现代哲学家，他既不相信上帝也不相信魔鬼，也不相信耶稣的复活。他对普希金的全部作品能够倒背如流，自己也写了很多漂亮的诗句，而且到诗人屠格涅夫那里去朗诵。彼得·伊里奇感到欣喜和羡慕，他说：阿列克谢·尼古拉耶维奇·阿普赫丁，这个男孩将成为俄罗斯最伟大的诗人。

男孩阿普赫丁——法律学校的骄傲，他们班级的受人敬佩和青睐的偶像——是个小个子，比和他同龄的彼得·伊里奇还要矮一些，但却机灵、结实和灵活，是个优秀的体操和赛跑运动员。如果说，彼得·伊里奇对所有的人表现出同样的温柔和羞怯的友善的话，那么阿普赫丁则很敏感、冷漠和尖刻，他拒绝或者挖苦大部分人，而对个别他喜欢的人，则让自己自信而狡黠的风度和全部技巧充分表现出来。不知出于什么原因，他很喜欢彼得·伊里奇。他接近这个温柔而无助的同学，充满着诱惑性，就像是一个邪恶的天使。是的，他具备一个邪恶天使的一切魅力：彼得·伊里奇完全坠入了他那乌黑眼睛的冷酷光辉之中，在他的粗犷、讥讽或者温柔的微笑和从他那薄薄的红色的嘴唇中吐出的充满智慧和眼花缭乱的话语面前感到幸福和不知所措。

彼得·伊里奇完全失去了控制。后来的几年——成长和发展的年代，青年时代——完全受制于那个阴暗的天使阿普赫丁：他的魅力，他的恶作剧，他的肆无忌惮，他的混杂的多疑性。他们在一起——抽了数不胜数的香烟，进行了无穷无尽的讨论——在阿普赫丁的杂乱无章的房间或散步中度过了多少长长的迷人的夜晚啊！但他们并没有停留在讨论上。最甜蜜也最恐怖的是，当阿普赫丁中断了他那探索、浮想联翩、傲慢而纵情的谈话，显现出一种粗犷、温柔和讥讽的微笑时，他就会把他那瘦弱而灵巧，有些不干净的双手伸向彼得·伊里奇，抚摩他的头发或者面孔或者身体。这时，彼得·伊里奇就会闭上眼睛。阿普赫丁轻声问："你愿意吗？是不是很舒服？我知道，你很舒服。我们永远不去爱女人——答应我，彼得！爱女人是很愚蠢的，这不是我们的风度，把这些让给那些想生儿育女的小市民吧。我们爱，不是为了生儿育女，我们不想用爱情做这种卑鄙的交易。我们爱是没有目的的——没有目标，我们必须爱……你很舒服吗，小彼得？"

彼得和阿普赫丁始终在一起玩着这种苦涩而甜蜜，极度舒服和——

彼得·伊里奇有时也怀疑——极度应该抛弃的游戏，直到他们已经成为年轻的男人。他们长到了 18 岁、19 和 20 岁，他们保持了这种友谊。他们的友谊持续了八年之久，是在母亲死后的一年开始的；当彼得·伊里奇 21 岁时，他试图开始摆脱这种关系。这时他突然对他所处的这种状态感到恐惧：那是一种严重的堕落。

他已经从法律学校毕业了两年，作为 19 岁的“无官衔参事”——即行政文书——进入了司法部。但这个年轻的官员却比学生时代更加懒散和追求享乐。比较短的办公时间，对他只是一种负担，他的主要活动就是睡觉。只有夜晚才是他的天堂，一切享乐活动均由阿普赫丁安排。活动范围已经不仅限于两个人的苦涩甜蜜的伤感游戏：这个邪恶天使想象力极其丰富，他创造了很多新的组合方式。所有这些都需要花钱；也包括彼得·伊里奇这个时期追求的花花公子式的奇异服装相当昂贵。他债台高筑，到处收敛钱财，只获取很少退休金的父亲，无法为他提供足够的帮助，形势相当严峻，没有人知道最终会发展成什么样子。

1861 年的首次出国旅行，成了彼得·伊里奇生活的一个自然里程碑。他经过柏林、汉堡、布鲁塞尔和伦敦前往巴黎，作为他父亲过去的一个业务上的朋友的陪同和翻译。旅行并不愉快，在巴黎发生了争执，最终和那位先生决裂：他除了要求彼得·伊里奇提供翻译服务外，还对这个年轻的陪同有了非分之想；而在这种情况下，这使彼得感到厌恶。他独自一人返回俄国。途中，他写信给妹妹萨莎说：“我对未来会有什么期望呢？一想到它就感到可怕……”但在这期间——奇怪的安静和奇怪的突然——在他的心中却形成了一幅新的未来图画。

他开始投入到音乐中去。难道他以前曾有过预感吗？在他过着轻浮奢侈生活期间，真正的他还没有开始时，他难道就有所预感吗？或许这种预感早已存在，或许它在某些瞬间曾有过奇怪、茫然和幸福的冲动；但却没有形成意愿和抉择。现在，他克服了惰性和懒散。他振作精神，开始上课，开始工作——开始时作为业余活动，同时还在司法部上班。但两年之后，他辞去了司法部的工作。安东·鲁宾斯坦在彼得堡创建了音乐学院，彼得·伊里奇成了他的学生。

这使他的家庭和同学都大吃一惊。彼得·伊里奇想成为音乐家？这个懒散松垮、和善和漫不经心的柴可夫斯基想真正工作？但是，这个懒惰的彼得却知道得很清楚——一个内在的声音在告诫他——他在干什么。他的生活改变了，几乎像是个苦行僧。是的，他在工作。他在父亲的住宅里，只占用了一个小小的房间。晚上他留在家里，或者由安东·鲁宾斯坦为他安排去做家庭教师，以便改善他这个学生的可怜的经济状况。安东·鲁宾斯坦是一位严师，很难使他满意，彼得·伊里奇怕他，又敬佩他。

要学习的东西很多。因为，所有的痛楚——所有他已经切身体验的痛楚——都要转化成为音乐，这是使命：这个本性懒散，突然变得勤奋的柴可夫斯基，现在只能按照它的命令行动。这是一个艰苦的历程，这个神圣而充满荆棘的转变本不是理所当然和轻而易举的，不是一场游戏。但是，突然发现了自身能量的彼得·伊里奇却不再屈服。他不得不发现，音响与和声的法则，同他在学校里最讨厌的数学规则竟有某些惊人的相似之处。心中已经积聚的感觉，并不会自动转变和化解，而必须经过缜密的工作；只有努力学习更多的东西并忠于他的使命，才有可能掌握音乐的严格的公式。彼得·伊里奇爱音乐，如同爱诗意的感情的流淌，在工作中他理解了，想让感觉变成形式，需要什么样的技巧知识和经验。他讨厌那些无知的能人，他们只是依靠“原始”的威力轻率地进行创作。他不想成为无知的能人。他勤奋地工作，作为真正转变进程的准备，作为使他心灵轻松的安慰，使他感到欣慰。

当他完成了第一首作品总谱的时候——那是他根据奥斯特洛夫斯

基的剧本《暴风雨》写的一首小序曲，时间是1864年的夏天——他却不敢亲自把总谱拿给安东·鲁宾斯坦去看，最后只好请好心的赫尔曼·拉罗什帮忙，他是和彼得·伊里奇十分要好的同学。他比柴可夫斯基小五岁，很有天分，很懒散，也很自负。他的神经不那么脆弱。他敢于把他朋友的总谱拿给大师鲁宾斯坦看。鲁宾斯坦大师却勃然大怒。他觉得其中的配器，几乎是一种无节制的放荡。几个月之前，他还曾讥讽过他的学生柴可夫斯基“过于温文尔雅，过于墨守成规”。

又过了一年的夏天——1865年——柴可夫斯基的作品首次公开演出。这时，他的妹妹萨莎已经结婚。彼得·伊里奇在基辅附近的卡门卡她的家中度过了夏天。在卡门卡，被称为维也纳华尔兹之王的约翰·施特劳斯曾举行音乐会。拉罗什和其他一些彼得堡的朋友向他介绍了年轻的柴可夫斯基的作品《女婢之舞》。华尔兹之王很喜欢这个曲子，把它纳入了他的演出节目之中。彼得·伊里奇始终把自己经约翰·施特劳斯而首次介绍给了俄国听众这一事实，当作是一个美好而重要的小小的天意。维也纳的华尔兹之王把他介绍给了俄罗斯，而彼得·伊里奇却把华尔兹引进了俄罗斯音乐，他喜爱华尔兹，一直忠于它。

这一年的秋天，彼得·伊里奇通过了音乐学院的毕业考试，成绩并不十分突出。安东·鲁宾斯坦出的考试题目，是为《欢乐颂》谱曲。彼得·伊里奇对他的考试作品十分不满，感到羞愧难当，甚至不敢出席这部作品的公开演出。他获得了银质奖章和一句简短的赞扬评语，塞扎尔·居伊——年轻俄罗斯民族音乐派的作曲家和文学代言人——当时开始注意柴可夫斯基的音乐，而且后来一直在研究和批判他的作品；他写道：“音乐学院的作曲家柴可夫斯基先生，完全无能。”——而赫尔曼·拉罗什却高呼：“我坦率地告诉您，您是当代俄罗斯的最伟大的音乐天才！”

躺在床上的彼得·伊里奇有些困了。他打开漂亮的怀表的盖：现在已经是凌晨4点钟。“人真应该能够睡觉才好，”他想，“我宁肯什么都不想，让心脏停止跳动，然后出现那伟大的宁静，也不愿意让过去的和飞逝的一切还有力量来折磨我。”然而，不论他愿意与否：他虽然半闭着那沉重的眼睛，却仍然要看着那过去的幅幅图画，它们比现实的事物更为缠绵和刚韧。

当然，它们的轮廓不那么清晰并有些混乱。各种事件也看不到全貌，而且不断重复着。一再出现的有：工作和旅行，和几个同事的良好交往，和几个年轻人的友谊——友谊也曾带来骚动和失望，然后又出现了转眼即逝的时刻，它们甚至是幸福的。

彼得堡音乐学院毕业考试过后几个月，彼得·伊里奇去了莫斯科，尼古拉·鲁宾斯坦，安东的哥哥，聘请他到新成立的音乐学院去担任理论教师。这样，彼得·伊里奇一下子就摆脱了最困难的经济处境：收入虽然不多，但却是固定的。1866年秋，他开始了这个工作。从这时起，也开始了他和这位了不起的尼古拉的深厚的友谊。

他像一个父亲那样关照着年轻的柴可夫斯基，把他当作自己的保护对象。他让彼得·伊里奇住在他的家里，送给他相当破旧的衣服：一件厚重的皮大衣和一个小提琴大师忘在这里的一套西装——它对彼得·伊里奇虽然有些肥大，但大家都认为他穿上以后还是相当庄重的。尼古拉很善良和助人；和他的阴郁、傲慢、被荣誉惯坏的弟弟完全相反，尼古拉是一个最热情和最单纯的人。他当然也有自己让人讨厌的性格：他风风火火，自命不凡，非常刻板，而且很愿意干预他朋友的事务，特别是他的保护对象柴可夫斯基的事务。彼得·伊里奇爱他和感激他。但当他几年之后搬进自己的一套小住宅，和尼古拉，他的保护人，“他的保姆”分开的时候，他还是感到一阵轻松。

在莫斯科还是有一批好人的。害怕孤独的彼得·伊里奇——当他看到了对他适合的生活状况的时候——却很少单独一个人。除了尼古拉和拉罗什之外，还有当时在莫斯科开了一家小小的音乐商店的彼得·约根松，他是一个坚强和有能力的人，最终成了俄罗斯最重要的音乐出版商和柴可夫斯基的忠诚的宣传者；尼古拉·卡日津，音乐学院的教授，既是优秀的钢琴家又是评论家——他有一个年轻的妻子和一个和睦的家庭。最后是康斯坦丁·卡洛维奇·阿尔布雷希特，音乐学院的总监，尼古拉·鲁宾斯坦的左右手，已婚，是一个安静和谦虚的人，有些古怪。彼得·伊里奇常常作为他的房客在他那里用餐，因为阿尔布雷希特生活拮据，以这种方式也可以增加一些收入。康斯坦丁·卡洛维奇对天地之间的一切事物都感兴趣：地质学、植物学、天文学以及大政治。他是个昆虫收藏家和手工爱好者，可惜的是，他每年发明的各种器械却从未有人加以利用。他对音乐问题的观点是很极端的——他认为，从贝多芬晚期作品和瓦格纳及李斯特的作品开始，才真正有了音乐；政治上他是个反动派和发牢骚者，每天至少一次表示反对取消农奴制并批评政府对虚无主义的宽容。在阿尔布雷希特家中吃饭的时候，常常进行各式各样的讨论，房间里散发着书尘和白菜的味道。

他们都是些正直的好人：彼得·伊里奇和所有的人都相处得很好，他也被大家所爱戴和尊敬；大家都相信他的天才，赞扬他的好心肠。尽管如此，即使在欢乐亲切的人们中间，他有时仍然感到一种无法言喻的孤单，急迫渴望到其他地方，不论什么地方去——最好什么地方都不是，只是不要在这里。

这种苦涩的孤独感最少的时候，是他和两个双胞胎弟弟或妹妹萨莎在一起的时光。在他们身上，他会感到一种当年和他亲爱的法妮或者严厉漂亮的妈妈在一起时的平和。他和正在成长的两个小弟弟安纳托和莫杰斯特通信，和他们一起度过暑假；他和萨莎通信，到基辅附近的卡门卡去看望她，她和她的丈夫达维多夫先生一起住在那里。这个可爱的妹妹深深了解他的痛苦、希望、失败和心中的巨大骚动。

因为他始终在受难，所以才从痛苦中逃向工作，但工作本身又是一种痛苦，当然也是一种安慰。当他写第一交响曲时，他受到痛苦的折磨，几乎感到要死去。他几乎完全不能睡觉，受着巨大恐惧的折磨；头脑里出现了幻觉，在黑暗中，他的眼前充斥着千奇百怪的音响、眼花缭乱的色彩和丑恶难看的面具。医生被找来了，他确诊，音乐家柴可夫斯基“距离疯狂只还有一步之遥”。当交响曲终于完成的时候——它是在多么难以忍受的疼痛中诞生的呀！——它却不是一部特别好的作品。他送到了安东·鲁宾斯坦的面前，鲁宾斯坦认为这是一部失败之作。中间的两个乐章得以演出，但不够成功。

就是在这个时候，发生了他和在莫斯科取得极大成功的女歌唱家德西蕾·阿尔托的邂逅，开始时是激动人心的，但也是伤感而没有结果的。那个不是订婚的“订婚”和后来与安东妮娜·伊万诺夫娜的不幸、苦涩、丢人的婚姻之间又过了多少年哪？很多年，大概有 8 到 9 年流逝的岁月吧：充满梦幻和沉思的人是不会去计算它的。

这些年并没有白白度过，因为它充满了工作。在比较短的时间里，产生了第一批交响诗《命运》和《罗密欧与朱丽叶》；第一 D 小调弦乐四重奏和第一批歌剧：《司令官》和《女巫》和《禁卫军》。过了不久，是第二交响曲和第三交响曲，管弦乐幻想曲《暴风雨》，芭蕾舞《天鹅湖》，B 小调钢琴协奏曲，第二和第三号四重奏，其中的第二首和钢琴协奏曲一起在国外为作曲家奠定了荣誉。但大部分——他在床上躺着满怀苦闷地想——并不太好，甚至应该说是失败之作，至少是没有能够完成上天赋予的高尚而严格的使命。但，或许其中的某些旋律和某些片段还是经得起考验的——经得起谁的考验呢？难道是上帝，他不会为此而哭泣，也不会为此而欢笑，而只是观望和聆听，带着阴森的忍耐，确认这个可怜生灵的生命真谛。

然后，进行了一系列大型的首演，然后就是羞愧，因为他发现作品还不够成熟，不管观众和舆论喜欢与否——，痛苦的首演之后他逃向国外（到什么其他的地方去，只是不要在这里）。这种被追逐般的伤感的逃逸，彼得·伊里奇还是承担得起的：作品给他带来了一些钱。他很少独自一个人旅行，而总是在一个朋友的陪同下，比如出版商朋友约根松；或者和一个年轻人，一个学生一起——最经常的是与年轻的康斯坦丁·日罗夫斯基同行，也曾有过短暂的几乎是幸福的时刻；或者如果情况允许——但也并不是完全允许——和一个年轻的仆人。他几乎横穿了整个大陆：柏林、巴黎、尼斯、维也纳、瑞士、意大利和波西米亚的各个疗养胜地；中间也在彼得堡休息和在卡门卡萨莎那里度过几个星期。但大多数情况下，旅行并不如家里幸福；因为他只是去一个“什么地方”，而那什么地方却又变成了“这里”。他想逃脱的法则，实际是他自己的生活法则，它始终无情地笼罩在他头上，不论逃向地球的什么地方。

然而，他又是怎样变得如此可怜，陷入了与可怜的安东妮娜的那个不幸事件之中的呢？他怎么能做出如此轻率和糊涂的举动呢？只要一想到它，就感到无比的难堪。因为，他还能够以为，他是在爱着聪慧而风流的德西蕾；但说他也爱那个可怜的安东妮娜，他却连一分钟都没有想过，而且也从未对自己和对她说过。他根本就不爱她，而且她也知道，他是不在乎她的。但他们还是结了婚，只是在几个噩梦般的星期之内，她曾是他的夫人，同时又不是。

安东妮娜·伊万诺夫娜·米留科娃并没有什么特殊的天分，也不可爱，是莫斯科音乐学院的一个中等程度的学生。没有人说她很丑或很愚蠢，但也没有人说她很迷人或很有诱惑力；她具有一种温柔的固执，脚很大，眼睛水灵，有一个松垂的下巴。在莫斯科音乐学院里，很多女士都崇拜她们的教师和作曲家柴可夫斯基，她们称他为“彼得大帝”，这个绰号其实很不恰当，相当卑劣和令人难堪，一想起来就叫人脸红。而在那个可怜而固执的安东妮娜身上，崇拜却变成了一个悲惨的奇想，一个既定的主意，这个被上帝抛弃的生灵以为，这就是她生活中的最大爱情。她给彼得·伊里奇写了无数封充满激情的信件，她甚至威胁，如果彼得·伊里奇不马上到她的房间来，她就要自杀。彼得·伊里奇很软弱，他去看望了那个可怜的生灵，她却立即哭泣着投入了他的怀抱。他向这位姑娘提出警告，袒露了自己的各种坏习惯，但却都无济于事。姑娘的头脑里只有一个信念：和他在一起就会有幸福。他和她订了婚，只是出于可怜和同情，或许也因为他不再想单独一个人生活。他认为，她会成为他的一个温柔的、不骚扰他的伙伴——忠诚和没有需求，就像是一条狗。柴可夫斯基结婚了。朋友们大吃一惊。

难以设想的巨大的难堪：从简陋而毫无气氛的婚礼——那是1877年7月6日，在莫斯科圣乔治教堂（弟弟莫杰斯特和年轻的克泰克作为证婚人）——到充满痛苦的前往彼得堡的短暂的蜜月旅行（安东妮娜无耻地问道："你幸福吗，我亲爱的？"）以及第一次共同外出活动（在约根松处一次亲切的但极其难受的晚餐），直至搬入莫斯科的住宅，柴可夫斯基夫人亲自把它布置得一尘不染，但毫无格调。现在，真正的共同婚姻生活应该开始了。但这却是如此地令人难以忍受！

彼得·伊里奇想到其他的地方去，只是不要在这里的愿望是如此地强烈，他甚至决定向上帝挑衅，看上帝是否愿意让他死去：在这方面，母亲曾是他的榜样，他要跟随母亲而去。他在夜里跑到莫斯科河畔——那儿已经是深秋，天气很凉——穿着衣服走入齐胸的河水。这当然很不舒服。他的牙齿不停地打战。他的必信的希望就是能够染上肺炎，然后就这样默默地死去。然而，肺炎却没有发生，他只是有点伤风，白白让牙齿打战那么久。

他必须自己寻找出路，因为上帝不愿意帮这个忙。两个半月的"婚姻生活"之后——其中有一段时间他是在卡门卡度过的，没有携带他那个不祥之物——他让莫杰斯特给他发来一份电报，召唤他紧急前往彼得堡。他在音乐学院请了假，立即动身，并决心从此不再见他的安东妮娜。到了彼得堡，他病倒了。先是喊叫和暴躁，然后昏死在旅馆房间里48个小时。太多的难堪和太多的屈辱：神经危机是逃脱这一无法忍受处境的最后出路。安东妮娜大吃一惊，吓得不知所措，没有异议地同意了离婚。弟弟安纳托陪同彼得·伊里奇去了日内瓦湖畔。

"啊，我曾想死去——你为什么不让我死呢，严厉的遥远的上帝？我走进了冰冷的水中，没有恐惧，没有害怕，尽管周围漆黑一片，尽管或许有那么多的恶鬼在凝视着我，那真冷，冷得我不停地颤抖，可结果却只是一场伤风。我必须去日内瓦湖畔，我必须康复起来。"

问题很清楚：我还有很多使命要去完成——大部分还没有完成，严厉的上帝还不满意，他静静地，不笑，不喊：他在等待。

在婚姻灾难之前，彼得·伊里奇已经开始了两项大的工作，他认为这将是他最好的作品：第四交响曲和《叶甫盖尼·奥涅金》。在他最难堪的时期他仍在进行着创作，生病之后终于把它们完成。他还完成了小提琴协奏曲。他一生中最痛苦的时期，却使他的意志和创造力得到了最大的发挥。

时光在流逝，任何反抗和苦涩都无法阻止。他工作着，在莫斯科和在罗马，在日内瓦湖畔，在佛罗伦萨，在圣雷莫。同神交女友娜杰日达·冯·梅克的交往，不论从什么角度都十分有益，始终顺利地保持着：他可以为所欲为地生活，只要他想离开一个地方到另外的地方去，他就可以带上行李登上火车。他的收入不断增加，约根松也付给他高额报酬。随着时间，他的荣誉也在不断增长，这是对他经历和没有经历过的如此恶劣的生活的一种伤感的补偿。在俄罗斯，柴可夫斯基或许已经是人们口中最经常提到的音乐家——即使有时只是为了进行卑鄙的嘲讽，彼得·伊里奇对此早有预感，尽管他很难过。在国外他也开始为人们所接受。像通过梅克夫人的资助，巴黎才举办第四交响曲首演音乐会这样的事情，对他已经没有必要了。

如果这个日益衰老的作曲家又想起他过去的生活，想起婚姻灾难之后和在日内瓦湖畔的疗养之间发生的变化，那我们就可以看到：他的作品所表现的生活痕迹比生活本身更为强烈：作品对人生的思考，已经超越他的可怜的生活。

只问："我做得对吗？到底做了些什么呢？"还是很不够的——尤其在严格的裁判面前是不合格的。那么，最好的第四交响曲和《叶甫盖尼·奥涅金》之后呢？都是些低潮时期的烙印吗？三首大型管弦乐组曲，以及歌剧《奥尔良的少女》和《玛捷帕》；钢琴三重奏《纪念一位伟大的艺术家》，《1812年序曲》，这是为莫斯科救世主教堂落成典礼所作；《曼弗雷德幻想曲》，它甚至获得居伊的喜欢，可这又有什么意义呢？不够，这些是绝对不够的，总的说来，都是失败之作。或许我已经被消耗殆尽了，我的歌已经唱绝，已经不再行了。或者，还没有到结束的程度？还有力量，还有可以积聚起来的储备？

我现在有一个家，他在床上躺着想。但他不是在欺骗吗？在莫斯科和圣彼得堡之间的小城克林附近的麦达诺沃是他的家吗？他在那里布置了一个家。他在那里可以喂鸡和采蘑菇，还可以在秋天的辽阔草原上放风筝。在那里他和他的仆人阿列克谢生活在一起，这个漂亮的小伙子在很多年以前来到他的身边；现在他已经结婚成了家，不再是他消耗情感的对象。

那里是彼得·伊里奇的家吗？他不是又想把这个他想当作家的房子放弃吗？麦达诺沃早已不像以前那样美了。森林滥遭砍伐；如果说句真话的话：麦达诺沃的风光已经失去了它的魅力。

"我还有一些自己的人。"他想相信，但却不敢对自己把这个想法说出来。在他众多的朋友、崇拜者和寄生虫当中，他真的还有人吗？只有娜杰日达·冯·梅克还是他的陌生的知己。而他的兄弟：尼古拉和许波利特，已经和他相当疏远了；只剩下两个正在成人的双胞胎弟弟安纳托和莫杰斯特，还是他的朋友。但是，和安纳托的关系不也开始有些松弛吗？自从他进入国家公务员行列，变成了一个有地位的人之后。莫杰斯特是个好朋友，原因可能是因为他也在从事艺术，是一种同行的关系：莫杰斯特在写作。他有这方面的天才吗？或许我的莫杰斯特没有足够的天才？或许我的这个亲爱的弟弟根本就无足轻重。

只还剩下妹妹萨莎了，这么多年来，她一直和我最亲近。可现在她的健康每况愈下，疾病使她变得自私了。如果我现在又去卡门卡，她还会和从前一样对我吗？萨莎变了很多。她有了孩子。我像爱自己的孩子一样爱他们，因为我自己不能有孩子。我的小外甥女薇拉，萨莎的女儿，快要死了，愿上帝保佑她。上帝只给了她一个很小的使命，使命完成之后，上帝就会向她招手，然后我的小薇拉就会死去。萨莎的儿子还活着，弗拉基米尔。我要爱他，就像爱我自己的儿子，因为我不能有自己的儿子。他的声音和他的目光，都和我的漂亮的妈妈相似，我本来应该跟随她而去。人都应该跟随母亲而去。

我不愿意再想下去，我应该睡觉了。我愿意同死神面对，请他消除那些苦涩的回忆。

如果我可怜的一生被迫显露出了真相，通过我不能理解的惩罚，最终完成了自己的使命，那会怎么样呢？它可能是：呼啸就会出现。我将倒下……我将倒下，然后，我就不存在了。我，噢，解脱了。

噢，化解了，噢，解脱了……

第五章

彼得·伊里奇不了解群体。如果人们试图让他参与政治或社会问题的讨论，他就会无从下手和表示惊诧。他有一个极具同情和敏感的心，很容易被其他人的苦难所触动——其他的单个人的苦难，如果他不得不用自己的眼睛见到的话。他不会在任何一个乞丐面前视而不见，而不把手伸进衣袋去掏钱；任何一个朋友，一个贫穷的熟人到他这里来相求，他都会倾囊相助。但他却不关注阶级或民族的命运。他是一个完全不关心政治的人，他认为，他对政治的毫无兴趣，同他的艺术家身份有着逻辑和必然的关系。他的观点是：艺术家是孤立于社会的，就像罪犯一样——只不过他们表达孤立的方式不同而已。对这两种人——天才和著名犯罪分子——社会都给予声誉，这是对他们的危险和反常的存在给予的确认。声誉是贱民的一种标志。

柴可夫斯基所经历的集团事件，被他看成是美学现象：它们或者使人狂喜，或者使人厌烦，总之它们会震撼孤立的艺术人，或者是魅力和辉煌，或者是喧嚣和丑陋，但绝不是它们对群体、对集团所应具有的意义。

在柏林演出之后，彼得·伊里奇在布拉格的停留，是一次公开的、具有明显政治色彩的庆典。孤独的作曲家对这里的人们为他显示的狂热的欢迎当然很高兴，但他也知道，这一切不仅仅针对他一个人，而主要是针对“俄罗斯母亲”——因为他是微不足道的；他不相信，人们只是为了他而感到如此欢欣鼓舞。但他却没有意识到，人们对一个俄罗斯作曲家狂呼后面隐藏着的高度政治和高度严肃的紧张气氛。捷克大学生对他效忠式的呼喊，捷克观众在歌剧院对他欢迎的热烈掌声，使他深受感动，直到不知所措，直到泪流满面。他享受着这10天在布拉格的凯旋，又何况他是在他的漂亮而陌生的朋友亚历山大·济洛季的陪同下度过了这美好的时光。他陶醉在这座“金色城市”的美景之中，它的桥、它的广场和它的充满神奇的街巷；他称它为“莫扎特首先发现的城市”。难道他对这座城市只了解这些吗？——他很高兴和捷克人民的新生音乐天才德沃夏克建立了亲切的关系，但他心中也产生了一种令他震惊的幸福：人们告诉他，在这里还从来没有一个外国艺术家受到过如此的尊敬。难道他真的不知道，捷克的先进分子、捷克的报界和它们的高级官方机构用这种有意的狂热欢呼的真正含义吗？

难道他真不知道也无法理解，是什么样的一场斗争正在进行当中，而且人们把他，这个正好来访的音乐家，把他的形象和他的声誉拉进了这场斗争之中，在斗争中利用了他吗？他难道没有预感到，这是一场两个种族、两个时代之间的巨大争斗吗？一个年轻而强大的民族要挣脱被那个疲惫、几乎衰落但仍然残暴的奥地利帝国强加的枷锁吗？一个年轻而强大的民族，强烈要求在历史上维护自己的文化和自己的政治生活方式。他们需要柴可夫斯基音乐中的斯拉夫旋律。这个旋律，在这里不仅意味着甜蜜的亲爱的祖国，而且也意味着权力；因为它意味着：俄罗斯对哈布斯堡和霍恩索伦王朝的对抗。——对非政治的作曲家柴可夫斯基的效忠实际是一种政治示威。

布拉格之后，他的行程是：巴黎。

在德国，接受作曲家的是一个可尊敬的市民阶层的艺术机构，对他的态度是有节制的理解；在布拉格，是一个被外族压迫下的斯拉夫民族为他准备的示威式的狂热的凯旋。在巴黎，却是社会需要他。音乐生活在这里同上层社会有着亲密的关系：任何在音乐生活中愿意有所显示的外国人，都不能回避这个社会——对此有所了解的俄罗斯朋友，特别叮嘱过他们的同胞彼得·伊里奇。一个行为拘谨、容易惊慌失措的社交名人——穿着过紧的燕尾服，高高的额头泛着红晕——出没在高级宅第里人们为他举行的招待会上。他不仅要为音乐痛苦，而且还要经受来到人们中间和出名的折磨。“我曾经对我的野心勃勃的济洛季说过：我不喜欢荣誉。”彼得·伊里奇想。“但他却回答说：我们大家都需要它。——我们大家都需要它。比方我们接受了人家礼貌的邀请，尽管我会在尴尬和无聊中汗流浃背，是啊：我的汗几乎像决堤般涌出。同这个纠缠不休的不可靠的世界的每一次会晤，都是如此地难堪，如此地让人羞愧和筋疲力尽，例如和那个经纪人西格弗里德·诺伊格鲍尔，他是一个以最可怕、最滑稽的方式集所有坏毛病于一身的人。”

彼得·伊里奇一直还在尝试说服自己，他只是为了伟大的俄罗斯音乐，忍受这一切难受的社交活动：把他的国家的音乐推向世界上最挑剔的观众，是他的一大抱负。“因为人们对我们还什么都不了解。”只要人们一谈到俄罗斯，他就会每天都多次产生这样的想法。这里虽然也有俄罗斯的时尚，但对俄罗斯的贡献和俄罗斯的生活却了解甚少。同样，这里的时尚也是突出政治的，和布拉格一样的真正的异乎寻常的同情：他们的矛头是指向危险的德国。人们在欢呼法俄结盟，人们带着有“法俄”标志的围巾，在沙龙和报纸上，人们常常提起托尔斯泰和陀思妥耶夫斯基，俄罗斯小丑杜罗夫在马戏团的表演一再受到狂热的欢呼。但这就是一切了。对俄罗斯的严肃音乐，他们的兴趣却很小，彼得·伊里奇如果想冒险去举办一场音乐会，必须自己有很多钱才行。尽管没有特别的奢侈，他还是为这次旅行支付了相当的费用，要比他的收入多得多。他知道，他的唯一出路，就是放弃举办大型俄罗斯音乐会。在这个问题上，西格弗里德·诺伊格鲍尔的侮辱性的怀疑论还是对的，但彼得·伊里奇就是不愿意承认这一点。他还是愿意谈论他的美好的音乐会，并尝试引起有影响的个人和上层社会的兴趣，获得他们的支持。但他遭遇的虽然到处是有礼貌的关心，但却十分冷淡，没有人表示出真正的帮助。

这期间他四处奔波建立联系：这一切对他的声誉都可能有促进的作用，而声誉是一个人所需要的，即使它只是一个贱民的标志和一个伤感的补偿。——一系列盛大庆典活动是从在贝纳达茨基先生府第举行的大型豪华招待会开始的，贝纳达茨基是在巴黎从事房地产业的富有的赞助人。出席招待会的有300余人，人们告诉彼得·伊里奇，说这就是“全巴黎”。著名的指挥家科洛纳让他的乐队排练了柴可夫斯基的《管弦乐奏鸣曲》，在晚会上由作曲家亲自指挥。彼得·伊里奇在演奏他的《第一四重奏》的《如歌的行板》时亲自演奏了钢琴部分。在他之后，几位最著名的大师也显示了自己的才能，如钢琴家迪耶梅和歌唱家雷兹克兄弟——他们的声音被认为是这里最美妙的；歌唱家贝纳达茨基的夫人——婚前名为雷布洛克——和她的歌剧演员的妹妹也在晚会献艺。那是一个光辉的晚会，组织这一切的出版商马卡十分满意。音乐会后，很多世界名流向这位俄罗斯客人——还是额头泛起红晕，穿着过紧的燕尾服——表示祝贺，他有些拘谨但很可亲，向所有前来祝贺的人都躬身致意。前来祝贺的有：两个大竞争者科洛纳和拉穆勒；古诺、马斯内和圣-桑；年迈的保利娜·维亚尔多、帕德雷夫斯基。不论是谁友善地走过来对他说些什么，他都有礼貌地聆听着。刚刚一位脖子、胸前、胳膊和手指上佩戴着众多珠宝的老夫人还问他，是不是知道他在法国是如何有名：他的歌曲《只有谁了解渴望》在一位作家埃米尔·古多的小说中占有重要的地位。他的声誉是如此之高，如果一个人能够在一本法国小说中出现，那他就属于“全巴黎”。

盛大的庆典系列无休无止。科洛纳还举行了一个大型晚会；另一个更大的由男爵夫人特雷斯登举办，她甚至有能力在旺多姆广场旁她的沙龙里安排一场瓦格纳的《指环》的私人演出。为这位俄罗斯客人举行招待会，已经成为时尚。举行招待会的还有：俄罗斯大使馆、保利娜·维亚尔多夫人，还有《费加罗报》编辑部的庞大的招待会——在这家大报的用鲜花装饰的大厅里，演出了《黑暗的势力》第三幕：这一切都是为了欢迎这位俄罗斯的客人。钢琴家迪耶梅也举行了一个盛大晚会，他的学生在会上演奏了柴可夫斯基的音乐作品——这是一个很好的宣传，既对大师和教育家，也对作曲家——或许也对那些年轻的学生。对所有这些社交和音乐活动，当地的大小报纸都做了热情的报道。人们当然没有对柴可夫斯基的音乐表示多大兴趣，而是对“精美的绸缎和白色的羽衣饰”，是穿了一件坡尼亚克还是一件诺阿耶展开争论；人们盛赞“高贵妇人的优雅”，即贝纳达茨基夫人，以及《费加罗报》大厅里的鲜花装饰——连鲜花供应商的名字都没有忘记，而且，他为什么不能也从这场宣传大战中受益呢？

当柴可夫斯基的两场大型公开音乐会终于在“沙特莱”举行时，这位俄罗斯客人早已闻名于最重要的公爵夫人圈内和最重要的编辑部的接待大厅中。他到处去拜访，一个拘谨的社交名人，被他的热心的出版商马卡所安排所介绍。现在，他最终要在法国公众中亮相，并把自己置于正经的音乐舆论的监督之下。

在“沙特莱”他受到热烈掌声的欢迎，当然——就像他敏锐的预感告诉他的那样——又是由于他的“俄罗斯祖国”以及法俄结盟，而不是因为他这个观众很少了解的作曲家。不管怎么说，他的每一首乐曲终了和全场结束都迎来了热烈的掌声。

新闻界保持谨慎。问题很清楚：人们看到了塞扎尔·居伊的文章《俄罗斯的音乐》，人民从中得到了启发。巴黎报纸的言辞相当严厉：“M. 柴可夫斯基不是人们所认为的那样俄罗斯化的作曲家。”说人们已经发现，他既不具备勇气又不具备那些伟大的斯拉夫人如包罗廷、居伊、里姆斯基-科萨科夫、利亚多夫等人的巨大的风格魅力。柴可夫斯基仍然相当欧洲化，“在他的音乐中德国的东西比斯拉夫更重要。”

“人们大概本来期望在‘沙特莱’能够听到‘异国情调’。”彼得·伊里奇气愤地想。“在莱比锡人们批评我过于法国化，在汉堡说我是亚洲化，在巴黎又说我是德国化，而在俄罗斯，人们却认为：我是一个大杂烩，反正是没有任何特色。

“唉，这些傲慢而残酷的新俄罗斯派的人，这五个天才的‘新派’，他们就像是柏油和硫磺黏结在一起，这些结成死党的音乐民族主义者：他们都对我干了些什么呀！我的淡而无味、没有力量和‘西方化’名声，完全是他们所为。把我当作伟大俄罗斯合法者使和喉舌的布拉格大学生们没有发现这些，那个说我过于亚洲化所以要向德国大师们学习的老阿韦-拉勒芒，也没有发现。但居伊却发现了。和里姆斯基-科萨科夫还是能够谈得来的，他是五人团中唯一能够理解他的作品的人，并为他的《西班牙随想曲》做了很有趣的配器。没有他，那个集团早就完了。是他为那些人组织了天才的恶作剧，他们是在他那儿获取思想：他所做的，正是人们说是我所具有的耻辱的东西——他确实学习了不少东西。其他几个人都是业余的外行！亚历山大·包罗廷——上帝原谅他——可能会成为一个优秀的化学教授；塞扎尔·居伊或许是一个有成就的筑城术教授——人家告诉我，他在彼得堡军事学院做的有关要塞建筑的报告十分精彩；穆索尔斯基确实是一个悲剧人物，一个堕落的、非凡的人物，一个大酒鬼。但整个集团却太少研究音乐，他们只是想顺便搞一点音乐。这从一开始就是俄罗斯作曲家的悲剧，他们都想顺便搞一点音乐：这从我们的伟大源泉格林卡时就是如此。他只是想躺在沙发上作曲，而且只是在他恋爱时；大部分时间他是喝酒，而不是工作。因为他是一个天才，所以还是产生了《为沙皇献身》，我们的第一部歌剧，如果没有他，我们大家都是不存在的。‘人民在作曲，而我们只是为他们安排，’我们的伟大源泉格林卡这样说。这句话，他们都记住了，还有对酒精的爱好。只是去折磨民歌：只有这样他们才是真实的，他们才和人民结合在一起。

就好像我们这些人根本就不知道民歌的存在！但我们不想停留在民歌上，我们要优化它，使用它，并使它们同其他的看起来是陌生的东西结合起来，因此我们就变成了淡而无味和墨守成规。他们的观点，就是不要多学些什么！就是不要扩大自己的视野！‘在音乐中人们应该是兼收并蓄的。’这就是那位亚历山大·谢洛夫的名言，他被‘革新派’称为俄罗斯音乐之‘倡导者’，虽然还很客气，但却已经不合时宜。只有野蛮的才是真实的，只有粗糙、未经雕琢的和丑陋的。真实的特别是穆索尔斯基，但如果没有里姆斯基-科萨科夫的帮助，他的作品根本就不可能同观众见面，他的音乐就是如此的糟糕。没有人能够演奏，可是《鲍利斯·戈杜诺夫》却成了俄罗斯人民的真正歌剧，它的主人公不是任何一个人，不是单个的人，而是人民自己。在我们这里被批评为哗众取宠的东西，在那里却被称赞为伟大、美和真实。如果我在总谱中出于特殊需要加入了敲钟声，所有的人都会微笑：安排得多么巧妙啊！但他的钟声却来自俄罗斯古老的教堂。加冕游行、酒馆、乞讨的和尚、流浪汉和农家舞蹈，在他那里都是真实的，一切都是真实的！谋杀、控诉、呐喊、疯狂、鬼魂——被谋杀的孩子把沾满鲜血的小拳头伸向假沙皇——：他们就可以做到，这个集团！我却不能做这些，因为我是一个‘传统主义者’，就像鲁宾斯坦兄弟；只有汉堡的一位老先生，还把我看成是亚洲的。而在巴黎，人们的消息比较灵通：塞扎尔·居伊起了启蒙的作用。真正的俄罗斯人是：包罗廷、居伊、巴拉基列夫、里姆斯基-科萨科夫和穆索尔斯基——这个伟大的联盟，制定了俄罗斯新音乐的共同‘纲领’，从此就像柏油和硫磺一样黏合在一起。或许他们都是些天才，穆索尔斯基或许是最大的天才，但愿上帝原谅他那可怜的灵魂，他吃了很多苦，这个肆无忌惮的家伙，或许他真是距离我们人民最近的人。但我却哪儿都不属于。人们让我成为普通的人，我谁都不属于。”

他现在有很多时间思考所有这些问题，因为他被报纸的文章搅得心慌意乱，厌烦了这无休止的社交活动，今天晚上他谢绝了一切会见。他想独自一个人待在这里。晚饭后，他离开了他在马德莱娜教堂附近的旅馆。他无目的地漫步在大街上，最后叫住了一辆马车，拉他去蒙马特高地。经过梅德拉诺马戏团时，他突然产生想进去看看的欲望。演出已经开始了。“这里的气味多好啊。”他想。一位小姐为他打开了包厢的门。他从来就喜欢马戏演出场上那种辛辣、危险，会引起好奇和紧张的气氛。

一个体型丰满的女人，穿着粉色方格图案的短裙，金黄色头发上戴着一顶高高的银灰色礼帽，正在一匹白马的背上跳跃，白马也迈着舞步跑在演出场上。那个女人不时抛着飞吻并发出高亢的英语呼叫声，半是欢呼，半是恐惧。旁边还奔跑着一个胖胖的小丑，宽宽的白脸上戴着一个难看的紫色的大鼻子；人们不清楚：他是在白马面前逃窜，还是正好相反在努力驱赶白马前进。总之，他表现出一种可笑的笨拙，常常摔倒在地，似乎总是处于失去宽大裤子的危险当中，因而也引起不断的哄堂大笑。从观众席里不时传出不合时宜的打趣，把嘴画成大红的小丑，面部出现了无耻又羞愧的怪象，缠到了自己的背带之中，趔趄一下，差一点，为了再次引起观众的大笑，就会变得精光，但在最后一刻还是拉住了那条向下滑落的裤子。

马术表演之后是驯熊；然后是三名穿着白色上装的演员献艺走钢丝；然后是女驯狮员登场，她像一个苏格兰士兵那样穿着方格图案的短裙，常常用一只手枪向空中射击并发出尖厉的喊叫，她的声音比那些趴在地上的野兽的低吼更为吓人；然后是大型驯马表演；中间都夹杂着小丑的打诨。彼得·伊里奇特别开心。滑稽演员的表演使他开怀大笑；而当走钢丝的演员做出危险的动作时，他又跟着紧张；他衷心地钦佩那些笨拙的狗熊的灵巧的舞姿。使他最开心的是观众的热情和有趣的呼叫。“这里真可爱，”彼得·伊里奇想，“我真高兴能到巴黎来。”他忘掉了公爵夫人们，忘掉了无聊的批评和五位“革新者”。中间休息的时候，他到咖啡间喝了三杯白兰地。周围的喧嚣和拥挤丝毫没有影响他，甚至对他起了镇静的作用。他观察着那些带着一群男孩和女孩的父亲们，他们时刻关注着孩子们不要走散，不要在背地里恶作剧；交际花们在她们五颜六色的帽子下东张西望，外面大街上的花花公子们点缀着光亮黑色的髭须，穿着有着超高的挺拔的衣领、细细的腰身的衣服和尖尖的皮鞋。他很喜欢听巴黎的俚语、抑扬顿挫的讲话和爽朗的笑声。

一个非常美丽的少女映入他的眼帘，然后是一个和她交谈的年轻人。少女苍白、疲惫、非常可爱的脸上，长着一双长长的、乌黑而炽热的眼睛。她穿着一件紧身、但很简单的黑色丝绸衣裙，在光亮的面料下面突现着她那年轻的胸脯，她的后身，也按照时尚的要求，显现出明显的曲线。那个正在和她微笑着交谈的年轻人没有穿大衣，他的服装采用英国方格面料，掐腰合身，已经有些陈旧，显现出一种贫瘠的潇洒。少女笑着，银铃般的笑声传遍回廊；她的头向后扬着，苍白的面孔和化了妆的嘴以及那狭长的眼睛，在这可爱而动人的欢笑中，完全裸露在煤气灯的刺眼的光亮之中。年轻人回答她的话，用的是另外一样的笑声，粗犷、温柔但有些讥讽。它让彼得·伊里奇想起了什么？他把眼睛闭上几秒钟，想再听一下那个使他记起什么的声音。当他重新睁开眼睛的时候，那个年轻人抓住了美丽少女的胳膊：两人离得很近，一直还在说笑着；他们穿过拥挤的人群，迈着缓慢但十分扎实的脚步向外面走去。

彼得·伊里奇感觉到："我必须跟上他们。我必须跟着他们走，沿着整条克利希大街。我必须观察他们是如何笑和走步的——两人都很年轻，迈着稳健的步伐穿过人群。我必须弄清楚，这个年轻人的笑声使我想起了什么。"

他冲向存衣处，急忙取出他的皮大衣，支付了高额小费；顺便披上大衣，向出口跑去。他一边跑一边想："我还能找到他们吗？他们还没有走远吗？”

在这个夜晚时分，走在克利希大街上的人已经很多。在被煤气街灯刺眼的灯光装饰的人行道上，妓女和肥胖的市井女人、拉皮条的和军官、矮小的商店小姐和阿拉伯人和黑人都混在一起不停地移动着。街上还在营业的咖啡馆门前，挤满了缓慢的人流，他们的喧嚣和他们的气味，像一片黏稠的阴云笼罩在空气中。衣衫褴褛的少年叫卖着报纸或者花生，他们的喊声一半是怨诉，一半是愤怒，同咖啡馆中的舞曲音乐交织在一起。克利希大街的街角——皮加勒广场边缘——站着一个衣衫褴褛的老人，面孔被麻风疹所吞噬；黑色没有嘴唇的口中轻轻地，几乎是喃喃地唱着一首叙事歌谣，它的内容——如果仔细去听的话——十分悲伤和动人。彼得·伊里奇扭过脸去，向他那枯瘦的手上扔去一枚钱币。面对那副扭曲的面孔，他感到同情和厌恶；其实他惧怕所有的乞丐，甚至相信，是他们给他带来了不幸。

在这个人群当中，那两个可爱的年轻人已经不见了踪影——带着危险笑声的美丽少女和少年。彼得·伊里奇感到很难过。“他们走了。”他想，难过的心情使他的脚步也变得缓慢和拖拉。“因为我喜欢他们，所以大地把他们吞噬了。不，当然不是大地吞噬了他们。他们相互紧贴在一起，进入了这些阴暗房子中的一个。他们在一个这样的房子里相爱……”

这个被灯光照亮、被喧闹搅扰的夜晚很温和。人们可以从潮湿的空气里感到春天的气息。彼得·伊里奇走得浑身发热，披在肩上的皮大衣成了累赘。一个黑人小女孩跳到他面前，吓了他一跳，她用嘤嘤的声音向他推销火柴；在她那僵直黑色的卷发下面，有一双张得大大的充满恐惧和疲惫的眼睛。当彼得·伊里奇弯下腰向女孩的黑手——手的里面却是可爱的白，就像是漂白过一样——送去一枚钱币的时候，黑人母亲摇晃着走了过来，像一个巨大的鬼影出现在正在乞讨的小女孩身后。她喃喃地向赏给她女儿钱的先生说着祝福的话，苦涩的音调有些像是诅咒。这是一个孕妇，印有彩色花纹的布衫下面突出滚圆的身形。她的面孔几乎和她的肚子一样向外危险地扩展着。这已经不是一副人的面孔，而是一个巨大的不成形的表面，只有眼睛还在闪亮，有时牙齿也会泛出白色的光芒。

彼得·伊里奇在这个黑人孕妇面前躲闪着向后退了一步；但他却无法离开她的眼睛。“她会给我带来厄运的，”他想，着魔般地凝视着这个不成形的女人，“所有怀孕的女人都会给我带来厄运，尤其是这个！噢，可怜可怜这个不幸的人吧！可怜可怜我吧！可我却不得不看着她！”他终于鼓起勇气转过身去，迈着沉重和笨拙的步子逃开，同时用双手紧紧拉住肩上的皮大衣。从一家半开着门的咖啡馆里，传出了华尔兹舞曲。彼得·伊里奇走了进去。

他走到酒台，要了一杯白兰地，急速地喝了下去，又要了第二杯。酒台小姐尝试和他搭话，说了几句春天已经不太远的话。她是一个很胖的褐色头发的女人，嘴唇上隐现出胡须的阴影；她的口音具有强烈的法国南部的特点。彼得·伊里奇没有回答她，姑娘耸了耸肩膀。在一面镶着金色镜框的大镜子下面的一条皮面长凳上，坐着其他的姑娘，她们面前的肮脏的大理石桌面上，摆放着咖啡杯或者一种绿色的饮料。“这肯定是苦艾酒，”彼得·伊里奇想，“我也应当喝一杯。我很喜欢的那两个年轻人，被大地给吞噬了。”

他懒散地靠在酒台上，除他以外，还有一个穿着绒布夹克的不修边幅的男人；他用他那双泛红的眼睛凝视着前方，面前的酒杯里就是那种绿色的饮料。“他可能是个画家，”彼得·伊里奇同情地想，“或许是个很有天才的肖像画家，但总是厄运缠身，就像这个城市里的很多人那样。”在这个不幸的人身边，还站着一个人，由于被第一个人遮挡，所以彼得·伊里奇一直看不到他的面貌。这第二个人，正在酒台后面和一个姑娘交谈。彼得·伊里奇突然听到了那粗犷、温柔而讥讽的笑声：他熟悉这个声音，他很久以前就听过这个声音，现在又听到了。这是阿普赫丁的笑声。彼得·伊里奇惊呆了。

那个在马戏团和美丽少女在一起的年轻人原来在这里，而他的笑声和阿普赫丁一模一样。彼得·伊里奇绕过那个落魄的绒布夹克人，向前迈了几步，站到了年轻人旁边。对他这种放纵的行为，连他自己都感到吃惊，他想和他搭话。

“您在这儿。”彼得·伊里奇说。

年轻人吃惊地转过头来：“是的。”他相当不客气地说，并锐利地望着这个穿皮大衣的先生。“为什么不呢?”

“我在梅拉诺马戏团见过您。”彼得·伊里奇说，在年轻人锐利的目光下，他感到自己的额头又泛起了红晕。“您当时有一个很美丽的姑娘在身边。”

“您喜欢她吗?”年轻人显现出一种理解的嬉笑。“这是可以安排的。”

这是一种彼得·伊里奇很不习惯的腔调。他到底遇到了什么人?这是一个介绍姑娘的拉皮条者。他真应该立即转身离开，但他却没有这样做。彼得·伊里奇反而说：“我一直跟着你们，但你们在大街上消失了。”

“您一直跟着谁?”年轻人问，并用他那锐利、绿色、眯缝的眼睛审视着这个道貌岸然的老人，“跟着我的女朋友?”

或许，那个少女就坐在镶着金色镜框的镜子下面的长凳上，面前摆着绿色的饮料；年轻人正在等着她和一个顾客离去，第二天早上再和她见面，索取她交来的佣金。

“我一直跟着你们两个人。”彼得·伊里奇说，“你们两人，因为我喜欢你们。”

“也喜欢我?”年轻人问，而且没有任何卖弄，完全是就事论事，仍然是一副拒绝，甚至是气愤的表情。他向这个穿着皮大衣的外国人靠近了一点。

彼得·伊里奇自己都吃惊地回答说："尤其是您。"

年轻人仍然无动于衷地说："原来是这样。"

彼得·伊里奇沉默了。"我是不是可以问他，愿不愿意跟我走，"他想，"他或许会粗暴起来，或者也许会说：可以这么安排，而且连眼眉都不会抬一抬。"酒台后面那个法国南部的女人讥讽地看着这个花白胡须的老先生和那个年轻人。

"您是俄国人。"年轻人说。他的面孔保持着不高兴，但他用胳膊碰了碰曾跟踪他的老先生。

"您是从哪里知道的？"彼得·伊里奇问道。

"我认识很多外国人，"年轻人说，同时显出一种厌恶的表情，好像想起了他和这些外来人所经历的一切不愉快的事情。他把手伸向他面前那只装有绿色饮料的杯子；他的手枯瘦，暴着青筋，还有些脏。

"您还想喝点什么吗？"彼得·伊里奇问，因为那个年轻人已经把杯中的酒喝光。

"是的。"年轻人说——同时向酒台后面那个姑娘做出一个轻蔑，甚至是敌视的表情："再来两杯苦艾酒，莱奥妮，给这位先生和我。"彼得·伊里奇也得到一杯绿色的饮料。

他们站在那里沉默了几分钟。彼得·伊里奇望着那个年轻人。他那松软的金发，在脑后和太阳穴处剪得很短——彼得·伊里奇在马戏团就发现了这一点。细长的灰绿色的眼睛下面，颧骨明显突出；额头平坦而漂亮；而过短的下巴却使人有些失望。他的肩膀相当宽，很年轻、但已经饱经风霜不再清新的面孔有些苍白，眼帘和金色眉毛之间，有一条浅红偏蓝的线条。只有那执拗前突的嘴有着一种特殊的色调：它的深红和额头、面颊以及目光的平淡形成鲜明对照。年轻人个头不太高，比彼得·伊里奇矮了许多，而且也很瘦。在他的腰身很合适的衣服里面，可以想象出是一个经过技巧训练的灵活的身躯。他站在那里，是一副既漫不经心又紧张的姿态，双腿交叉着，头略低，很像一个运动员站在起跑线上，暴着青筋的紧张的双手握着酒杯。

“您是法国人吗?”彼得·伊里奇问。

“我是巴黎人。”年轻人回答，用他那平淡又锐利的目光望着酒杯。“但我的家不在这里，我们是从很远的地方来的，从那边，从巴尔干——”他摆了一下他那美丽又肮脏的手，好像要指出他们家是从哪里来的。“但我现在已经没有亲人了。”他又补充了一句，声音里突然出现了一种早已背熟的、有些做作的痛楚的声调。

“您有工作岗位吗?”彼得·伊里奇问，同时又很后悔提了这样一个幼稚而笨拙的问题。“我是说，”他又补救说，“您是不是有什么事情做?”

“我曾在马戏团工作。”年轻人仍然望着酒杯说；他或许在撒谎。“我本来想成为音乐家的，我会吹笛子。”他温柔地笑了，好像正想起吹笛子的情景。不，他没有撒谎。

“您想成为音乐家。”彼得·伊里奇重复着，并望着他。

“不过，那只是胡乱想一想罢了。”年轻人用有些嘶哑的声音说，那种气愤乃至邪恶的表情又出现在他的脸上。

“他想成为音乐家，他或许真的是一个大天才——完全是有可能的，他看起来也很像。我可以提携他，他应该受到提携，至少和萨佩尼科夫一样，或者更好，因为他天生就具有魅力。我可以接受他……”

“您是干什么的?”年轻人问。“您大概是作家或者类似的什么人物?”这正是阿普赫丁的粗犷、温柔而讥讽的笑声：邪恶天使的笑声，它使彼得·伊里奇完全被征服了。

“我可以把他留在身边，我必须接受他。或许他真的会成为特殊的人物。”

由于这个外国人没有回答他的问题，而是变得沉思起来，年轻人干脆放弃了一切客套，直接问道：“怎么样，您要我吗?”

彼得·伊里奇的脸红了。酒台后面那个姑娘，就是他这次冒险事件的沉默、讥讽的见证人，肯定听到了那句明确的问话。她不笑吗？这是非常难堪的事情。彼得·伊里奇相当无意义地说："可是，现在已经很晚了。"他拿出那块美丽的怀表，其实并不想确定准确的时辰，而是为了赢得时间，或许，也是为了确认，他的最珍贵的东西，他的护身符，是不是还在身上。

他让表盖跳开。就在这一刻，他吃惊地看到了年轻人贪婪的目光，正在吞噬着这个用白金和黄金制作的珍品。

彼得·伊里奇的手颤抖了，他把表又放回到口袋里。"如果我把他带回去，这个年轻人会偷这块表的。"他突然意识到，用手帕擦去了额头上的汗珠。"所以，结论是：不能建立终生的友谊，不能有教学的关系，不能去帮助他，让他成为大音乐家——不能，不能，不能，一切都是谎言，一切都是欺骗自己。他肯定会偷我这块表的，这就是这次冒险行动的结局，这就是对我浪费的时间的回报。

或者比这更糟糕？我今天晚上遇到了那么多乞丐，特别是那个丑陋的孕妇：这就意味着厄运。这是肯定的，事情肯定会更糟糕。只要我迟疑一下，不把表交出来，他就会杀死我；他将掐死我，因为他虽然矮小，但却很强壮，很灵活也很恶毒；我可以察觉到：他现在就已经恨我，正用眼睛寻找他用手掐的位置。"

当然，彼得·伊里奇想着，急促地喝干那杯绿色的奶状饮料，茴香的味道使他很不舒服。"当然，被他掐死，也不错……这个邪恶的天使，强壮和灵活，向你冲了过来，然后你就失去了视觉和听觉；最后才察觉他到底是谁，原来是扼喉天使，他把你的呼吸掐断，你就过去了……

"你就过去了，啊，解脱……可是，赋予你使命的上帝是否同意你这样过去呢？啊，肯定不同意，啊，我不能这样希望。因为那位遥远的委托者在我当年走入水中时，就已经做出裁决，那已经是十几年前的事情了，但却是一种挑衅的形式。但结果呢？只是牙齿打颤和伤风而已。而现在，难道又是阿普赫丁式的生活，他那应该抛弃的魅力，把你的呼吸终止吗？

“魔鬼的胜利，是不能就这么轻易取得的，我的老朋友！不再会这么轻易，阿普赫丁，我的邪恶的天使!”彼得·伊里奇感到一种执拗，他迄今或许只有一次曾有过这样的感觉：当时，当他的生活欲望和使命感的图像突然而自然地在他身上形成时，他找到了力量，和邪恶天使阿普赫丁断绝了友谊。他继续想着：“现在情况已经发生了变化，不再是当年完全无助地屈从了。今天我已经知道，还有多少事情要完成和去安排——很多东西都会使我获得荣誉，这是一种伤感的慰藉——你将会死得不光彩，带着你的一切魅力，我的小不点儿！——我的朋友格里格的奏鸣曲中的隆隆旋律是什么样子？它为什么会使我站了起来？我应该反抗……”

“我现在很累了。”老先生说，脸上露出相当虚伪的微笑，“我现在最好去睡觉。”年轻人狠狠地撇起了嘴，受到侮辱般地低下了头。外国人继续说：“但我还想见到您，我亲爱的，请明天早上到我那里去。我的名字是约根松。我住在旺多姆广场的莱茵旅馆里——您只需要在门房打听我就行。”

“同意!”年轻人说。“明天上午。”他突然用脚跟灵活地转向老先生，补充一句说：“您得先给我一点钱——作为定金。”又是那个粗犷、温柔而讥讽的轻笑声。

老先生异常镇静地说：“很愿意。”他从钱包里拿出一张钞票，给了年轻人。这是一张大面值的钞票，比年轻人所期望的大得多；年轻人笑了，用他那枯瘦肮脏的手轻轻地抚摩了一下外国人的浓密的白发。外国人用他那湛蓝色、温柔而深邃，但悲伤的目光望了一眼年轻人。

他向酒台后面的姑娘要了账单，付了钱，转过身向门外走去。离开年轻人几步远的地方，他又停下来，抬起沉重的手挥了一下。“多保重，我的小不点儿！”外国人说，“愿您幸福！”

他又踏上了克利希大街。行人已经稀少了许多。关闭了灯光的咖啡馆里，已经没有了音乐。

彼得·伊里奇并不住在旺多姆广场的莱茵旅馆里；而是在里什庞斯大街的里什庞斯旅馆。里什庞斯大街和圣奥诺雷大街交叉，和国王大街平行，它的延长线就是里沃利大街和它的马德莱娜教堂。

这次旅行演出的最后一站是伦敦，只是为了完成一项任务。柴可夫斯基在英国首都停留的时间很短，只有四天。

他急于想回家。不断变换的面孔已经足够了，它们匆匆走过，又悄然消失，他只是用悲伤而深邃的目光望了一下他们的背影！高级市民阶层和上层社会或通俗艺术部门也已经足够了！现在所需要的是：孤寂。现在，工作的时光必须开始了。

彼得·伊里奇在越过波涛汹涌的海峡和乘火车的过程中，一直做着笔记，那是整整六天的时间。笔记中不是他计划中的歌剧：《黑桃皇后》的素材对他已经没有吸引力。在他看来，歌剧的艺术形式不够严肃和纯洁，它只是生活片刻的表现，只是重新经历和重新受难的成绩和结果。下一步应该是一部交响曲。应该是一部好的反叛交响曲。应该是一部大的抗争交响曲。应该只是他发自内心的和感觉成熟的音乐，因为他的瘦小的朋友格里格演奏的执着和勇敢的主题，给他带来了安慰和清新。

这应该是一部大的抗争交响曲，在它的里面愤怒的激情战胜了怨诉；这是一部渴望交响曲，它的男性的决心远胜过抑郁。因为我还没有终结，还有很多事情需要我去完成和安排，这次的终乐章不再是平淡的音响，而是真正的凯旋。

这个1888年的春天和夏天，他写完了这部《E小调第五交响曲》（作品号为64）——写完了，是在陶醉和痛苦中写完的，是在那个小小的乡间别墅里，是在距离克林六俄里的林区叫作弗罗洛夫斯可耶的地方写完的；这时，彼得·伊里奇已经离开并放弃了麦达诺沃，虽然他在一个很短的时间里，曾以为这就是他的家。

第五交响曲写完了，是在与那个阴森的恐惧反抗中写成的，那个恐惧企图麻痹这个即将衰老的人，它时刻在对他耳语：你的歌已经唱完了，干枯了，从你身上不再会产生出新的东西。可是你看：这部交响曲完成了，宏伟而优秀。它包含了抑郁和光辉，其中也有着一种完全陶醉的轻松，到了结尾处显示了勇敢的抗争者的骄傲和强烈的激情。

作品完成之后，柴可夫斯基准备赋予这部巨型的总谱一个献词，即它的荣誉标题。他不想把它献给他的一个朋友——好像这个孤独的欢娱者有意表示，他没有朋友；他把它献给了汉堡爱乐协会的第一主席阿韦-拉勒芒。这是一个陌生人。但他曾对彼得·伊里奇说过：您会成为一个大人物的。以及：您还很年轻。

下　篇

第六章

彼得·伊里奇·柴可夫斯基的妹妹亚历山德拉·达维多夫的健康状况不佳。关于她所患疾病的名称和症状，医生们的意见还有分歧。大家都能看到的，是她正在衰竭。她咳嗽、枯萎、虚弱。一个医生认为很可能是肺病；另一个医生则断定咳嗽只是次要问题，其他症状都来自胃疾；第三个又说是肾脏出了毛病。而她自己并不怎么关心病痛的名称。她不知道通过努力是否能够战胜这种无名的疾病？她祈祷，双手合十默默地躺在床上，没有人知道，她内心里向上帝提出了什么建议、愿望或者要求。她不把同主的交流泄露给活着的和健康的人。她躺在那里，几个小时之久，双手合十，用闪烁着痛苦和迟钝的目光凝视着空中。她不改变自己的姿态，也不看走到她身旁的亲人和奴仆。只有当儿子弗拉基米尔向她低下身子时，她的手才轻微动一动，好像是虚弱地招手，或者微笑一下。她的儿子弗拉基米尔，是她的挚爱。

她似乎根本就不关心她的小女儿薇拉的病情。每当医生或她的夫君向她报告躺在巨大别墅另一侧的苍白的女孩的状况时，母亲亚历山德拉夫人就会显现出苦涩而茫然的表情；是啊，她好像对那个年轻的患者有些妒忌——或许是因为一群健康人对患者表现的薄弱而敬畏的有限的关心，从她，母亲这里一部分转向了女儿；或许是那个小姑娘在前往死亡的道路上比她走得更顺利和更快捷。亚历山德拉夫人，还需要很多时间和上帝进行默默的交流。而女儿薇拉，虽然是在母亲之后才患病，但这个伶俐的少女却赶上了从容不迫的老人，从她身边越过，轻而易举地把她抛在了后面。小薇拉已经到达了那黑暗而美好的目的地，而亚历山德拉夫人却还缠绵在烦琐的祈祷之中：达维多夫先生用手抹闭了小女儿的眼睛，弗拉基米尔趴在那纤细的尸体上痛哭起来，家庭医生难堪而懂事地退到了一边。当人们向躺在病榻上的亚历山德拉夫人报告这一死讯时，她痛苦地沉默着。然后，她又伸直了身躯，祈祷，双手合十。

但她的状况并没有改变，没有好转，也没有恶化，保持着稳定。如果她是——（没有人能够知道）——在抗拒死神的到来，那么她抵制死神靠近自己的毅力，就是巨大的，令人钦佩；如果她是盼望死神的到来——这是她的丈夫和孩子时常猜测的——那么，死神确实过于残酷地和她做着这个游戏：他过久地和她保持着不近也不远的距离；他在戏耍和玩弄她，他在她面前轻浮地掠过，诱惑地向她展示着那黑暗的魅力；当她想向他伸出手的时候，他立即退了回去，变成了一个飘忽不定的影子。

“我真佩服妈妈，她并没有烦躁。”她的儿子弗拉基米尔每看到母亲不时对他微笑后说。18 岁的他是个非常可爱的青年人，而且具有超越他年龄的严肃和聪慧。或许是因为和患病母亲的亲密关系改变了他：亚历山德拉夫人还健康时，她的这个挚爱的儿子恰恰是最淘气和最欢快的男孩；从一个欢快的小男孩现在已经变成了一个身材高大，但过于消瘦的少年。在学校里，人们都喜欢他，经常和达维多夫家庭交往的女士们，也常常为他的魅力所打动。她们其中的一些人甚至在他面前卖弄风情；但他却总是以一种机智的潇洒给以回应：从他的大大的黑褐色的眼睛里放射出一缕几乎是柔情的目光，然后男孩般地弯下腰，奉献一个温柔的吻手礼；在吻手和投出目光的同时，还要说出一句短促，大多是嘲讽的话语。

他很会说话，不论是女士们还是老师或同学都大加赞赏。他那灵巧漂亮的嘴，露出雪白的牙齿，说出来的话，流畅而动听。他在进行常常是非实质性但却舒适的谈话时，总是显现一种微笑，有些轻浮也有些忧伤——正是这种轻浮和忧伤的结合，使他的性格具有特色，并赋予了他同学和教授以及女士们所青睐的风度。

他那闪光而突起的额头，特别是那双乌黑大眼睛上的长长的、黑色的浓眉，表明他在生活中同严峻苦恼事物曾有过早期和动人的经历；那张喜欢微笑和说话的嘴，显得特别年轻：它湿润、灵活和性感，进行轻浮和机智的谈话时，同他眼睛流露出来的充满忧伤的语言形成鲜明的对照。

聪慧闪亮的额头，被框在深褐色的卷发当中。瘦窄的头颅安置在过长的脖颈上，而过于细长的颈项又置于狭窄稍向前倾的肩膀上。弗拉基米尔有一双又细又长的腿——走起路来，就像是一个有棱角的优雅的男童——带着一种鸵鸟般的谨慎而轻盈的尊严。他的严肃并具有嘲讽的交谈中，还伴随着他左手的十分优美的小动作，让人看到他的漂亮而纤细的双手。非常显眼的还有他那小巧和造型美丽的耳朵，就像是两块脆弱的肌肉，从浓密的深褐色的头发中显露出来。

年轻的弗拉基米尔，喜欢美的东西，而且求知欲很强。他读了很多书，和同学及成年人对书籍进行评论，会给他带来欢乐。他不仅熟悉俄罗斯的文学，而且也熟悉一部分法国和德国的文学。他读过很多科学著作，不仅仅是通俗版本，而且也读过难懂的原文，这些著作的理论，是当时高档次交谈中的重要话题；他喜欢在他的有趣的交谈中提出达尔文、马克思或者海克尔的名字。他关心社会和美学问题；他谈论虚无主义和标题音乐。在艺术史方面他同样不是外行，他会弹一点钢琴，还会一点儿绘画。

他当然是瓦格纳的崇拜者。但这并不妨碍他陶醉于俄罗斯经典音乐，尤其是格林卡以及五大“改革者”，特别是里姆斯基-科萨科夫的音乐；而这又绝不影响他认为他的著名的舅舅彼得·伊里奇·柴可夫斯基是俄罗斯最重要的音乐家和最伟大的作曲家的观点。

这位著名的舅舅彼得·伊里奇·柴可夫斯基，在最后一次去卡门卡时，特别关注了他的外甥弗拉基米尔：这在家庭成员中十分令人瞩目。从前，亚历山德拉还健康的时候，弗拉基米尔还是一个欢快的小男孩，彼得·伊里奇也没有怎么关注过孩子们，也包括弗拉基米尔在内。而现在，他却很愿意以一种朦胧的温柔去抚摩他那浓密的头发，并且说："你这个小弗拉基米尔——你会成为什么样的人呢?"但在大多数情况下，人们是看到他坐在他喜爱的妹妹亚历山德拉-萨莎的身旁或一起散步。他有很多事情要对她讲，两个人的谈话似乎没有尽头：他的话题多是忧虑、困惑、恐惧、冒险和希望，这就是彼得·伊里奇丰富、苦涩和茫然生活的主要内容；而亚历山德拉——出于爱的聪慧，出于亲情的理解——总是静静地聆听着哥哥的忏悔和怨诉、计划和打算以及感情的宣泄。

这已经是很久以前的事情了。和妹妹进行长时间谈话的时代已经过去了：患病的她已经没有能力也没有心思去听取别人的忏悔。她现在所能做的，只剩下了两件事，而且两件事也内在地联系在一起：她的痛苦和她与上帝进行的艰苦的——抱怨和柔情的——对话。对她的哥哥，和对其他所有的人一样——只有弗拉基米尔除外——抱以那种苦涩的茫然态度，没有任何表示，没有爱怜，没有话语。

达维多夫先生有他自己的事业，而且他也是一个对更深邃和更温柔的事情不怎么敏感的人。他的三个儿子中的两个——粗鲁的老大和微不足道的老三——对这位著名的舅舅也没有什么吸引力。只有萨莎的第二个儿子弗拉基米尔，这个身材高大、聪慧、忧伤和轻浮的男孩才使他心动。

彼得·伊里奇最后一次去卡门卡时，在这个著名的舅舅和那个可爱的外甥之间曾进行过一次长时间的交谈。弗拉基米尔后来骄傲地回忆说，彼得·伊里奇向他透露了他的全部音乐计划，甚至在钢琴上为他演奏了一些新旋律的片段。而彼得·伊里奇则让这个年轻的外甥——他习惯称他为“鲍比”——报告他的学习、义务和爱好的问题；他也向鲍比讲述他的旅行，西方大城市的生活以及他的童年的一些往事。他很喜欢对弗拉基米尔-鲍比讲他的过去，这会使他产生一种轻松的感觉，变得年轻和充满生活乐趣，因为这个好奇和好学的年轻的心，怀着那么多的同情和亲情虔诚地聆听着这些。善谈的弗拉基米尔也是一个好的听众。他的漂亮而灵巧的嘴很有说话的天才；他的可爱的造型美观的耳朵，同样有聆听的本领。——而且，这个年轻人和那个老者也不仅仅通过长时间的谈话来消磨时间，他们还一起玩球、猜谜，有很多开心的欢笑和质朴的幽默。

告别的时候，著名的舅舅第一次拥抱了可爱的外甥，并吻了他的额头。这是他们深厚友谊的开始。

对弗拉基米尔来说，彼得·伊里奇身上的一切既神秘又亲切。他感觉十分神秘，是因为这个活生生的人，而且是他的亲戚，竟然会和书中可以常常读到的那种令人敬畏的人一模一样：身上充满了神秘莫测的创造力，始终与恶魔保持着密切而诡秘的联系，恶魔从天庭为他送来旋律，而这个受宠者只能把它转达给那个胆战心惊地聆听着的人类。实际上，如果没有这个完全无法解释、令人茫然和令人陶醉的过程，又有什么神秘可言呢？——彼得·伊里奇在年轻的鲍比眼中，一方面是一个值得钦佩的陌生人；而另一方面，这个年轻人又觉得他的著名的舅舅身上的一切人性都是可以理解的。完全可以理解的是，舅舅所缺乏的自信，——它有时也会突然转变成强烈的自豪——；还有他的神经质、他的急躁和他的抑郁。他觉得，也可以理解他的欢快，其中始终掺杂着一丝忧伤，它很容易变态为幼稚的放纵。彼得·伊里奇对人的巨大友善，他的助人为乐的精神，他的对最底层和最陌生的人所表现出的几乎是乞求式的奉献，这一切和他所具有的在人面前的伤感的恐惧完全相反。这种矛盾现象，并不使年轻的弗拉基米尔感到意外；恰恰相反，他认为，正是从这种相互矛盾的性格当中，才可以看出，他自己不仅和他这个伟大的著名的舅舅彼得·伊里奇有着相同的血和肉，而且也有着几乎同样的精神。因为，年轻的弗拉基米尔自己也有过沮丧和苦涩失败的时刻；他也有过神经质的恐惧感、一蹶不振的情绪、对人的仇恨和自我压抑的自卑感。而另一方面，他同样有着强烈的愿望，为别人造福，通过慈悲和好施的行为获取别人的心。只不过年轻的鲍比的性格不像表现强烈的彼得·伊里奇那么突出，而是以一种和缓的形式出现：身材高大的男孩的青春和灵活的美丽使他有力量调解自己身上各种相互对立的性格特点，化解问题的尖锐，平复一切矛盾，使动摇和苦难转变成为优雅与平和。他的年轻的嘴微笑着，乌黑的眼睛放射着忧伤而轻浮的光芒；细长的双手在交谈中不断做出各种小动作；黑色的卷发遮掩着的发亮而纯洁的额头，还没有被恶魔的接触所污染。

弗拉基米尔的生活充满着各种兴趣和活动，就像 19 世纪末良好家庭中的年轻人所具有的那样。他的主要兴趣，首选的活动，就是关注和在心中记住一切同神秘而亲切的舅舅有关的事情。——在卡门卡度过的标志着他们深厚友谊开始或序幕的充满交谈的时日之后，舅舅和外甥之间开始了信件往来。要求很高的年轻的弗拉基米尔却发现，彼得·伊里奇给他写的信还很少，还只是在不定期的时间距离中给他写信。当然，年轻人知道，他的这个著名的亲戚很忙，他的时间被工作和旅行、社交和通信占据了多少。这也就是他——弗拉基米尔——被忽视的一种解释；但却不是对他的安慰。弗拉基米尔很愿意时刻跟踪他这位他最尊敬的和热爱的舅舅生活中的一切。

他开始组织他的情报网，收集他可以得到的一切有关材料。凡是出现柴可夫斯基名字的报纸，都被弗拉基米尔这个好学的年轻外甥收集起来。仆人阿列克谢被买通，向卡门卡的少主报道他所知道的有关他的主人的一切情况。弗拉基米尔和所有有幸与彼得·伊里奇交往的年轻人通信；例如和圣彼得堡大指挥家的儿子，年轻的沃洛佳·纳普拉夫尼克，因为这个年轻人常有机会到弗罗洛夫斯可耶去做客——这一方面引起鲍比的妒忌，另一方面也使他对这个同龄人发生了兴趣。

实际上，年轻的弗拉基米尔过着双重的生活：他自己的——在卡门卡作为儿子的安静而舒适的家庭生活和在基辅的学生生活，以及，在梦幻和想象中的不安定的、充满光辉的作曲家的被人簇拥着的时刻的存在——这是一种既值得羡慕又值得同情的生活，充满着荣誉、多彩和悲伤。

弗拉基米尔，这个家庭中的儿子，久病母亲的挚爱和聪慧的学生，在梦幻和想象中已经和彼得·伊里奇一起进行了国外巡回演出：当柴可夫斯基十分孤独的时候，这个有心的年轻人曾和他在一起，在莱比锡和汉堡，也在吕贝克和马格德堡；在柏林和布拉格，在巴黎和伦敦。

这个可爱的外甥——始终在他的情报网的启发下，再加上他的丰富的想象力——甚至知道柴可夫斯基在弗罗洛夫斯可耶家中的情况，虽然他还没有去过那里：仆人阿列克谢给他寄去了图片和描述，年轻的弗拉基米尔早已熟悉了那栋带有一个大阳台的矮矮的木屋；他也熟悉周围的灌木和树林；那个坐在上面可以享受荫凉的简单的木凳；还有那从房间的窗子可以望到的花坛以及森林覆盖的平原风光。

年轻的弗拉基米尔曾参与经历过充满苦涩的失败和辉煌的胜利的创作工作——第五交响曲的漫长的创作过程。如果彼得·伊里奇的工作陷入停滞，在远方的他就会悲痛欲绝；如果工作顺利向前，他就会感到欣喜和骄傲；当这部作品完成的时候，而且取得了成功，他就觉得自己进入了极乐境界，就好像是他自己的作品一样。

他同样也关心着弗罗洛夫斯可耶的日常生活：关心彼得·伊里奇空闲时养花的爱好；（这位勤奋的园丁挖掘潮湿的土地上的时间过长，以致得了感冒——而他的紫罗兰和木樨却因为雨水过多而淹死，这是多么恼火的事情!）他也很熟悉彼得·伊里奇——这个勤奋的作曲家和勤奋的园丁——的书信往来，就像一个学生在为别人完成着费力不讨好的作业。大部分书信是写给梅克夫人的：这个女人对他舅舅的了解是那么多和那么详尽，这使卡门卡的这位年轻人有些妒忌，尽管他对他这位神秘的神交女友在他喜爱的舅舅的生活中占有什么样的特殊地位知道得很清楚。年轻的弗拉基米尔也知道，舅舅同大公爵康斯坦丁·康斯坦丁诺维奇亲王殿下的书信往来是多么耗费时间。这位喜欢音乐的皇亲热衷于诗歌，并同作曲家柴可夫斯基就文体、韵脚和旋律问题进行深入的交换意见；而彼得·伊里奇作为有幸被选中的顾问，不得不在信中加入各式各样的文雅的献媚和崇敬的套话。——然后就是同各个戏剧经理部门的频繁的信件往来了——例如与皇家剧院总监伏塞沃洛日斯基，这是一个很有影响的朋友和施主，彼得·伊里奇必须和他保持最好的关系。善解人意的弗拉基米尔完全理解，所有这一切是多么艰辛和困难，但又绝不可能从这些不快的事务中解脱出来：荣誉不仅带来了光彩，同时也带来了讨厌的义务。

弗罗洛夫斯可耶的生活是宁静的；有时出现的闲暇也很少；弗拉基米尔，在梦幻中参与，也会享受到为他的舅舅——同时也是为他自己——提供的这类通常的欢娱。比如他特别喜欢的——当然是在梦幻和想象当中——在这个乡间别墅中为彼得·伊里奇命名日所举行的小型的庆祝聚会。与会的人有：体胖、懒散、一直还在忧伤的拉罗什——当年大学的同学和俄国最著名的一位音乐评论家；出版商约根松、制作家和哲学家卡尔·阿尔布雷希特；最后还有亚历山大·济洛季，漂亮得难以接近的人，彼得·伊里奇每次见到他就会心跳。对这种心跳在卡门卡的这位年轻观察者当然不知道，而且也没有留下什么内心的和外在的后果；因为主人彼得·伊里奇对这个完善的美丽和完善的冷漠感到陌生，但同时感到一种友善的、有节制的亲切，不再会出现莱比锡和布拉格时期的紧张状态。——总的来说：这是一个很可爱的圈子。他们玩着纸牌，演奏着音乐，讲述着各种趣闻逸事；弗拉基米尔对这个小小欢娱活动的进程十分满意。

彼得·伊里奇整个10月都待在弗罗洛夫斯可耶那里，由于那里已经很冷又很偏僻，是个无雪的严寒，房子又难以取暖，弗拉基米尔觉得，那里肯定很不舒适。当彼得·伊里奇终于离开那里前往莫斯科的时候，弗拉基米尔感到高兴和满意。

因为在那里已经开始了音乐季节，但它也使人感到忧虑。彼得·伊里奇——和基辅的鲍比——不得不遗憾地看到，大型交响音乐会的预定票数下降了许多。弗拉基米尔完全同意他的著名的舅舅，从现在起准备投入更大的精力帮助莫斯科音乐协会的观点：对这个机构必须助它一臂之力，绝不能让它衰落下去，它终究代表着俄罗斯的音乐生活。

11月5日，彼得·伊里奇在圣彼得堡指挥他的《第五交响曲》的演出。弗拉基米尔对观众相当满意，掌声很热烈，还送了很多美丽的鲜花；但却很不满意新闻界的反应。是的，他甚至对它们感到一种愤怒，因为它们专门在应该赞扬的地方吹毛求疵和横加指责——当然特别是塞扎尔·居伊先生，这个讨厌的家伙，竟然批评作品的配器过于沉重。年轻的弗拉基米尔对此特别反感。

他迎来了困难的时期，因为彼得·伊里奇在莫斯科举行了各种音乐会并在布拉格度过了一个不太幸运的时期之后，就在弗罗洛夫斯可耶开始了芭蕾舞《睡美人》的创作，这是皇家剧院总监交给他的任务，由他自己写脚本。在这个寒冷的别墅里，这位孤独的老人感到工作相当酸涩。而且，他还一直怀疑自己的作品，那部交响曲的价值。在阴郁的时刻，他甚至断言，他遭到了失败，生产了拙劣的作品，完全是二流的货色，他觉得其中有很多“不是来自内心的、不真实的东西”。这种消极的思考和恐惧，不仅给他自己造成了痛苦，而且也使年轻外甥的心备受煎熬，因为他也在想象中参与了舅舅的经历。

那几周是很苦闷的时光，既对彼得·伊里奇，也对鲍比——所幸的是，当时的阳光灿烂。比如圣诞节之夜就带来了一片可爱的阳光：阿列克谢把一份礼物放到了圣诞树下。礼物来自他的出版商朋友约根松，是莱比锡布莱特克普夫和海特尔出版社出版的莫扎特全集。彼得·伊里奇和弗拉基米尔都欣喜若狂。

在其他场合参与著名舅舅的生活就是很劳累和很费心的了，当然是在生动的梦幻和准确的想象之中。在弗罗洛夫斯可耶度过一段安静的时期之后，新的巡回演出又开始了，弗拉基米尔找到了有关的简报，并进行了仔细的研究。他的不甘寂寞的头脑必须在他的卡门卡的书房里跟随这次远行；他的轻飘的灵魂飞向德国的城市科隆、法兰克福、德累斯顿、柏林、汉堡，然后再去日内瓦；因为在这些城市里，彼得·伊里奇于 1889 年 2 和 3 月都举行过音乐会。那个在卡门卡的忠诚的充满幻想的心的一大任务，就是去想象和描绘这一切：在阿尔斯特湖畔的散步，在德累斯顿的茨文格画廊的参观，在法兰克福的乐队排练；在科隆举行新闻发布会，在柏林的晚宴，和约翰·勃拉姆斯的谈话——因为弗拉基米尔知道，在汉堡的旅馆里，彼得·伊里奇住在这位德国大师隔壁的房间——为了听柴可夫斯基第五交响曲的彩排，他曾主动延长了一天在易北河畔的停留，这是对他的重要敌手的一个十分友好的姿态。但是，彼得·伊里奇向他提出的在俄罗斯音乐协会指挥的邀请，遭到了他的拒绝，以一种冷淡和惊讶的态度，就好像是邀请他到北极地区去猎杀北极熊。

那位老先生阿韦-拉勒芒未能参加献给他的交响曲的首演，他已经过于衰老。但他送来了他的祝福；这来自汉堡别墅区的柔弱而敏感的老者的祝福，也被基辅附近的卡门卡的年轻的弗拉基米尔看到：他怀着一颗感激和感动的心，把这一给他舅舅的祝福也算到了自己的身上。

彼得·伊里奇在这次旅行中写给鲍比的最长的信，盖着汉诺威的邮戳。柴可夫斯基仍然保持着不时向陌生的小城市逃逸的习惯，只是为了在那里沉浸在他的思乡——或者被他称之为思乡的情感——以及对一些人的回忆之中。这时，他常常迈着沉重的步伐穿行在陌生而荒芜的旅馆房间之中；用嘴咬着他的鹅毛笔，用法语进行着自白；哭泣；哭泣着伏身在写字台上，写信给他的可爱的外甥，说他渴望见到外甥和俄罗斯；说他爱他就像爱自己的儿子。写信人的面前摆放着白兰地酒瓶和烟灰缸。——鲍比，在他的卡门卡的书房中，一遍又一遍地读着这封信。

像爱自己儿子一样爱着他的著名的舅舅，又继续去了巴黎。他在那里谈判，还是为了在莫斯科举办演出的问题：与马斯内，这个比他的德国同事更为友善和更有教养的人；而勃拉姆斯，当有人邀请他前往遥远的俄罗斯的时候，他显然感到了某种献媚。——彼得·伊里奇从巴黎又赶往伦敦；从伦敦去马赛、君士坦丁堡和第比利斯，然后返回莫斯科。

在船上他和两名年轻的俄国人建立了友谊：一个莫斯科大学的学生和一个 14 岁的男孩沃罗迪，他是一位著名外科医生的儿子。他们在甲板上度过共同的夜晚，欣赏着天上的星星和动荡的海水。最后一天晚上，彼得·伊里奇带着两个年轻人去了一家君士坦丁堡的小饭店。他们在这里分了手。14 岁的男孩和年轻的大学生继续前往奥德萨；彼得·伊里奇的行程是越过巴士穆。当他又回到船舱的时候，他哭了，因为他孤独一人。彼得·伊里奇把男孩沃罗迪放到了心上：他是那么漂亮和聪明，他有一种令人动心的妩媚，那是一种在我们的地球上无法长久存在的妩媚。这个友谊是多么地短促！在船舱中哭泣的彼得·伊里奇预感到，他再也没有机会见到这个男孩。这次会晤，是他后来每当进行长途旅行时，最愿意回忆的经历。

这是一次耗费时日的疲劳的旅行，对彼得·伊里奇和对用自己的心参与同行的弗拉基米尔都是如此。

这之后，在弗罗洛夫斯可耶度过的时光是很宁静的；但并不是休闲的时光，因为它充斥着工作：《睡美人》的作曲和配器，必须尽快完成；秋天将在圣彼得堡举行首演。

在这个宁静又忙碌的夏天，年轻的弗拉基米尔常常收到来自弗罗洛夫斯可耶的信件；舅舅给他写了很多亲切的长篇报告——尽管它们远不如写给神交女友和给予他丰厚补助的女施主冯·梅克夫人的信那么长。但鲍比却可以完全依靠他的情报网和剪报，了解莫斯科和圣彼得堡音乐季节开始后的情况。书信往来中断了，彼得·伊里奇过于繁忙。

在由阿列克谢为他布置的莫斯科的小小的住宅里，彼得·伊里奇并不感到幸福。他惧怕那么多的来访者、长长的夜晚聚会、酒气、喧嚣和香烟缭绕；惧怕街上的乞丐，惧怕"音乐协会"的无休止的会议以及阿列克谢妻子的干咳。很多年前到他这里来的年轻漂亮的仆人的配偶患有肺结核病；现在她将死在柴可夫斯基的住宅里。这也是彼得·伊里奇和他的仆人阿列克谢友情的尾声，也就是终结：干咳、单调和痛苦。

弗拉基米尔在他的观察哨上，不能抱怨——他也没有抱怨——不再收到舅舅的来信。他比任何人知道得都更清楚，现在有多少事情堆在了彼得·伊里奇的身上，知道这一切是如何干扰着他，占据了他的全部时间。这其中包括和"音乐协会"进行的紧张工作——在这个时期，柴可夫斯基以一种夸张和忘我的方式承担着沉重的责任。吸引人的演出需要安排，以便提高票房收入。勃拉姆斯之后，马斯内也拒绝了邀请；但法国的大指挥家克洛纳来了，德沃夏克和克林德沃特也来了。此外，人们还请来了一些年轻的作曲家：阿伦斯基、里姆斯基-科萨科夫、纳普拉夫尼克、阿尔塔尼、亚历山大·济洛季和彼得·伊里奇。

一件激动人心的大事——对舅舅和在遥远的书房里全神贯注的年轻观察者——是为安东·鲁宾斯坦举行的纪念活动。荣誉委员会的主席公爵冯·麦克伦堡-施特格利茨，委托大师的最著名的学生柴可夫斯基负责这次纪念活动的领导和创作一首A大调教堂合唱曲的工作。令人感到荣幸，但也十分辛苦。要求极高的鲁宾斯坦想利用这个庆典的机会，尽可能多地演出他的交响乐作品，节目单变得巨大：1889年11月18日在贵族院的庆典大厅中举行的纪念活动上，有800名工作人员参与；演出清唱剧《巴别塔的修建》时，700名歌手参加了合唱队。这样一个可怕的冒险活动，彼得·伊里奇感到几乎无法胜任：把庞大的乌合之众组织起来，他不是一个合适的人选。在痛苦的排练过程中，他多次满脸通红，声音喊得嘶哑；合唱队几乎陷入混乱的解体之中，不幸的指挥觉得很快就会死去。类似这样可怕的事情——他后来在演员休息室里抱怨——他还从未经历过。弗拉基米尔在卡门卡和筋疲力尽、厌烦透顶的舅舅一起受难，就好像他自己，这个年轻人，要一砖一瓦地建起这座灾难性的巴别塔一样。

遗憾的是，傲慢成性的鲁宾斯坦却没有怎么感谢他的这位著名的学生，只是为了他才不得不经受这一切可怕的灾难。那位带着高贵的贝多芬头颅的大师，表现出毫不慈祥和抑郁的姿态。他固执无情，几乎始终把柴可夫斯基当作一个下人驱使。对待其他同事，他也一向相当刻薄和高傲。对所有还敢在他身旁作曲的同时代人的创作，他都给予藐视。他一直断言，自肖邦和舒曼之后，就没有什么重要的作品产生：当然他安东·鲁宾斯坦的作品除外。正是在这个问题上大家的看法分歧甚大。并不是所有的人都像柴可夫斯基那样，对他表现出善意的尊重，宣称鲁宾斯坦的《太平洋交响曲》、《巴别塔的修建》和钢琴协奏曲为大师之作。平时一向敏感和易受伤害的彼得·伊里奇，对待他的有名望的老师的傲慢粗暴的态度，几乎以一种谦卑的耐心给予忍受。鲁宾斯坦对他来说，无疑是个伟大的人物，不论他做了什么桀骜不驯的错事。当有人在庆典宴会上不知趣地建议鲁宾斯坦，同柴可夫斯基共饮一杯兄弟酒的时候，这个毫不恼怒但并不虚伪谦虚的学生却大吃一惊，坚决拒绝了这一个建议：他认为和老师，和他的偶像，和这位伟大的人物，是不能称兄道弟的，否则就是一种放肆，是违反良好道德准则的行为。

最渴望《睡美人》芭蕾舞演出的是年轻的弗拉基米尔，尽管他根本就不可能去观赏这场演出。隆重的彩排——实际是真正的首演——于 1890 年 1 月 2 日在圣彼得堡举行，整个宫廷的最高层人物都将出席。

在卡门卡的书房里，涌进了光辉，因为弗拉基米尔手扶在书桌上，观察着：剧院的头等包厢是如何逐渐地被军官、外交官和穿着华丽的女士们所占据。这个年轻人的心剧烈跳动起来：皇亲国戚开始进入剧场，剧场已经为他们预留了成片的座位；各个宗教首领们脱掉了头冠，粉饰的夫人们蹲下身去行屈膝礼，沙皇咳嗽着坐到位于第一排中心的为他准备的华丽沙发椅上。这时，这个带有反骨的聪慧的中学生，在他的乡间巢穴里，忘记了一切他读过或感觉到的反对沙皇的各种观点：现在，至高无上的统治者出现了，舒适地坐在丝绒的沙发里，就为了观赏他亲爱的舅舅的芭蕾舞。只要陛下还坐在这里，鼓掌赞扬《睡美人》的演出，圣人们就会在虚无主义和无政府主义者或者其他敌人面前保护着他。

啊，音乐响起来了，红色的满是刺绣图案的帷幕，带着轻轻的响声升起，布景出现在灯光之下。然后所发生的一切，在书房中的孤独的年轻人的想象中，要比坐在沙发中的沙皇所看到的美妙得多。年轻人看到过剧本和总谱，但他的想象力绝不仅限于他所看到的东西；他夸张地补充、美化和升华着。在他的眼睛里出现的仙女世界，就像他童年晚上睡梦中出现的童话奇迹一模一样，现在那些神奇的形象又出现在他的阴暗的书房之中。

年轻的弗拉基米尔在卡门卡看到的奥罗拉公主，要比在圣彼得堡皇家剧院舞台上扮演公主的著名舞蹈演员漂亮得多。在他的眼里，在公主命名庆典上出现的仙女们，都是真正纯洁无瑕的神灵，满是仙气的妩媚、慈祥和无限的智慧。在舞台上跳着怪异舞蹈的女巫卡拉波斯，在卡门卡的弗拉基米尔的设想中有些恐怖，因为她正是来诅咒奥罗拉公主的。他又是如何地感激那位神通广大的丁香仙女，因为是她缓和了卡拉波斯的诅咒，使得在第二幕的结尾得以让德西雷王子用骑士的吻唤醒熟睡的睡美人，使她得以解脱。第三幕是婚礼。帷幕在光彩照人的仙女和皇家观众及宫廷人士和骑士军官的欢呼声中落下。

头等包厢里的贵族们抱着等待的态度：这场演出陛下喜欢吗？沙皇陛下鼓掌了，但只是很少几下，而且是带着一种有些乏味的面部表情。所以，包厢中的鼓掌也很冷淡。“和法国芭蕾舞还相差很远，”人们耳语着，“沙皇陛下更喜欢法国芭蕾。沙皇陛下对《睡美人》的态度有所保留。”

这时，总监伏塞沃洛日斯基、芭蕾编导佩提帕和作曲家柴可夫斯基被唤去晋见沙皇。彼得·伊里奇，满脸通红，燕尾服内已浸满汗水——在第一排的丝绒沙发椅前深深躬下了腰。他很紧张，以至于连沙皇的面孔都没有看清楚，只是在他蒙眬的眼睛里出现一个模糊的影子。在浓雾后面，他听到了一个鼻音：

“谢谢，亲爱的，这太漂亮了。”

所有俄国人的沙皇，亚历山大三世陛下，1881 年 3 月 13 日被谋杀的亚历山大二世的继承人说话了：“这太漂亮了。”话不算多，只是一个简单的称赞。彼得·伊里奇就为了这句称赞，而经受了夜以继日的苦难；总监伏塞沃洛日斯基就为了这个而投入了巨资；芭蕾编导就为了这个而在无休止的排练中流尽了汗水，反复督促那些女演员们，并不辞辛苦地进行示范，告诉她们如何才能像真正的仙女那样在舞台上动作。“这太漂亮了。”

彼得·伊里奇抬起身来，由于躬身而轻轻地喘息着：他终于解放了，短暂的晋见宣告结束。被整得筋疲力尽的作曲家赶紧离开，这个拘谨的世界活动家，穿着过紧的燕尾服。

“我必须走，”他想，“我今天就走。到任何一个地方去，最好是什么地方都不是，只是不要在这儿。”

佛罗伦萨的春天美极了。这个3月的夜晚散发着芳香。

彼得·伊里奇从工作间走上了阳台，这是他住的套间的一部 分。他刚从歌剧院回来。在燕尾服裤子和浆洗的衬衫外面，他套着一件驼绒睡袍。漆皮皮鞋过于瘦小，使他的脚有些发痛。“我应该换上拖鞋，”他想，“脱掉这双倒霉的漆皮鞋，会感到轻松得多。”但他并不想离开阳台，回到卧室去取拖鞋。他仍然站在那里，双肘支撑着石雕护栏，脸托在手上。“这里的星星比俄罗斯家乡要明亮得多。”彼得·伊里奇想着，深深吸了一口气，“这里的味道也更为浓郁和甜美。在弗罗洛夫斯可耶或许还有积雪。有些地方已经开始融化，那里会看到一些稀疏但却十分动人的小草花。我必须在它们面前蹲下身去才能看得清楚，在我的身旁站着一个年轻人，正在尝试着用潮湿和即将融化的雪团成雪球。我为什么不能永远留在俄罗斯呢？我想用我的手指触摸白桦，是的，这是我内心的渴望，这会使我的手指感到清凉，世界上没有任何事情会比触摸早春的俄罗斯白桦更为舒服。毫无目的地到处旅行，这真是我干的一件蠢事。只有在家里我才能真正地自由呼吸。我并不喜欢意大利柏树，也不喜欢大理石雕像。这里的过于甜香的气味并没有给我带来欢娱，而是恰恰相反：它使我恶心。我甚至不知道，这些香味是来自哪些花草。在弗罗洛夫斯可耶，我熟悉所有的植物。

“我怎么会想到今天晚上去看歌剧呢！这不仅是一个错误，而且可能也是一个罪孽。今天晚上得到消息，说我的好阿列克谢的好妻子死了，死于她的干咳。刚听到这个消息，我感到有些哽咽，但我不想放弃观看《拉美莫尔的露契亚》的包厢位置——一场蹩脚的演出，就是对我的惩罚。多尼采蒂的音乐充满奇妙的想法——但剧本太糟糕！

我的好莫杰斯特为我写的剧本，要比它好得多。那个很会演戏的女士可惜只有一副完全唱破了的嗓子。她很会唱，这必须承认——由于露契亚发了疯，她必须唱最困难的花腔：她处理得很卓越。观众完全有理由感到欢欣鼓舞，大声喊着‘再来一遍！’可怜的露契亚不得不把十分技巧的疯狂爆发重演一遍。第二次时，她没有戴假发，她戴着自然的黑发，比戴那副可笑的金发套更显得风度翩翩。”

彼得·伊里奇在这个温暖的意大利夜晚，完全一个人站在他房间的阳台上，发出一阵短暂的笑声，因为他正在回忆今晚的歌剧演出——那个穿着苏格兰方格裙子的合唱队是多么可笑，还有那树立在英式花园里的棕榈树！——又是一阵嬉笑，他自己都感到惊讶和恐惧，竟然一个人在孤独中发笑。“无论如何我今天都不应该外出，特别是在我得知阿列克谢的妻子去世以后。”他很后悔，“而且，我还觉得，我的《黑桃皇后》要好于这个《拉美莫尔的露契亚》。”

歌剧的创作工作在佛罗伦萨进展得很迅速。彼得·伊里奇从1月中旬开始动笔，到了3月中旬就几乎完成了——莫杰斯特都有些跟不上，他写脚本的速度甚至低于彼得作曲的速度。圣彼得堡的朋友们对这种匆忙的工作节奏有些不安：乐队指挥纳普拉夫尼克和肥胖的拉罗什向这种超速提出了警告。但彼得·伊里奇却我行我素，继续这样作曲下去，就好像有人在他的身后追逐着他。“尽管如此，歌剧仍将美妙！”他自负地写信告诉他的一个朋友。

创作《黑桃皇后》的任务，是他在俄国时从总监伏塞沃洛日斯基那里得到的；总监想在下一个演出季节无论如何要演出一部柴可夫斯基的歌剧。因为，芭蕾舞《睡美人》尽管遭受沙皇的冷漠，尽管受到报界评论的消极褒贬，但却仍然取得了很好的票房效益：所有场次的票都销售一光。观众喜欢《睡美人》。

但所有这一切都已在一个平淡的可爱的地方流逝了。两个月的紧张工作，彼得·伊里奇把自己完全投入了进去，梦幻般地融入了普希金小说的高度戏剧激情之中。莫杰斯特根据小说为他写了脚本——是一部相当冗长的脚本（有时不得不进行删减），但并没有完全失去普希金作品的原貌。这里仍然喷发着激情，这里仍然表现着强烈的爱情和庆典的光辉，但然后：就是恐惧、血腥、绝望、疯狂和毁灭。

贫穷而大胆的青年赫尔曼对纸牌的狂热，胜过他对少女丽莎的爱情。如果彼得·伊里奇仔细思考，到底是什么使他很久以来就爱上了《黑桃皇后》这个题材，那他就会说，那可能正是年轻的赫尔曼的悲剧式的和在劫难逃的嗜好——对赌桌的盲目的嗜好。因为，柴可夫斯基——在浪费情感上是极有经验的——知道，一个人把激情无意义地使用和无效地牺牲在什么样的虚幻之中，几乎是无所谓的。赫尔曼的悲剧打动了他，因为他完全可以理解。

在这个青年和他的姑娘之间，是丽莎的祖母，那位老伯爵夫人，一个可怖的老妪。正是她——失去理智的赫尔曼坚信不移——知道无往不胜的三张纸牌的秘密。为了得到这个秘密——必要时不惜使用暴力手段——疯狂的赫尔曼在夜里闯入了老夫人的卧室，致使她在极度的惊恐中死去，还来不及张开口说出赌牌制胜的公式。希望消失了——余下的只是失望；后来所表现的就是良心的折磨；最终是发疯和死亡。悲剧结束在赌场大厅。这时老夫人的鬼魂出现在发疯的年轻人的面前，终于说出了使她死于非命的三张制胜纸牌的秘密。使用其中的两张牌，赫尔曼就可赢得可观的财富；但他还想用第三张牌使自己的财富扩大到无以计数；他抛出了第三张牌，但却出于可怕的疏忽把黑桃皇后抛到了赌台上，他输掉了一切，最后用佩剑刺入了自己的心脏。这时，可怕的老伯爵夫人的鬼魂以胜利的姿态出现在舞台之上。

这时，这个聚集起来的情感所表现出的巨大的效果，最终融汇到音响之中！这时，彼得·伊里奇十分满意，而且自己也受到他所表现出来的东西的震撼。他的激动异常的想法就是："出乎意料的，是严厉而遥远的上帝慈祥地和我站在一起。他给我送来了一切奇特的思想——我是多么感激他！比方老伯爵夫人的主题——这个主题，即三张牌的秘密只用三个音来表达，三个低沉的由低音提琴拨拉出来的音，就像是一只无形的手在敲打一扇关闭的门户——这是一个多么令人激动的主题，我只要一想到它，就感到心惊胆战！赫尔曼的覆灭，我的可怜的疯狂者，常常使我泪流满面——而在这之前，又是多么可爱和伟大呀！丽莎和女友们的嬉戏，化装舞会和女皇卡塔琳娜的出现；作为效果极佳的尾声，赫尔曼的疯狂和鬼魂出现的恐怖。不，这次以后，我肯定不会再说，我又全部搞糟了。恰恰相反，我会坚信，这一切都是这么非凡和成功。”

但这并不说明，他的这种强烈的满足感在工作完成之后还会常常出现，或者是用不了多久就会和以往一样又转换成为最痛苦的和最夸张的疑虑。现在，他怀着胜利的喜悦想：“在这个丑陋而昂贵的旅馆房间里的这些孤寂的时日，使我在经济上几乎彻底破产——我的上帝：每天竟要我 27 个里拉！——这些有时几乎是绝望的日子，看起来并没有白白度过。它其实还可以更糟糕一些。我身边还有我的纳萨尔。”

纳萨尔是莫杰斯特的年轻的仆人，陪同彼得·伊里奇来到佛罗伦萨，阿列克谢由于妻子生病而留在了莫斯科。彼得·伊里奇对这一交换并无不满意：纳萨尔虽然有些迟钝，但却是一个听话和耐心的人，不论从哪方面看，他都是一个讨人喜欢的小伙子。我必须承认，这个好莫杰斯特确实了解年轻人。

“这个可怜的人，肯定一直都十分想家，”彼得·伊里奇在这个意大利的夜晚，在他的阁楼里想。“他肯定也会在我的反复无常的情绪中受难。但他却没有任何表示。他每天都是那样，有些迟钝的欢快，总是很周到，总是在笑。我真的很感谢他能够在这里。如果没有他，我根本就无法完成我的工作。他就是一部分俄罗斯——是美好而亲切的祖国在我的身边。现在，我还要带他去罗马。但愿罗马会给他带来一些欢乐。我们可能要在那里停留几个星期；不过也可能只待上几天。因为在罗马也可能使我感觉不快。又有很多记忆在那里等待着我，它们都有着苦涩的味道。我最后一次去罗马，已经是很久以前的事情，当时陪伴我的是莫杰斯特，这期间又有多少光阴流逝，并坠入了深渊——我们还是当时的那些人吗？啊，我觉得我们完全发生了变化，变得自己都不认识自己了，流逝的时间是不声不响的，但却蕴藏着巨大的力量，它使我们都变成了另外的人。——是啊，我将在罗马日夜想起我当年在那里的情况。难道我就无法摆脱过去吗？它为什么把我牢牢抓住不放呢？难道我真的做不到轻装前进吗？难道我没有今天？我的今天又是什么呢？”

“到底什么是我的今天？”彼得·伊里奇在他那过于昂贵的旅馆套间的阳台上冥思苦想着——他的仆人已经睡了，在距离他两个房间以外的地方，轻轻地打着鼾声，在他的小阁中。“难道我没有足够的力量去享受，去爱吗？”这个孤独的正在衰老的老人思索着。“难道我的情感在现实中失去了作用？而我的现实又叫什么名字呢？”

他又完成了一项巨大的工作，用尽了他的最大的精力——他的情感转化成为无比的效应，使他得以解脱；现在他感到筋疲力尽，但也十分兴奋；他倾尽了全力，现在又在准备下一个冒险。他把疲惫的面孔——那张花白胡须的脸，柔软而红润的嘴唇，温柔而深邃的眼睛——伸向这个春天的夜晚，这个陌生国度的3月之夜，带着星光和芬芳。但他的疲惫而宽阔的心却在问：

我的现实叫什么名字？

这时，从这个陌生的夜晚向他传过来一个名字：弗拉基米尔。它突然使这个芳香的黑暗充满了光辉和洪亮的美妙的声音——就像是钟声萦绕在佛罗伦萨的夜空。

快做出决定吧，你这颗疲惫而宽阔的心！你就再决定一次吧，这次是彻底的一次！这次要把你全部占有！你千万不要反抗！

你提出了问题，这里就是你的答案。它来得这么迅猛，几乎使你麻醉。他来了，周围的声响和光亮，是你的胸中的突然的痛楚。

你感到疼痛，你带着强烈、疯狂和痛苦的表情把你的沉重的手紧紧压在你的心上，同时低下了额头，脸上掠过一丝扭曲，就好像一缕强烈的光线刺痛了眼睛，而这个刺眼的光亮却改变了一切。

第七章

弗拉基米尔·达维多夫已经在四周前来到了弗罗洛夫斯可耶。当他5月初到达时，小森林的边缘还残留着少量的积雪；但现在，在6月初的几天里，凉爽的春天正在向初夏迈进。弗拉基米尔和彼得·伊里奇下午长途散步时，已经开始感到相当热了，有一次，弗拉基米尔甚至脱下了外衣。

这是一段天赐的时光——彼得·伊里奇和他的可爱的外甥的一段充满幸福的时光。这些天里他们有过多少长时间的、充满情感的有益的谈话、工作、游戏、嬉笑和散步啊！——彼得·伊里奇上午作曲——他在改写《黑桃皇后》的钢琴配器，并开始写出六重奏的初稿；而弗拉基米尔则坐在花园里，坐在那张粗糙的木凳上，这是他在梦幻和想象中早已熟悉的地方。在这和他梦幻及想象中几乎一模一样的木凳旁边，摆放着厚厚的书本和笔记本。弗拉基米尔已经通过了考试：他已经不再是中学生，而是一个准大学生了。秋天开始的时候，他就是一个真正的大学生了。这个来自良好家庭的性情活泼的年轻人，对一切都感兴趣——政治和哲学，音乐和文学——他想学习法律；这并不是因为这个学科对他有什么特殊的吸引力，而是因为他反正得选择一个什么学科。

彼得·伊里奇赞赏外甥的理智的选择：因为从教育学角度看，他感到这样做是应该的。但在内心里，他却希望懦弱的弗拉基米尔在学习期间改变主意，不去做律师，而是成为作家或音乐家。

几个星期的美好而活跃的交谈，使得彼得·伊里奇对鲍比的看法又有了巨大的变化：对他的印象本来就很好，现在几乎变得狂热了。在早上、下午和晚上长时间的交谈中，弗拉基米尔的聪慧、温柔、幽默和深邃更加鲜明地表现了出来——这就是彼得·伊里奇内心的感受。这位著名的舅舅因此感到很幸福。他对弗拉基米尔抱有很多的期待和愿望：这个拘谨笨拙但妩媚而善谈的男孩，有一天会成为一个出类拔萃的人物的。这次——著名的舅舅对自己的心说——这次我的感情没有浪费，没有抛向虚空。一个相配的人接受了它。一个亲人理解了它。在很多陌生人当中——彼得·伊里奇兴奋地想——我只为了一个人，为了一个亲人在磨炼着自己。迄今为止的一切都是为此在做准备，都只是对我的心的漫长的磨炼：阿普赫丁以及他后来的人——所有这些人对我都是何等的陌生啊！那个漂亮的济洛季对我完全是陌生的——如此的陌生，以至我现在和他站在一起时，只不过是一个值得尊敬的音乐同行而已。所有这些心灵的冒险又是多么肤浅——所以肤浅，都是我的过错，如果我现在仔细思考的话。因为我的情感从来就不够坚强，而且总是一事无成。它总是很快就在陌生人身上燃烧起来，但却从不忠诚到底。但是，弗拉基米尔却不同，他常常有着我亲爱母亲的目光和声音。他让我想起萨莎妹妹和莫杰斯特弟弟，当他们还年轻和可爱的时候。他和我如此地贴近。弗拉基米尔，你是多么和我贴近啊！

美好的四个星期很快就过去了；今天是最后一天，明天弗拉基米尔要回卡门卡了，生病的母亲召唤他回去，她只想让他，让她的爱子前来照料她。彼得·伊里奇早上八点钟醒来时，就害怕地意识到："这是最后一天了。但我却没有想到。我却把它看成是和其他日子一样的一天，就好像还有很多这样的日子将要到来。25 分钟以后，鲍比就会进来叫醒我。我还要装着在睡觉：这个程式会给他带来欢乐。我不愿意想，这将是最后一次了。"

但他却无法想其他的事情。“没有鲍比在身边的日子，将是什么样子呢？那将是没有欢笑的日子。没有你的日子是一种罪孽。我的心已经习惯了你。你坐在屋前的木凳上，拿着你那厚厚的书本和笔记——我的聪明的孩子。从我的窗子，我可以看到你。当你无聊的时候，你就会把书合上。你就会迈着你的长腿经过窗子，前往厨房。你想知道，午饭将吃些什么。我听到你和阿列克谢的笑声。如果你不在我的身旁，又会怎么样呢？没有你的日子将是一种罪孽。”

整八点，弗拉基米尔小心翼翼地推开彼得·伊里奇卧室的房门。他踮着脚尖走向床榻。彼得·伊里奇闭着眼睛躺在那里。年轻人弯下腰，用他的嘴唇触及舅舅的高高的满是皱折的额头，额头上方是弹簧般的纷乱而稀疏的灰发。“已经八点了。”弗拉基米尔说。彼得·伊里奇睁开他那双湛蓝、温柔而深邃的大眼睛。“真的是八点了吗？”他问，深深叹了一口气，装出一副吃惊的样子，似乎是把他从美妙的早觉中唤醒一样。

“你睡得好吗，彼得？”弗拉基米尔问。

彼得·伊里奇躺在枕头上微笑着说：“好极了！”他用手抚摩着年轻人的长长的、平整的、有些发凉的手：和母亲的手一样——我真应该跟随她而去。

“今天早上你的心脏如何？”弗拉基米尔有些调皮地问。

“你当然是想捉弄我。”彼得·伊里奇努力装出很严厉的样子望着他。“我的心脏什么毛病也没有。”

“可昨天晚上你还说，它几乎停止了跳动。”弗拉基米尔认真地说，他用手指摆弄着彼得·伊里奇的手指。

“是啊，”彼得·伊里奇说，“昨天它还很痛。有时它会突然停止跳动，而且有几分钟的时间。但今天早上它又跳得很欢快了。”

“你肯定还是先读一段圣经，然后才会到花坛去吧？”弗拉基米尔问，同时从床边往后退了一步。

“当然，”彼得·伊里奇回答，“这是我肯定要做的事情。”

“这是一个愚蠢的习惯。”弗拉基米尔笑着说。他还站在房间的中央。但他已经穿上了要到花园劳动的服装。在裤子和衬衫外面扎了一条蓝色粗麻的围裙。头上的黑发比平时要平整得多：他刚刚用冷水洗了头。

“这是一个非常好的习惯，”彼得·伊里奇庄严地说，同时坐起身来，“你什么都不信，这是很愚蠢的。”

他们习惯在吃早饭前到花园劳动半个小时。总有些地方要播种或者锄草，平整或者挖掘。他们——一个花白胡须的老人和一个男孩——用铲子、钉耙和喷壶劳动时，总是唱起什么歌来。他们模仿意大利、德国或法国歌剧的调式即兴演唱：温柔的和激昂的二重唱。然而，今天早上，他们在浇花和锄草时，却唱起了俄罗斯民歌。弗拉基米尔，穿着蓝色围裙的苗条身材，像一匹活泼的小马，在花坛间跳来跳去，张开嘴高声唱道：

“安德烈先生去打猎，哎呀安德烈，
开枪打中灰小鸭，哎呀灰小鸭……

所有的姑娘都美丽，哎呀都美丽。
但最美的是在村子里，哎呀村子里，
那就是金发的马柳日卡，哎呀马柳日卡，
谁的头发也没有这么长，哎呀这么长……”

灰小鸭和美丽的马柳日卡的长发，让鲍比和彼得·伊里奇发笑。但是，穿着驼绒睡袍的彼得·伊里奇正弯着腰修整他的玫瑰花圃，他用深沉的低音唱起一首叙事诗歌来。

“从前，在基辅这个古老的都城，

这里的君主就是红色的太阳王，
他举办一个宴会，丰盛又华贵。
很多君主和地主围在他身旁，
还有那勇敢的战士喊声嘹亮，
骑士厅中充满喧嚣和欢笑。
看啊，英雄们勇敢地冲向美味佳肴，
他们风卷残云，就像真正的英豪，
所有的人都在欢庆他们的英勇战斗。”

“再有两首这样的曲调，我们就会有一部俄罗斯歌剧，就像五个‘革新者’采用的风格。”弗拉基米尔笑着说。——这时，阿列克谢出现在晒台上，招呼这一老一少两位主人去吃早餐。彼得·伊里奇拍着弗拉基米尔的肩膀说：“来吧，弗拉基米尔，我的红太阳王！让我们勇敢地冲向美味佳肴！”他们挽着胳膊，通过花园和石子铺成的小径进入了房间。

饭后，鲍比仍然拿着他的厚厚的书本坐到花园的木凳上；彼得回到音乐室工作。这几乎是他的一种迷信，在弗罗洛夫斯可耶，上午是不允许不工作而空闲的——也包括今天，尽管这是鲍比的最后一个上午——这是彼得·伊里奇不愿意想的一件事情。彼得·伊里奇试图把它忘掉，把精神集中到《黑桃皇后》的总谱上。他能做到吗？他无法在钢琴上坚持下来。他站起身，在房间里走动着，最后站到了窗前。他看到了弗拉基米尔坐在花园的粗糙的木凳上，在风中轻轻摇曳的房子的阴影中。年轻人把左膝抬起——鞋跟踏在木凳的边缘——胳膊抱住小腿，右手拿着书。下垂的光亮的额头上闪烁着阳光的暗影；他的眼睛和那柔软、但仍有些棱角的椭圆形的脸却被阴影遮盖着。

彼得·伊里奇，站在窗口观察着弗拉基米尔，坐在花园木凳上的他的鲍比，他的知心人，他的亲人。如果没有你在身边，日子将怎样度过呢？没有你的日子就是罪孽……

一点钟，他们准时用午餐——弗罗洛夫斯可耶的生活是有规律的。彼得·伊里奇让她的女厨——一个德国胖女人——准备了鲍比最喜欢的菜肴；阿列克谢庄重地把菜端上来：白蘑菇汁浇鱼，甜食是奥式糕点。不论年轻人还是那位老者胃口都非常好。餐厅很大，空气也很好，它同时也是前厅和起居室；窗子都打开着，从花园里传出花草的芳香。弗拉基米尔脱掉了外衣，解开衬衫的纽扣，让脖颈露出来。“请原谅我衣冠不整地到处跑。”他有礼貌地对舅舅说，“但我很喜欢现在已经是夏天了。”“我也很喜欢。”彼得·伊里奇说。在整个吃午饭期间，弗拉基米尔都在说太阳，他说，他很感激太阳，现在终于又有了活力。“我一直冻得够呛，”他说，“整个冬天我都在咳嗽，而且冬天又是那么漫长。真好，现在终于暖和了。”

午饭之后，开始长时间的散步：每天日程表就是这样规定的。如果彼得·伊里奇一个人在弗罗洛夫斯可耶，那么他在散步时就会带上很多纸条，塞到身上的所有口袋里；行走中，他会记下各种东西，一丝音乐灵感或者一封信的片段。“明天我又得带上纸条了。”他想。但今天，鲍比还在他的身边。

弗罗洛夫斯可耶的风景没有什么变换；平平的，甚至有些荒芜。但彼得·伊里奇爱这种辽阔的草原，他爱白桦树林和森林边缘上的深暗的小池塘。“人们现在已经开始在这里无情地砍伐了，这真是件可悲的事情。他们会像人们在麦达诺沃那样干的：把我的美丽的风光全部毁掉，是他们把我赶走的。”

每当散步时见到日益稀疏的森林时，他总是要这样感叹一番。同样在今天，彼得·伊里奇也说了这样的话，只不过是一种常规的、必要的、顺便表态而已。弗拉基米尔认为：“我们很幸运，他们还给我们留下了我们的白桦。”他们高兴地欣赏着他们的白桦。

然后，他们就默默地走了几分钟。鲍比折下了一根长长的树枝，一边走路一边在地面的沙土上画着各种图形。“你的脸很严肃。”彼得·伊里奇说；因为弗拉基米尔在低着头走路。“上午你肯定又在书中读到很多不愉快的事情。是什么呢？难道又是你的新法国人？”

他们经常争论法国自然主义者的问题。鲍比受到极端社会批判主义的熏染，十分喜欢左拉和他的学派；而彼得·伊里奇却对那些人的“人为的简单化”表示反感，认为这都是些很拙劣的东西，像维克多·雨果的“叮当作响的教条、修饰和反证”。“生活肯定不是轻松和欢乐的事情，”他解释说，“但像自然主义者所描写的那么邪恶、肮脏和晦涩，也不是事实。我最近读了左拉的《人类白痴》。多么卑鄙呀！这是一部带有猥亵内容的侦探小说！——这些人的风格就是由一些令人厌恶的欺骗所组成。而且这也是很容易模仿的。”

“那你就模仿一下给我看！”弗拉基米尔要求，“我还想再听一遍！”彼得·伊里奇笑了：“这是再容易不过的了！”他停在了森林小路上。“左拉学派的人会如何描写我在弗罗洛夫斯可耶的孤独的晚餐呢？”他尖刻地问，“大概是这样的。”他开始用法文陈述了，面部做出一个怪相来：

“他把餐巾不经意地系在脖子上，开始吃饭了。苍蝇在周围贪婪、嘈杂、不安地飞着。除了有气无力的咀嚼声之外，听不到别的声音。一股潮湿、腐败、沉重、流动的味道散布出一种不知道是什么动物的气息。没有足够的光。偶然落在光秃秃的房间里的阳光，给这里或那里带来一点儿光亮。脸色苍白的主人喝着汤，留着大胡子的仆人像愚蠢的卡尔梅克人那样忙碌着。一个白痴侍候着另一个白痴。这是九点钟，一种毫无生气的沉默散布在各处。疲惫的、昏沉的苍蝇不再活动了，消失了。在窗户那边，巨大的、红色的、鬼气的月亮出现了。他吃，他一直在吃。吃饱了，脸红了，眼睛模糊了，然后站起来走了出去……”

“很有趣，也很天才。”弗拉基米尔笑着说。“而且把你家里的气氛描写得淋漓尽致！”他抓住彼得·伊里奇的胳膊，继续朝前走。“你应该写一部社会小说，而不应该只是作曲！”

“我将十分感激，”彼得·伊里奇反驳说，“而且这个‘社会’也会十分感激。是的，如果它真的像现代批判者所描绘的那样，那我们的生活就比我们所看到的更加充满痛苦和更加卑鄙了。”

“或许它确实比你看到的更痛苦和更卑鄙。”年轻的弗拉基米尔严肃地、继续用他那美丽而灵巧的嘴唇说着。彼得·伊里奇很愿意听他说话，尽管他知道，下面他要说些什么；但他喜欢这种充满激情和敏锐的话语，同时配合着急促而不太灵活的小小的手势——他也很喜欢弗拉基米尔的温柔的金褐色的眼睛里泛出的光辉。现在，年轻的鲍比又变得很激动了。他喊道：“对这个社会现实的描写，不论怎么黑暗和肮脏都是不够的！它的制度是不公平的，它的唯一法则就是剥削和压迫！”

他肯定从那些厚厚的书本中学到了不少东西，在那些法国小说和在秘密印刷厂里印制的政治小册子里面。他受到了触动，有时确实受到了极端时代气氛的影响；在他的年轻的头脑里，混杂着各式各样的激情。

如果有人十分严肃地问他，让他凭着荣誉和良心来回答，他是否想彻底改变现存的一切，也就是想搞颠覆，那他或许就会陷入不知所措的状态。因为他毕竟是一个正直的青年，而且不得不承认，他自己——良好的家庭出身，被著名舅舅所溺爱的孩子——没有什么可抱怨的。至于有人违背他的利益，那大多也只是在一定限度内的事情。年轻的弗拉基米尔不是一个积极的革命者，他也不属于任何组织。但他却受到革命思想的影响，甚至很深的影响，那些影响中掺杂着虚无主义、无政府主义和社会主义因素。他信仰一种机械的、通过独立的因果关系所决定的进步；希望出现快速的革命化和暴力的强化。这种急速发展，意味着流血和灾难，一场大火把现存的一切都毁掉——这是一种可怕的、也是具有魅力的无谓的目标，至于以后的事情，就很少加以考虑了。这以后应该来的新秩序，在年轻人的头脑中，只不过是一种粗野的、美妙的混乱——也就是革命——，既是出发点，也是企图强行达到的终点。

在这个纷乱而活跃的头脑中，泛斯拉夫的希望和雅各宾的理想汇合在一起；一种模糊而热烈的爱国主义和国际主义——带有主要是法国式的狂热——相互交汇。他的唯物主义——受到达尔文和马克思主义的浅薄的教育——是一种抒情式的感悟。抒情式的激情具有一种完全混乱的、一知半解的口号和充满炽热感情的雄辩。这个年轻人相信他所说的话；但这并不影响他很快就会忘记。有些日子里，他只是和一些普通的同学生活在欢娱和日常的琐碎事务之中，不再关心什么社会制度和他们的未来。在其他的时刻，伤感使他失去一切在这个大地球上稍有一些有利发展的希望。这时，在他的深刻悲伤的心中，就会出现严峻的感觉，似乎生命的诅咒无法摆脱，除非消灭生命本身，而不是通过更好的组织去缓解。然后他就会想：为这个痛苦他应该先干些什么，如果发现了它的存在，又应该如何去消耗它？我们又为什么要发现和感受它呢？那些将建造未来的后继者和强人，却不必去发现和感受这些。我属于一个被诅咒的阶级，属于一个已经丢失的一代。

这种气氛也已过去；它是如此难以保持，那轻浮和反叛的气氛。年轻的心容易接受各种影响，也包括能够带来天光、芳香和轻风的影响；这颗心在晚上的感觉，不同于中午和早晨；但它的感觉却永远是直接的、强烈的，而且完全是真实的。

彼得·伊里奇喜欢观察这种动荡的感情游戏——这种渴望和柔情的迅速变换，然后从柔情转化成伤感，从伤感再变成轻浮——就像是在欣赏色彩多变的水面，或者变幻无常的飞云和阳光。他感到一种冲动，因为他能够成为如此内在的努力、如此骄傲的感情变化、如此闪光的欢乐和如此纯洁的哀伤的见证——尽管他不理解，也几乎不关心能够如此打动并使这个年轻人的心激动的问题所在。

因为，彼得·伊里奇是以一种幼稚的理念相信“进步”的，觉得这是一件重要的，或许也是一件伟大的事情，它将由别人去完成，而他对此是不感兴趣的。每当弗拉基米尔控诉压迫和严重的不公时，彼得·伊里奇就会清醒地说：“可我们并不是生活在中世纪呀！肉刑和奴隶制已经不存在了……”弗拉基米尔这时就会苦笑着说：“你不了解我们秘密警察的方法——它比肉刑好不了多少。至于那些被人利用的最贫穷的人们是否比过去的奴隶和农奴过得更好，那是不言自明的！”——“当然还存在着十分恶劣的状态，”彼得·伊里奇沉思着承认，“对那些生活不好的人们，我是十分同情的——我只要一想起他们，心都会抽紧。沙皇应该知道这些情况——我敢说，这些情况是不会传到他那里的——沙皇离得太远，而且高高在上，怨诉他是不会听到的。人们应该给他启蒙，是的，人们应该给沙皇启蒙！”

他又装成更加无知和幼稚，出于一种恶作剧的狡黠：因为他想观察年轻的鲍比的强烈反响。反响确实也来了——鲍比摆出一副嘲讽的面孔，几乎是毫无尊敬。“沙皇！”他把长枝条在空中抽了一下，发出了一个尖锐的响声。“他就是最坏的人！”——“他或许是疑心太重。”彼得·伊里奇说，“难道他没有理由吗？你必须想到：他的前任就是被虚无主义者所杀害的，这肯定是一个很大的罪孽，因为亚历山大二世正准备在这一天为我们国家颁布宪法——而且虚无主义者还要用炸药摧毁冬宫——你想一想，多么美的冬宫啊！”——“真可惜，它实际上没有被摧毁。”弗拉基米尔冷冷地说；然后又微笑着露出他那美丽的牙齿。“亚历山大的所谓的宪法——它或许应该更好一点！可是就连这个不完善的宪法，亚历山大三世也不给我们。暴君们是不会自愿地交出他们的可怕的权力的！——不会自愿！——啊，我真希望亚历山大三世也有像他的前任那样的结局！”年轻的弗拉基米尔眼睛里放着光芒喊道——他的脸上现在显现出残暴的一面。“鲜血已经流了很多，都是他的责任，在他的名义下已经发生了多少可怕的事情——他必须受到惩罚，这符合历史的逻辑和公正！”

为了进一步刺激他身边这个年轻人，并欣赏他高度激动时的表演，彼得·伊里奇故意用一种友善而庸俗的玩世不恭的态度说：“沙皇陛下当然不太懂得音乐，他只喜欢最蹩脚的法国曲调。但他有时还是为可怜的俄罗斯艺术家做了些好事，我们不能知恩不报。比方可怜的柴可夫斯基，就得到了他给的资助——”他高兴地看到了弗拉基米尔愤怒的耸肩和眼睛里的阴暗的火花。

年轻人指手画脚地说着，他们穿过草地和小森林继续散着步。他所说的，不外乎也不会超越一份非法革命小报上的社论内容；但他的每一句话都表现出一种或许单纯但却是真实的愤慨，或许幼稚但却是发自内心的炽热反感。他控诉西伯利亚的令人发指的暴行；帝国主义政治的罪恶的野心，官员的贪污腐败，秘密警察的卑鄙，牧师的虚伪，贵族和富人的傲慢。“这就是我们的世纪，所有这一切都成了可能，”他以一种强烈的愤懑结束了这一席话，“而你，却说这是一个进步的世纪！”

老者聆听着，半享受着，半震惊着——享受着他那雄辩的激情，震惊是因为他感觉到那内心中的颤动，那些可怕的事实，理应引起的这种颤动。

“你怎么知道这么多可怕的事情！”柴可夫斯基最后说，“这一切我都从来没有听到过——我生活得过于孤僻了，完全为了我自己。这样可能也很好——当然是对我的工作，因为这毕竟是我这个可怜的人能够献给这个可怜的世界的唯一的东西。我已经老了，不再属于那些可以改变这个灾难的地球的人群。这是你们年轻人的事情——是的，鲍比，是你们这一代人，去改善它，使它走上正路。我们老年人已经把它搞糟了。”

他这次说得很认真。年轻的鲍比深深吸了一口气，也很认真地说："愿上帝保佑我们成功!"

"你看!"彼得·伊里奇笑着喊道，"现在你也在呼唤上帝了!"

"这只是一种口头语罢了!"弗拉基米尔有些生气地说，"我们必须依靠自己的力量完成——或者我们根本就完成不了!"

他们的前面已经出现了那座矮矮的别墅，带着它的花园。漫长的散步结束了。

阿列克谢在阳台上准备好了茶桌。邮件已经来了；在茶杯和花瓶之间，放着报纸和信件。彼得·伊里奇请弗拉基米尔为他朗读——"但只读最重要的!"他要求。"其他的一些都很无聊——所谓最重要的也是没有什么意思的。"他舒服地坐到躺椅上，眯缝着眼睛冲着太阳；他用双手拿着茶杯，支撑在高抬的膝盖上。"把我的甜蜜的小东西拿来!"他用柔软乞求的声音对仆人说，对朋友他偶尔也用这种声调说话，但对下人却总是用这种声调说话的。"我已经到了痴迷的程度，总想把生灵的皇冠拥在我的心上。"——他说的东西是五条小狗，它们几天前才在弗罗洛夫斯可耶出生，睁开眼睛看到了世界——或者说，还没有看到世界，因为它们的眼睛还看不见东西，还很惧怕那可怕的光亮。阿列克谢端来了一个小篮子，里面铺着软软的绿色棉絮。在一块布上卧着五条初生的小狗，就像是卧在草地上；它们相互拥在一起，形成了一个褐色的绒块，眼睛眯缝着，小鼻子不断地闻着，轻轻地喘息着。

"它们多迷人啊!"彼得·伊里奇被深深打动了，看到它们，使他异常兴奋。"它们比这花朵更迷人!"他弯下了腰；弗拉基米尔也在小篮子前蹲了下去。

"我至少要把其中的三条抱在怀里!"彼得·伊里奇说。"因为我年纪大，所以我有优先权。你最多只能抱两条，我的小鲍比!"他们两人同时把手伸向那柔软的褐色草坪。那些还是盲目的柔软的东西，被抱了起来：彼得·伊里奇把三条抱起来，贴在自己的脸和脖子上；

弗拉基米尔则把另外两条拥在怀里。“它们的小脚多么柔软啊!”彼得·伊里奇动情地说,“听到它们呼吸,是件多么迷人的事情啊!”

鲍比说:“现在我们必须看看报纸和信件中都有些什么内容!”他开始读了起来;他的右手拿着邮件,左手抚摩着小狗的丝绸般的皮毛。

这里有来自柏林和巴黎代理商的信件;还有一个野心勃勃的人从纽约写来的信:他要求柴可夫斯基到整个美国进行一次大巡回演出。——“你真的愿意去美国吗?”鲍比问。彼得·伊里奇伸了伸懒腰说:“这,我还不知道……不过如果你也跟着去……”鲍比笑了,他又拆开了其他信件。其中的一封是出版商约根松写来的,另一封是皇家剧院总监,还有第比利斯歌剧院经理。“这些人真是很有风度,竟然对我如此关照,”彼得·伊里奇说,他有些得意和懒散。“但是,我现在根本没有兴趣像一个杂耍演员那样周游世界。我愿意在这里……”他满足地望着香烟冒出的烟雾。

有一封信,弗拉基米尔没有拆开。“梅克夫人的。”他说着交给了彼得·伊里奇。他立即拆开,这是一封很长的信。鲍比在这期间翻开了报纸——他们订的是一份巴黎的和一份圣彼得堡的报纸。“巴黎歌剧院在演什么?”彼得·伊里奇把眼睛从梅克的信移开问道。“我正在看德意志皇帝的一篇讲演,”弗拉基米尔说,“看看这个容易动怒的年轻先生,在俾斯麦下台后要奉行什么样的政策?”——“你为什么要操这些心呢,我聪明的孩子!”彼得·伊里奇笑着说。“看起来,好像法国想和我们结成同盟,因为我们和德国的条约没有延长。”弗拉基米尔说,他还一直看着报纸。——“噢!”彼得·伊里奇突然喊了一声,并扔下了梅克夫人的信,“我觉得,它已经能看到一些了!”他指的不是威廉皇帝或者沙皇或者法兰西第三共和国的总统,而是在说趴在他脖子上的小狗。

弗拉基米尔立即跳了起来:他必须确认一下,这些小动物是否已经能够看到些什么;他冲彼得·伊里奇弯下腰,把手放到了他的胳膊和肩膀上。——“它看了我一眼!”彼得断言。“这根本毫无疑问:它确实有感情地看了我一眼!”弗拉基米尔笑了,他的笑脸离彼得·伊里奇的脸很近。彼得吃了一惊。“这是什么?”他的惊悸的心感觉到了。“这几乎是不可能的。难道这是真的——真的是一个完全幸福的时刻吗?”

直到晚饭,弗拉基米尔一直在研究着报纸;彼得·伊里奇在处理信件。晚饭不得不在房间里面吃。从下午开始,草原湿地的迷雾就开始蔓延了,空气变得潮湿而冰冷。阿列克谢再次摆出庄严的面孔,端出年轻的主人最喜欢的饭食。

吃完了饭,鲍比说:“现在应该去玩一会儿球。”——“可外面已经黑了!”彼得·伊里奇说,“球都看不清了。”——但他们还是去玩了。彼得·伊里奇特别爱看弗拉基米尔玩球时的动作:他喜欢他那有些笨拙的优美的跳跃,当球从他身边飞过时,他的欢笑和呼喊——出自粗犷而几乎是带有威胁的快感的尖叫。这个严肃的年轻人在玩球时变成了一个无忧无虑的顽童。

在白褐色的朦胧中,他们几乎再也看不见那个飞舞的皮球了。他们于是决定回到房间去。“我们现在搞音乐,”弗拉基米尔建议,“告别时我还想听一听莫扎特。”这是他第一次提到他要走了,而且是以一种故意做出的漫不经心。彼得·伊里奇心中一震。

阿列克谢点燃了钢琴上的蜡烛。他们从谱曲柜中找出了《后宫诱逃》的总谱——“这是我们还没有全部演奏过的唯一的歌剧。”彼得·伊里奇说。他们在很多晚上演奏了莫扎特的乐曲——在这幸福的四个星期里的很多晚上。

弗拉基米尔又坐到每次彼得·伊里奇为他演奏时他都坐的位置上;那张大沙发椅,他完全蜷曲到里面,让演奏者从曲谱上抬起头时只能看到聆听者的脸。彼得·伊里奇是多么愿意让音乐响起来,只是为了这双小巧、漂亮、敏锐和善于接受的耳朵啊!它们就像是两只贵重的贝壳，从浓密的黑发中浮起。“你真是我的歌声的可爱的小耳朵。”彼得·伊里奇望着聆听者亲昵地想。得到的回答是一个严肃的微笑。彼得·伊里奇想起了什么？想起了他的漂亮的朋友的微笑，亚历山大·济洛季的微笑。——是的，弗拉基米尔有些方面和他有共同的地方，他曾在那个人身上演练过自己的情感——演练过，准备过，为了他；而他这个亲人和知己，以其动人的特征集中了那个陌生人的全部魅力。那么多的东西是如此地相近：济洛季的微笑、母亲的声音；只是萍水相逢、炽热但却不尽人意的年轻人的美丽，以及妹妹的目光。这么多诱人的力量集中到了他一人的身上。

彼得·伊里奇演奏着。他的心已经陶醉在他喜爱的旋律之中——他是如此地陶醉，以至他那沉重的双手变得无比地轻快，就像长了翅膀在键盘上飞过，创造出最轻巧和最甜蜜的音响和最精辟的旋律。——咏叹调、合奏和合唱，他都用柔软而压抑的声音表现出来。

“真美，简直是太美了。”第一幕结束后，他说——弗拉基米尔站到了他的身边，抚摩着他那具有弹性的松软的花白的头发，表示感谢。“它是如此地完美，甚至使人感到悲伤。”

“完美怎么会使人悲伤呢？”年轻的弗拉基米尔轻声问道；他的脸上出现了异样的光彩：音乐使他如此陶醉。

“这你不需要理解，”彼得·伊里奇说，他的目光在弗拉基米尔脸上扫过，奇异地向远处凝视着；然后，突然暗淡了下来，他补充说：“我在感到陶醉的同时，也感到痛苦。为什么？因为我感到，我永远，永远，永远无法达到——在这个地球上，在我的一生中永远无法达到。这对我来说，是个完全无法达到的境界——我常常觉得，他好像在用他的完美无瑕的曲调嘲笑我。”

“不——不！求你不要这样说！”弗拉基米尔用他那长长的冰冷的手指抚爱着他说——这是母亲的手指，这是那个陌生的年轻人的手指。但在彼得·伊里奇的脸上仍然是一片茫然。

“无法达到——无法达到！”他痛苦地说，把脸支撑在双手上。“因为那是上天的一部分。而我们所能发出的音响，即使在最好的时刻——也只不过是对上天的一种渴求而已——只是如此，永远如此而已。——或许这也是一种慰藉。”他继续说，突然出现了一种狞笑，“或许是一个小小的慰藉，所有现在还活着的人——所有这个时代的人，都只能占有这样的渴求，而且只能在最好的时刻。因为我们出生得太晚，而且问题太多，我们都经受着同样的道德破裂的痛苦。我们之中没有一个人可以标榜‘大师’，没有人可以称为‘经典’和完美无瑕——就像某些人企图达到的那样，比如那个自鸣得意的德国人，那个约翰内斯·勃拉姆斯。一个人如果在我们这个时代敢于摆出一个完美无瑕的姿态的话，那他就很容易变成一个庸俗和可笑的人物。如果勃拉姆斯是个大师，那我也是一个大师！”

他讲话时带着一种神经质的愤慨，额头上泛出了深红。“如果这个狂妄的德国人是个大师，那我也是一个大师！”他激动地重复着这句话。然后，他用他那沉重的手砸向莫扎特的总谱，喊道：“但在他的面前，在这个天才面前，在这个上天的真实的、质朴的和光彩的一部分面前，我们都是微不足道的！”

鲍比说：“你现在看起来多么可怕呀！你现在这副面孔和额头上粗粗的青筋，会使我感到恐惧的。”他一边说一边用尖尖的手指轻抚着柴可夫斯基隆起的额头上粗粗的愤怒青筋。“但我不愿意你有这样的面孔！”年轻人献媚地说。“等一等——现在让我在钢琴上演奏点什么，好让你的脸上重新出现笑容，因为我一弹钢琴，就会闹出笑话来。”

“你真好！”彼得·伊里奇高兴地说，鲍比的抚摩和献媚的话语已经使他的额头恢复了平滑。“给我听什么呢？或许一首华尔兹？我很想听一首约翰·施特劳斯的优美的曲子！”他把钢琴前的座位让了出来；弗拉基米尔坐到了转椅上，坐在莫扎特总谱的面前。他的手有力地放到键盘上。“怎么样，老彼得，这会给你带来安慰吗?”他笑着，上身随着《蓝色多瑙河》的旋律使劲摇摆了起来。“我觉得，这会给人带来清新和安慰——如果我弹得更好一点就好了!”——然而，彼得·伊里奇却用轻轻的有些沙哑的声音说：“继续弹下去，鲍比!”

“你不觉得耳朵痛吗?”弗拉基米尔弹钢琴的手越来越用力。“我这是在折磨这个可怜的乐器!”——“继续弹下去!”彼得·伊里奇再次请求道，并把胳膊放到了鲍比的肩膀上。年轻的鲍比，面孔因为演奏已经发热，把头深深低向琴键，说：

“你知道，我现在想干什么吗?现在我希望有一个女孩在这里。我很愿意和她跳一曲华尔兹，而你为我们伴奏。”

彼得·伊里奇没有回答。他把手从弗拉基米尔的肩上拿开。

“但这里，在弗罗洛夫斯可耶却没有女孩。”年轻的鲍比说，华尔兹在他的手下变得低沉和缓慢了。

“不，”彼得·伊里奇用他的粗大的嗓音说。

“那个德国女厨又太胖了，不合我的胃口。”鲍比笑着说。

一刻钟之后他们分开了；他们之间的谈话也不再那么活跃。告别时，彼得·伊里奇吻了男孩那光亮而纯净的额头。“谢谢你为我所做的一切，”他说。“应该说谢的是我。”弗拉基米尔回答，又是他那严肃的微笑。

彼得·伊里奇感觉很疲劳；尽管如此，他还是无法入睡。他的头很痛，“我必须想点什么可以让我镇定的事情。”他的可怜的大脑想着，“我必须想点什么，给我带来安宁。”

他知道，他应该想点什么；因为有一种梦幻图像，曾在某些夜晚陪伴着他进入了他渴求的睡梦之中。

彼得·伊里奇想象着，他将死去。他失去了一切力气，大片黑暗来到了他的跟前，他已经听到了耳中那美妙的声音，感到了舌头上那甜甜的味道。他躺在小室里，也在这里死去；小室很狭窄，从半开着的窗子里透过一丝金色的斜阳。坐在床头的是谁呢？但将死的人无法——也无意——睁开眼睛。然而，他的可爱的弗拉基米尔，他是闭着眼睛也能看到的。“坐得离我更近一点，我的孩子！”将死之人请求道，大片黑暗在抚摩和麻痹着他的眼睛和嘴唇。——“我已经离你很近了。”弗拉基米尔那亲切又陌生的声音说，“你感到疼痛吗，我亲爱的彼得？要我为你在额头上放一个冰枕吗？这样你就会死得更快，也更舒服一些。”

彼得·伊里奇这个即将死亡的人，摇了摇头。“我们不要着急。”他喃喃地说，“这样不是很美吗？”——“前厅里已经集聚了很多人。”弗拉基米尔用母亲和那陌生青年人的声音说，“都是些老熟人，比方你的前妻安东妮娜和你曾爱过的德西蕾·阿尔托·帕迪利亚夫人，你的忠诚的女友冯·梅克夫人，还有一个什么阿普赫丁；还有很多新闻记者；他们都想见到你。人很多，他们都很好奇；尽管他们都很爱你，但看起来他们对你的死却都很开心。”——“我不见任何人。”昏沉的彼得·伊里奇细声说，“我要死了。这是一件庄严的事情。只有你可以在我的身边。”——“这对我是多么荣幸和美好。”弗拉基米尔带着温柔的严肃回答，可爱的表情，聪明的孩子。——“等我死去和得到解脱之后，”彼得·伊里奇听到自己在耳语说，“然后，你可以把那些女士、朋友和新闻记者们叫进来，并告诉他们：只有弗拉基米尔看到了彼得·伊里奇·柴可夫斯基如何死去——弗拉基米尔获得了这个殊荣。他们都应该知道，那些新闻记者和女士们。现在我将很快死去。因为我已经感觉到我在降落。多么舒服，这是一个很大的享受！”——“要不要我再给你的额头敷上一个舒服的冰枕啊？”弗拉基米尔带着平淡的温柔问道，这个临终床前的苗条卫士。但彼得·伊里奇这时已经入睡了。

弗拉基米尔一走，彼得·伊里奇就开始恨弗罗洛夫斯可耶了——它的乡间小屋，它的花园，它的木凳和在草原的散步——他现在又急迫地希望到另外一个地方去，只要不是在这里。这种恨，在他不得不还留下的时日里不断深化。这种停留使他经受多少深刻的痛苦啊！它所给予他的几乎全部是痛苦。不论往哪里看去或走到哪里，都没有鲍比的身影；没有什么地方可以再听到他的笑声和话语。没有他的日子就是罪孽。

还有各式各样不快的事情蜂拥而至。六重奏的创作进展缓慢；邮差送来无聊的信件。对他进行干扰的首先是一些无关紧要的小事——例如一位愚蠢的夫人急迫要求彼得·伊里奇在她的儿子洗礼时充当教父，如果他拒绝，那么这位讨厌的夫人，就会痛苦地生病，甚至死去；然后就是来自代理商的不知所云的信件，直到和同行间的最讨厌的误会和摩擦，这些都像雷电一样冲击着弗罗洛夫斯可耶。

梅克夫人用极简单的方式通报她的神交之友，说她的生意已经完全破产，她已经变成了赤贫，因此从即日起不再支付原先承诺的年度6000卢布的终身补贴，她感到十分遗憾。

这是一个多么沉重的打击和可怕的灾难啊！彼得·伊里奇的震惊是如此强烈，以致他一时竟动弹不得。这个伟大的女施主竟然向他宣布终止这个美好的协议！他的有保证的最舒心的收入竟然就这么没有了！或许他还应该向这位神交女友伸出经济援助之手，因为，如果她已经变得如此贫困，那他就有义务去帮助她——这就是他的第一个本能反应。“我面临着多少问题啊！”他想。“所有这些问题我是决不能在这里解决的。因为我在弗罗洛夫斯可耶已经感到恐怖，近一个时期这里的情况就不妙，现在又来了这个最大的不幸消息。我不能在这里待下去了。要到一个其他地方去，最好什么地方都不是，只要不是在这里……”

他去了第比利斯。是朋友们热情邀请他去的，而且他也很喜欢高加索河畔的这座城市，它的富饶和有些伤感的黄土平原——它的独具东方风韵的迷宫式的古老街巷，弯曲而狭窄蜿蜒在库拉河和山峦之间。这里有很多地方，不同的民族聚居和混杂在一起。在那些狭窄的充满千百种气味和千百种声响的小巷中，他们肩并肩地走在一起：长着骄傲的杏仁眼和黄褐色皮肤的美丽而高大的格鲁吉亚人；穿着长袍，有胡须和卷发的庄重而繁忙的犹太人；狡黠面孔上长着大鼻子，善于经商的阿美尼亚人；波斯人、土耳其人和土克曼人。——彼得·伊里奇住在俄罗斯政府区，街道宽阔，充满一种冷漠的殖民式的华丽，地势较高，空气也较洁净。但他却喜欢到鞑靼蒙古人的东方街巷、市场和庭院中走动。

"我在这里和在巴黎的林荫大道上一样愉快。"他对他的东道主作曲家、第比利斯歌剧院的指挥伊波利托夫-伊万诺夫说。"汉堡的一位老先生曾说，我是一个亚洲人；这话说得并不蠢——或者说一点都不比勃拉姆斯大师蠢，因为他曾批评我是一个法国人。我的爱是从塞纳河延伸到库拉河，从大歌剧院延伸到这些小街巷的神秘的叮当作响的喧嚣声中的。我真喜欢闻这里的味道——各种充满神秘的香料。我喜欢这波斯的气氛……"

对梅克夫人那封灾难性的信，彼得·伊里奇在第比利斯写了回信。这是一个烦琐的回音，它是这样开始的：

"亲爱而忠诚的女友！您在信中向我传达的信息，给我带来了莫大的痛苦，但不是为了我，而是为了您。这并不是空洞的言辞，请相信我！当然，如果我说，在我的预算中，这一极端的紧缩对我的物质处境没有影响，那我就是在撒谎。但这一影响，却不会像您可能想象的那么严重。近些年，我的收入有了很大的提高，而且可以预见，它还将以更快的速度发展下去。如果您身上所要承担的无限的忧虑和担心，有一小部分是顾及到我的话，那我必须——愿上帝作证——请您相信，我的收入的意外的缩减，并没有使我在思想上感到痛苦……但是，糟糕的是您，您的习惯和您的富裕的生活，现在却面临着匮乏。想到这些，我感到心痛……"

这种充满同情的语调贯穿信的全部内容。彼得·伊里奇，在第比利斯享受着异国情调的清新和鼓舞，找到了对女友娜杰日达艰难处境感到震惊的温暖的话语，和对多年来他所受到的关注的感激之情。但信中却没有一处暗示，说他愿意从他所获得的钱中给予一些回报。他觉得，这样一种表示，必然会使他的女友受到伤害，而且也是不得体和不合时宜的；或许，违心地接受了他的建议，也只是为了不伤害他。但这样一来，"收入的意外的缩减"就会变成相当严重和无法忍受了。——彼得·伊里奇，总的说来，对这封长篇、充满感情和技巧的回信十分满意。

信发出了几天以后，他的一些知情的朋友向他通报了娜杰日达的真实情况。她根本就没有破产，也没有遭到什么损失，她的经济状况和从前一样蒸蒸日上。原来，神交女友欺骗了他，她曾说过她的破产。她只是不想再支付这笔补助，出于不可知的什么原因，她已经感到厌烦。所以她才编造了这样一个最佳的、简单的、易于理解的借口，这个理由是如此单薄，它的不真实性很快就暴露在光天化日之下。但这是在她意料之中的。她不惜用这样最粗野的方式伤害彼得·伊里奇，用最明显的方式羞辱他。问题很清楚：这个神交之友对她已经什么都不是了。

如果说，梅克夫人的冷漠的停止资助的信，还只是使彼得·伊里奇感到震惊和麻木——那么他被骗的消息，却使他在悲愤下感到晕眩。他还从来没有受过如此卑鄙的伤害，在他的漫长而艰辛的一生中，他经受过各式各样的伤害。这一次绝对是最深的一次。他所能做的，就只是躺在床上痛哭。

最可靠的人离开了他。"最好的朋友"羞辱了他，当面打了他一记耳光。其实，她从来就不是"最好的朋友"。一想到这些，就感到十分惊惧。最伟大的神交友情——只是一个梦幻！曾拯救了他的生命并多年美化他的生活的最美好的、最纯洁的善事，却是一个富婆的随心所欲的怪癖。娜杰日达曾表达了对彼得·伊里奇的爱慕和景仰，啊，他对这个表示是多么认真啊！这是一个多么悲哀和怪异的误会！冯·梅克夫人从来就没有爱过他，现在已经真相大白。这些年来，她可能早就不愿意支付那笔补助了。她肯定是在嘲笑他，因为他在幼稚的信任中接受了这笔赞助。她可能正坐在她的乡间宫殿里，这个邪恶的、神经衰弱的富婆，嘲笑着这个接受她赞助的愚蠢的彼得·伊里奇，而实际上她完全是出于阴险的意图才做这样的恩赐的。唉，要是能把她用甜言蜜语送给我的钱都还给她多好！但这当然是不能考虑的：那样，我就会变成一个乞丐，必须把钢琴和地毯全部抵押出去，皮衣和怀表送进当铺。而那块怀表，他的护身符，他的最珍贵的物件，他是要保留的，即使发生了现在这样的事情。

彼得·伊里奇已经有多长时间在这个娜杰日达影响之下生活了！当人们在歌剧院向他暗示时，他曾用充满爱的怯懦看过她一眼——他的敬畏的目光只是在她身上掠过，好像她是一个柔弱的仙女，会化成一阵银色的雾而消失。而实际上她只是一个粗壮的女巫，她的身体像她的心一样坚硬，人们必须先对她凝视，然后狠狠地摇晃她，她或许会发出尖锐的嬉笑，粗暴地用她的拐杖进行反击——这个魔鬼女人！

"噢，娜杰日达，娜杰日达！"彼得·伊里奇哭着想，这时，这座美丽的城市第比利斯对他已经没有了任何魅力。"娜杰日达，你为什么这样对待我?！你对我曾远远超过一个神，完全信任并在信中无所不谈的神交女友；你曾是我真正的夫人，我始终把你当成我真正的妻子。可是，你现在却如此地欺骗了我，而且以这种卑鄙的方式嘲笑着我！一阵嘲弄的嬉笑，这就是这个神交友谊所余下的一切。你成功地把你对我提供的每一件善事变成了对我的羞辱。为什么要这样呢？噢，娜杰日达，我在冥思苦想，到底是什么动机驱使你如此戏耍我。是不是有什么坏人对你说了关于我的谎言？或者是发生了什么事情，使你产生了反感？但你曾经说过爱我的音乐，难道你就不能对我的生活给予谅解吗？请相信我，那不是一个轻松的生活，也不是一个欢乐的生活！或者，你生气了，是因为我没有及早地自愿放弃你给我的补助，尽管我近一个时期的收入可以使我自食其力吗？但是，我的钱从来就不够用啊！我必须做那么多的馈赠，弗拉基米尔和莫杰斯特都需要我的帮助，生活也很昂贵，最近，在佛罗伦萨我又陷入了困境之中：我又怎么能放弃那每年的6000卢布呢？——真是个不解人意的梅克夫人！你这样羞辱我，这样伤害我，难道这不也是折磨你自己吗？不是在折磨我们两个人吗？我们在这之前不是一直经受着足够的苦痛吗？”

他的眼泪缓和了许多。他在考虑，应该做些什么实际的事情。“我要给她写信，就像是什么都没有发生似的。”他长时间思考之后做出了这个决定。“她如此恶意和卑鄙地欺骗我，我根本就不予理会。我还是正常给她写信——这是此刻最高尚也是最聪明的做法。这样我或许能够缓解这个难堪的处境的丑恶的一面。我不能使进行了多年的书信往来就这么中断，只因为我再也得不到她的钱——那将是十分庸俗，甚至是丢脸的表现。”

彼得·伊里奇咬紧牙关，又给冯·梅克夫人写一封口气平淡、内容一般的信。冯·梅克夫人没有回答。他把事情做到仁至义尽，又写了第二封信。那个不忠诚的神交女友仍然保持沉默。他企图去掉最大尴尬处境上的最尖利的荆棘的外交努力，遇到了迟钝而难以理喻的沉默。

一切都结束了。她强迫他把她当作敌人，而且是在现在，在她不再给他寄钱的时候。通过恶意的沉默，她在逼迫他陷入不义之中。这就是她为这个持续13年的友情安排的结尾。“我就好像是一个被人抛弃的拉皮条的人！”愤懑的彼得·伊里奇想。噢，这个悲惨的结局！

难道有过其他的结局吗？几乎每一个关系的结尾都是痛苦和乏味的。为什么对娜杰日达的回忆就应该和安东妮娜或者德西蕾不一样呢？所有的关系都留下了苦涩的味道——这个味道在舌头上就像是一棵苦菜。

“然而，同过去相比，这次我却获得了更多的信心和信任。正因为如此，我才要向严厉的远在天边的上帝证明，世上没有任何东西，是我可以依靠的。确实，他成功地十分明确地给了我启示：他可以放心了，我的可怕的主。他没有笑话我，也没有为我哭泣。他不动声色地观察着我的震惊，我的最痛苦的失败，我的最难堪的耻辱。他是公正的，他在期待。他想让我干什么呢？他为什么如此打击我？你到底想让我干什么，我的无法理喻的主？

“你给我的打击，使我十分痛苦。降临给我的是一个深刻的羞辱，他让我的神交友谊有了一个如此乏味和邪恶的结尾。但我不能感到惊奇和愤怒。在其中必然有着什么含义——一个我还不理解，但或许是一个重要的含义。我受伤的心，通过这些打击越来越脆弱，但我的心已经感觉到：他想压碎我，想让我成熟起来——但为什么呢？为什么呢？为了什么样的最后考验，你这个幕后之手？为了什么样的冒险，你这个神秘之手？”

第八章

库拉河畔的美丽而可爱的第比利斯城，在欢迎它的著名的客人：作曲家柴可夫斯基。被当作如此巨大和自发的崇拜对象，彼得·伊里奇有生以来还是第一次：在第比利斯的凯旋，几乎和他第一次去布拉格时的胜利一样热烈和光彩。当时，这里是一个深受压迫的民族，有意识地表现出反抗的热情，把这位俄罗斯的作曲家当作一个同根生的大帝国的信使，给予狂热的欢迎；今天，这个被莫斯科和圣彼得堡遗弃的东方的都城，格鲁吉亚的首府，向彼得·伊里奇表达了感激之情。彼得·伊里奇是多么热爱这里充满东方韵味的迷人的街巷，像热爱巴黎的林荫大道那样。

1890 年 10 月 20 日，由俄罗斯音乐协会第比利斯分会举办的宏大的柴可夫斯基音乐会，取得了巨大的成功。——音乐会之后，“艺术家协会”举行了一个宴会，大家吃得很多，喝得很多，也说得很多，美好的发言和动人的祝酒几乎没有尽头；第一个演讲者刚刚开始，第二个就已经站起来准备发言，身形不稳，舌根有些僵硬地赞扬着彼得·伊里奇兄弟的天才、善良和高尚。这是一个无与伦比的庆典，人们一直吃喝到第二天凌晨。年轻人给彼得·伊里奇的花白的头发上装点了鲜花；他的炽热深红色的额头上摇摆着一支硕大的玫瑰。他的燕尾服的领结已经松散，僵硬的衬胸上一个纽扣已经丢失，烟灰从嘴上叼着的长长的纸烟上，落到了他的上衣的丝绸翻领上。他就是这样坐在那张挂满花环的座椅上，接受着人们用哄笑和歌唱对他的祝贺：他有些涣散，有些失去尊严，有些可笑，就在这凯旋之中。

就在一位东方的先生胡言乱语地称赞这位伟大的作曲家的时候，彼得·伊里奇却在尝试着把眼前这些模糊的印象凝聚起来。“这里的一切看起来都充满着崇敬。”他想，“但我却头痛得厉害。明天我肯定会很难受的——我一回家，就得吃点碳酸氢钠。喝这么多酒，真是发疯了！但我确实希望那个可恨的、不忠诚的、阴险的神交女友能够看到我现在这个样子。恰好是现在，就在她屈辱我的时候，我却受到了众人的祝贺，用鲜花、花环、赞美的讲演和一切的豪华——就像是在神奇的一千零一夜的童话中。是什么给我带来这些光辉和荣誉呢？是一个小小的事实，就是我把痛苦和屈辱转化成为音乐。是的，娜杰日达，我知道这个秘密，我理解它，我可以变化一切，这是一种可靠的炼金术，一种魔法。这并不难，而且会给人带来乐趣。即使是你所制造的巨大的不幸，我亲爱的娜杰日达，我也能够把它变成美妙的旋律——请你注意，看那旋律是多么动听！——而且，它会给我带来新的荣誉，我又会带上花环，我又会作为伟大的艺术家受到欢呼。没有人能够阻止我，因为我熟悉那个魔法……但在眼前，我却很难受。我的样子肯定很蠢，头上挂着花环，衣服上沾着酒迹、烟灰和各种污秽……”

几天以后，一群激情满怀带着告别伤感的人把作曲家送往火车站。月台上聚集了各路的名流：各个音乐协会的代表、指挥家和歌唱家，音乐学院的学生和记者，代理人，女性崇拜者和偶然经过这里的游手好闲的人，他们是任何聚会都不可缺少的人。彼得·伊里奇站在车厢包房的敞开的窗子里和大家告别。“多多保重，我的朋友们！”他说，仍然是使用可以打动人心的柔软的声音。“你们对我真好，我是永远不会忘记的。”对他的回答就是招手、欢呼、眼泪和热情的呼喊。“祝您一路顺风，彼得·伊里奇，愿您写出更多更美的作品来！想着我们，大哥哥！”月台上笼罩着一片十分热烈的场面。

彼得·伊里奇，把一顶旅行小帽拉到额头上，一支长长的纸烟叼在过于柔软和过于红润的嘴唇间——心有所思地望着众多的陌生人的面孔。他的湛蓝色温柔而深邃的目光落到了一个东方青年刚毅的黑褐色面庞上。“这会是谁呢？”他想，告别的喊声和祝福声，像大海的波涛传到他的耳朵里。“或许是一个很有抱负的年轻音乐家，把我看成是他的榜样，熟悉我的每一个音符，喜爱我的每一部作品……？”——然而，那个刚毅的黑脸少年，却只是那些来凑热闹的人群中的一员；他根本就不知道，站在车窗后面的那位花白胡须的先生是何许人，也不知道为什么有这么多人如此热烈地为他送行。

“多多保重，我的朋友们！”彼得·伊里奇又喊了一声，再次望了那个年轻的东方人一眼。火车启动了。彼得·伊里奇伸开臂膀，做出一个热情的告别姿态。月台上的女士们发出了歇斯底里的呼喊。两名音乐学院的女学生尖叫起来，并把精致的手帕撕成无数碎片，扭曲着面孔把碎片扔到空中。一些人跟在运行的列车后面奔跑着，就好像他们不想和他们的偶像分离；大约有 100 多人都跟着跑了起来，但最后还是不得不停了脚步。众多的陌生人的面孔逐渐消失了，他们已经不再存在，第比利斯那些动人的场面，已经坠入了过去的深渊，它们虽然偶尔还会从里面爬上来，但那已经变成了记忆的纤细而僵硬的碎片。

彼得·伊里奇有些累了，靠到了车厢的座位上。

他下一个目的地是基辅。他想在卡门卡探望他生病的妹妹萨莎：这是他此次旅行的公开理由。他真正的意图是什么呢？没有弗拉基米尔的时光是很艰难的。彼得·伊里奇打算把现在已是大学生的鲍比带到莫斯科和圣彼得堡去。

前往基辅的路程是漫长的。彼得·伊里奇有足够的时间喝大量的法国白兰地，吸 120 支长嘴纸烟，读十分有天分的俄罗斯的新起之秀，一个叫契诃夫的作家的短篇小说和两本侦探小说；为哈姆雷特音乐写下第一组笔记，这是他向演员卢奇·吉特里举办慈善演出的许诺，尽管他对这个工作毫无兴趣。他苦闷地回忆着最后一部作品六重奏的失败，以及一部悲哀的交响曲的没落，都可能意味着他的艺术才能的丧失；想到娜杰日达·冯·梅克夫人像一个小丑和无赖的表现；他的代理人欺骗了他，把他的右臂弄痛，可能导致他永远不能再指挥；不得不拒绝了柏林的音乐会经理人沃尔夫为他安排的在美茵茨、法兰克福和布达佩斯的几场音乐会；他根本就不想再旅行，只想在乡村生活，在弗罗洛夫斯可耶，和鲍比在一起，还有好心的阿列克谢和那些小狗。

漫长的旅途终于结束了，他是何等幸福！——啊，他坐在小小的柔软的包房中，就像是一座牢房，被关在里面，充满着恐惧和忧虑，无休止地吸烟，无休止地喝白兰地！啊，终于看到了虔诚而尊严的基辅城的塔楼和镀金的屋顶，出现在山丘之间。火车到站时，基辅总是响起钟声，它让人感到庄重和动情。同样使他动情的，是他知道马上就会看到他的亲人和聪明的挚爱，他的弗拉基米尔的可爱的面孔。

但他失望了。并不是鲍比驾着卡门卡的马车前来基辅车站迎接他这个著名的舅舅，而是他的哥哥，达维多夫的长子——一个膀大腰圆的年轻人，留着浓密的小胡子。

“鲍比在哪里?”彼得·伊里奇问，用无助的目光四面搜寻着，丝毫没有掩饰自己的惊讶。

“妈妈不想让弗拉基米尔离开她，”膀大腰圆的年轻人解释——他穿着一双羊皮靴、马裤和皮上衣；彼得·伊里奇觉得他有些像一个庄园的总管。“妈妈的情况不好——她要求弗拉基米尔照顾她。所以您只好将就了，彼得舅舅。”彼得·伊里奇感到，他的这个粗壮的外甥似乎有些幸灾乐祸，并且在窃笑。

亚历山德拉夫人在一间阴暗的房间见她的哥哥。她仰面躺在床上，一动也不动，消瘦的双手合十在艰难呼吸的胸脯上。“她的脸变得多么尖削!”哥哥想，他弯下腰吻了她。“我几乎认不出她来了。只有那双眼睛，我还熟悉。可她紧闭的嘴唇变得多么狭窄!”

萨莎的面部表情带着苦涩和茫然，她见每一个来访者都是这样：每个人都会干扰她内心和上帝进行的悲怨而温柔的、自信和坚韧的对话，这就是她每天生活的全部内容。

“你感觉怎么样，亲爱的萨莎?”哥哥问，同时想：“啊，她过去完全是用另外一种方式见我！又是这流逝的时间——这神秘的疾病把她变成了什么样子!”

“总是老样子,”亚历山德拉夫人回答，仍然没有动弹。“而且是没有止境的。”

“你会很快康复的。”彼得·伊里奇轻声安慰着她。

对此，她没有回答，只是显露出一副扭曲的微笑。

“你有一个好医生吗?”哥哥问道，他仍然以一种别扭的姿态站立在那里。

她回答说：“我已经不再让医生来了。”然后她突然干咳起来。她必须坐起来，彼得·伊里奇扶着她的背。“谢谢!”她说，声音变得格外柔软。她望着彼得·伊里奇。是啊，她的聪慧的乌黑大眼睛仍然那么美丽，尽管它已经陷入深深的眼眶里面：这是亲爱母亲的眼睛，这是她的儿子弗拉基米尔的眼睛。

“可怜的萨莎!”彼得·伊里奇说，就在这激动人心的片刻，他忘记了在病房中应有的虚伪而溢美的外交辞令。

萨莎凝视着他，她的目光在审视，带着善意的严厉。她一边用深邃而审视的目光盯看着他的面庞，一边缓慢地举起消瘦的双手。“我亲爱的,”她摇着头，像是在轻轻地责备。“你也并没有变得年轻些。彼得，我的老彼得——多少时间已经过去……你看起来就像是一个老人。”

他试图笑出来；但在这一刻，他的面孔无法装出这样的姿态，他觉得，这是一个巨大的、动人的和严酷的时刻。他觉得，他现在好像是相隔很长的时间才又见到了他的妹妹亚历山德拉-萨莎，他亲爱母亲的女儿，他亲爱的弗拉基米尔的母亲。难道不正是她是自己的知音，倾听他的动荡的青年时代的痛苦、烦恼和疑虑？他是在妹妹这里找到了避风港，这已是很久以前的事情，彼得，老彼得——多少时间已经流逝……这期间，他失去了妹妹，已经消失在他的眼前。而现在，他们突然又站到了一起，如此地近，萨莎和彼得，他们相互是那么理解，他们的心在共同的记忆里是那么贴近。他应该享受和利用这次聚会：萨莎病了，她在节省自己的力气，谁又知道，她在此刻做出了多大的牺牲，或许她很快又会返回到她那沉默的坚韧的对话之中，同严厉而遥远的上帝的充满神秘的固执的争论之中。

“你还有时想念我们的母亲吗？”她问道，并保持着那审视的友善而严厉的目光，望着哥哥的脸。

“我每天都在想念她。”哥哥轻声回答。

“我很快就会见到她了。”萨莎又平静地躺到床上；她把目光从哥哥脸上移开，望着天花板，眼睛里闪着光。“我可以向她转达你的问候。”她说，脸上露出了笑容，就像是她刚才开过一个小小的玩笑。

“你相信，人们还会见面吗？”彼得·伊里奇低沉着声音问道。

她狡黠而高傲地笑了，就好像一个人在一个重要的问题上十分知情，但却故弄玄虚地不愿说出来那样。“噢，”她说，并以一种得意的姿态在枕头上摇了摇头，“这并不那么简单……当然，人们肯定是会见面的……但是另外一个样子——你明白吗？——另外一个样子，不是我们想象的那样……完全是另外一个样子……”她沉默了；她的面孔上出现了一种舒适和几乎是狡猾的表情。彼得·伊里奇感到一阵恐惧。

因为他没有说话，所以亚历山德拉夫人又说，但是突然用一种变化了的出奇枯燥和就事论事的口气：

“你这次来，是为了从我身边夺走弗拉基米尔。”

彼得·伊里奇无法遮掩自己的脸又红了。“你怎么会这样想呢!”他沙哑地回答。她向他摆了摆手。“算了吧，算了吧!”她以一种让人胆战的活跃对彼得·伊里奇说。

“弗拉基米尔已经是个大小伙子了。”处于尴尬处境的彼得·伊里奇站起身来，在房间里来回走了几步。“他不能永远待在卡门卡。”

“当然，当然!”萨莎回答说，仍然一动不动地仰面躺在病床上。“他应该看看世界——这你会为他安排的。我愿意给他这个机会。而且，你来得也正是时候。一切都是有它的意义和因果关系的。因为我已经可以不需要他了。”

“没有人想把他从你身边夺走。”彼得·伊里奇重复着，急促地喘着气。

“我甚至今天就可以不需要他，”他的妹妹再次用一种温柔的固执说，“我已经到了这一步，我已经做到了这一步。”然后，她又沉默了。她的消瘦的面孔，她的紧闭的嘴唇，出现了一种显示可怕的决心的表情。

彼得·伊里奇停在了她的病床旁。“我会对他好的!”他突然许诺说，并低下了头颅。

她的微笑不是带着嘲弄吗?“但愿他也能对你好!”她充满同情地说，但也不无恶意。她曾对他说过这样的话，那已是很久以前的事情，当他在她的面前埋怨阿普赫丁和其他人的时候。“千万不要忘记，”她现在又说，“他很年轻。而我们已经是老朽不堪了。”然后，她又沉默了。同样，她的哥哥在此时此刻也是无言以对。

“你走吧，我亲爱的!”沉默很久之后，这就是她又说的话。“你想去问候我们的孩子。而我已经太累了。”她埋在枕头里的面孔，又让人陌生了，变得茫然和自傲。

彼得·伊里奇弯下腰，吻了她那苍白而消瘦的手。“请原谅，我让你劳神了！”他轻声请求道。而她，却只是傲慢地闭上了眼睛，算是对他的回答。他缓慢地走向房门。

在同病房相连的小小的前厅里，弗拉基米尔，孤寂、挺拔地坐在一张狭窄的椅子上。他站了起来，彼得·伊里奇小心翼翼地关上身后病房的门。萨莎的哥哥走向年轻的鲍比，拥抱了他。

“你觉得妈妈怎么样？”年轻的鲍比问，“她今天的情况如何？”

“我和你的母亲进行了长时间的谈话，”彼得·伊里奇说，他把沉重的手放到弗拉基米尔的深色柔软的卷发上。“我们也谈到了你。”

“要我现在到她那儿去吗？”弗拉基米尔马上问道。

“不，她想一个人待一会儿。”

“但愿她能入睡。”弗拉基米尔说，这个儿子。

“她不反对你跟我去彼得堡。”彼德·伊里奇说。

弗拉基米尔张开他那双美丽的金褐色的眼睛。“去彼得堡……”他重复着，深深吸了一口气。苍白脸上的目光放出了光芒，在他那年轻的开启的目光里出现了什么呢？同著名的舅舅在一起生活；音乐、美女、政治斗争、辩论、恶习和豪华；首都，它的魅力和风险，他早已在想象中熟悉。“现在，我真的要亲自体验了……”他说，脸上显现出一种拘谨而幸福的微笑。

年轻的弗拉基米尔跟着著名的舅舅离开了卡门卡的乡间别墅，她的可怜的母亲还一动不动地躺在病床上，执拗地忍受着痛苦，把她与那严厉而遥远的上帝进行的无言的对话坚持到底。年轻的弗拉基米尔在圣彼得堡度过了冬天，或者陪同著名的舅舅前往莫斯科和弗罗洛夫斯可耶。现在他是真的身临其境了。他可以在大城市中生活，他可以在他所热爱和钦佩的彼得·伊里奇身边生活，那些总是紧张而充满意外的现实，比他在很多夜里和很多梦幻的白天所设想的情景更为美妙和激动人心。整个冬天就是一个节日和一次充满魅力但也是吃力的探险。他青春所蕴藏的饥渴和激情，以无比的欲望投入到欢娱和问题之中。高贵的夜总会里，醉酒的军官们把香槟酒瓶摔到墙上，法国的舞女们向空中扬起她们的大腿，这些都极大地给他带来刺激，还有那些秘密的政治集会，他同样可以毫无畏惧地前往参加，甚至连他自己都感到惊讶。

这个年轻人的活动，就像是始终处于醉酒的状态之中——他迷醉于与同伴就上帝和世界问题进行的大辩论；迷醉于大型歌剧晚会和音乐会；迷醉于与彼得·伊里奇的热烈的交谈；迷醉于女人的眉眼、身段和香气。整个冬天对他就像是一场美梦：每一天都是难以消化的印象、事件、意外和强烈的或温柔的幸福。可卡门卡的冬天是多么漫长啊！这里的日子虽然各种事件接踵而至，但每周，每月却都像长上了翅膀，飞驰而过。这是 1891 年的 3 月。

前一段时间，彼得·伊里奇是在弗罗洛夫斯可耶度过的，而且，例外地只是独自一个人，因为他要加紧工作：皇家歌剧院的总监给他任务，要为一部芭蕾写出初稿，并要写出一部独幕歌剧来。现在，他想到圣彼得堡去几日；然后经过柏林前往巴黎，以便在勒阿弗尔上船去美国：他经过长期争取和繁忙的书信往来，终于决定到美国进行一次大型巡回演出。“这肯定会是很可怕的。美国人只不过想嘲弄我。他们要求我去，并答应支付一大笔酬金，肯定是基于一种误解。他们可能以为，我就是新俄罗斯音乐的代表。所以如此，是因为他们没有读过塞萨尔·居伊的大作：纽约的先生们根本不知道，我不是真正的地道的斯拉夫人，而是巴黎一家芭蕾工厂的老板、一个德国激进分子和一个亚洲野蛮人的不纯的杂种……但我需要钱。”说到最后，他听到了自己的一阵沙哑的笑声。

他在俄罗斯饭店的套间里安排了一次小小的聚会，一个小范围的告别活动，为了鲍比和他的朋友们，在这次前往美国的长期分手之前。客人是来自歌剧界的朋友和一些年轻人——几个大学生、几个音乐家和几个军校学员——穿着晚礼服或者军服。仆人阿列克谢和饭店的一名招待员端着香槟酒和鱼子酱的托盘穿梭在客人当中。彼得·伊里奇看着阿列克谢又打开了一瓶新的香槟酒，就在这空闲的片刻，他想："我的天啊，不知道明天送来的账单上又要花多少钱……和鲍比在一起的这个冬天，是我一生中最昂贵的生活……或许也是最美好的……《黑桃皇后》给我带来了丰厚的收入：可是钱都到哪里去了呢？全都花光了，全都花光了。约根松向我支付了5000卢布的定金——我现在还剩下几个戈比呢？如果我不能从美国带一些可爱的美元回来，我就会变成一个乞丐，又得把一切全部典当出去，皮衣、怀表……"

一个年轻人把窗子打开了。"屋里的烟雾太浓了，"他说，"而外面，却让人感到了3月的来临。春天是最美好的，特别是在它刚开始的时候……"说话的是年轻的吕德克伯爵——一个高个子、很帅的小伙子，椭圆、漂亮，但却相当空虚的脸上，带着一副夹鼻眼镜。他和他的弟弟都来参加这个活动，是弗拉基米尔的好朋友中最潇洒快活的一对。他们有自己的马和自己的汽车，也有真正的债务和真正的情人，他们经常有机会参加宫廷活动，属于首都的纨绔子弟一族；弗拉基米尔能和他们交往，从心里感到骄傲，尽管他也藐视他们精神的空虚和荒唐的生活方式。

大家突然都说起圣彼得堡的春天，说它刚开始时是多么美丽动人。大家都热爱这座城市，他们生活在这里，并在这里长大。"啊，"另一个说——一个充满幻想的年轻人，穿着一件不太合身，在小裁缝那里缝制的燕尾服，"啊，白夜也马上就要来了，到那时，我们就可以在午夜到涅瓦河畔散步了，天和水就会有同样的灯光，四处散发着奇花异草的香气……是谁从对面走来了？是一个苗条的姑娘！是娜斯滕卡！"

所有的年轻人都会心地笑了。因为，他们每个人都读过穿着廉价燕尾服的梦幻家所暗示的故事：陀思妥耶夫斯基的神奇的爱情小说《白夜》。熟悉它，是当时年轻人理所当然的事情，甚至连那高贵的两兄弟吕德克都不得不装出对它熟知的样子，甚至觉得有必要，对那伤感和勇敢的气氛表现出一定的兴趣，对那些被排除于社会之外的人群的奇异的心态，以及他们温柔而无望的生活感受发表一番议论，说他们“根本就不是真正的人，而只是某种中间生物”。他们生活在圣彼得堡偏僻的角落，“那里似乎照耀着另一个太阳。就在那个角落里，生活着娜斯滕卡，那里的人就好像是过着完全另外一种生活。”但就在这些角落里——或者恰恰是在这些角落里——人们才能经历那种甜蜜而苦涩、脆弱和怯懦，充满温柔的诱惑的俄罗斯的早春——这个使寒冷和苍白的圣彼得堡变得迷人和充满魅力的春天，就好像是一个不起眼的丑陋的灰姑娘突然绽放出花蕾：她突然具有了色彩和生命，一夜之间变得漂亮了，苍白而松弛的面颊，出现了血色。当然，这只是一个短暂的幸福，唉，人们刚刚想把它留住，它就已经消失不见了。

没有任何地方像《白夜》一样可以经历这样令人痛楚的春梦，那个不属于纨绔子弟一族的梦幻者说——显然他把自己当成是一个深邃、善言、迷醉、愚蠢和悲哀的陀思妥耶夫斯基怪人了。

“我第一次读那本小书的时候，就完全爱上了娜斯滕卡。”弗拉基米尔承认，他的狭长的面孔和灵活的嘴唇以及晚礼服高领上方的浓密的头发，显得格外柔软和稚气，但看起来却有些疲惫。“是啊，我还清楚地记得，故事的情节是如何地甜蜜。特别是那种气氛，运河畔的夜，一般情况下在这个时间是碰不到什么活物的——可是，娜斯滕卡突然出现在我的面前，啊，她马上就会向我讲述她的不幸的青年时代的故事：关于外婆，她必须和外婆一起度过时光；关于带她去看歌剧并对她许下诺言的美少年；但他消失了，而她却还在等着他……”弗拉基米尔感动地沉默了。

他的一个年轻的朋友笑着说：“小鲍比爱上了圣彼得堡所有的娜斯滕卡。只要有一个女人看他，他就会脸红的，如果有哪个女人向他微笑，他就会慌乱得钻到地底下去了。”

“你们看，他现在已经脸红了，就因为我们在说他。”伯爵吕德克伯爵兄弟中的一个开心地说。

“你喜欢圣彼得堡的女人吗?”彼得·伊里奇用柔软的低音问道。“她们是不是比弗罗洛夫斯可耶的女人更讨你喜欢?”

大家都笑了起来，因为一想到弗罗洛夫斯可耶的女人，大家都觉得很滑稽。一个穿着军校制服的年轻人喊道：“还要问他喜不喜欢圣彼得堡的女人！他已经有了一个和他形影不离的某人了，那是一个出自良好家庭的姑娘，一个十分高贵和难得的姑娘!”

弗拉基米尔满脸通红地使劲摆手让他不要再说下去：“别这样，别这样!”他生气地又补充了一句：“春天让你们多嘴多舌了!”

“冬天还没有过去，现在就已经充满 5 月的气氛了。”彼得·伊里奇说，露出了一副痛苦的笑容。“你们急于想甩掉冬天，你们已经战胜了它——可是，这个冬天还是相当好的。”他望着弗拉基米尔，几乎是乞求着说。

“确实是一个非常美妙的冬天。”弗拉基米尔赞同地说，同样还给彼得·伊里奇一个深情的目光。

“是个伟大的季节。”吕德克兄弟中的一个带着专业的满足感说。

“也出现了很多激动人心的时刻!”弗拉基米尔笑着说，彼得·伊里奇也跟着笑了起来。

大家突然又都七嘴八舌地开始谈论起这个已经过去的季节所发生的事情来。有一些高潮是他们共同经历过的，例如 12 月初伟大的《黑桃皇后》的首演式，它是当时社会生活中的头等大事，而且取得了辉煌的成功；或者《哈姆雷特》的演出，这是在米歇尔剧院的卢奇·吉特里慈善演出，用的是柴可夫斯基的音乐；或者爱国妇女协会举办的慈善事业音乐会，当然也是柴可夫斯基不得不在一群无知、自以为是的观众面前指挥自己的第三组曲——但却被掩盖在一对著名的歌唱家——赖茨克兄弟以及更为有名的梅尔芭夫人的阴影之中。

这场绚丽多彩的音乐会，他们都去参加了，是彼得·伊里奇提供的免费入场券，或者像吕德克兄弟那样获得了单独的包厢。一个很小的圈子，像弗拉基米尔和一些亲近的朋友，也成了发生在后台的非正式场合一些事件的见证人：当有人把《黑桃皇后》——彼得·伊里奇认为，完全出于卑鄙的目的——在演出 13 场之后，而且每场演出的戏票都销售一空的情况下，从节目单上删除时，柴可夫斯基的癫狂症发作了。当时，彼得·伊里奇在气愤和妄想狂的作用下断言，人们所以对作曲家柴可夫斯基做出如此不公道的可耻行径，完全是沙皇本人的责任。“沙皇看不起我！”彼得·伊里奇这样喊道，脸已经通红，双脚跺着地板，热泪盈眶。“沙皇一直看不起我，当时对《睡美人》就曾嘲笑过我。他根本看不起俄罗斯音乐，只有意大利或法国音乐家来演出时，人们才能在剧院中看到沙皇陛下的身影。是的，只有梅尔芭或帕蒂演唱时，皇家包厢才有人出席！”

除了惊慌失措的总监伏塞沃洛日斯基之外，弗拉基米尔和几个亲近的朋友都亲眼和亲耳看到和听到了彼得·伊里奇的这次出人意料和几乎是反叛式的发作。这是一幕可怕的场面，圣彼得堡和莫斯科的上层人士和音乐界都在谈论这件事，它肯定是这个季节中最具敏感性的话题之一。

年轻的伯爵吕德克开始追述当时的情况：总监伏塞沃洛日斯基惊慌失措地跑去找沃伦佐夫伯爵，然后沃伦佐夫伯爵又去找奥布伦斯基商讨这个难题。然后沃伦佐夫伯爵又出现在总监伏塞沃洛日斯基面前，告诉他令人安心的保证：奥布伦斯基伯爵在最近一次宫廷舞会上，同至高无上的人物提到过作曲家柴可夫斯基；作曲家柴可夫斯基可以放心，皇家包厢对他创作的一切作品都表现了最慈祥的兴趣。人们对他的芭蕾《胡桃夹子》以及独幕歌剧《国王雷内的女儿》抱以莫大的希望，并发表了这样的看法：“这会是即将来临的冬天最精彩的场景了。”沃伦佐夫然后十分庄重地委托总监伏塞沃洛日斯基：“告诉他，人们特别欣赏他。整个星期人们都在期待着他指挥的风采，人们以极其赞叹的口气谈论《胡桃夹子》。”总监伏塞沃洛日斯基在这次事件后，对彼得·伊里奇的“怪异和不幸的性格”表示了父亲般的忧虑。“您为什么要用幻觉来折磨自己呢，我亲爱的?”这位友好的施主问道。

年轻的吕德克伯爵十分滑稽地把这些高贵先生说话的表情学得惟妙惟肖，使彼得·伊里奇和所有的年轻人都十分开心。然而，在说到《胡桃夹子》和独幕小歌剧时，柴可夫斯基却又变得严肃起来。

“完成总监的这个任务，其实我并不开心。”他说，“我已经是一个不可救药的老人，尽管如此，我却几乎是唯一一个可以进入莫斯科和圣彼得堡歌剧院演出节目的俄罗斯音乐家，其他节目都是外国作曲家的作品。很多同行的作品都无法演出，他们都怨声载道——而我的作品要是演出 13 场之后就被从节目单上拿掉，我还要生气。我常常担心，他们肯定在恨我。我成了他们所有人的绊脚石，挡住了他们前进的道路。”

年轻人强烈反对他的这种说法，最强烈的是弗拉基米尔。其实，人们并不感到奇怪，这位最著名最受欢迎的俄罗斯音乐家控制着各大歌剧院的演出节目单。没有人会对此提出异议，而且他在音乐界也是颇受爱戴的，因为他是一个助人为乐和讨人喜欢的伙伴。

彼得·伊里奇仍然保持着沉思和忧郁。“你们这样说，令我感动。”他说，高高的额头又难过地低下。“但是，我知道得很清楚，有很多人瞧不起我，恨我。他们认为，我在庸俗地迎合广大观众的口味，从而排挤了严肃的和勤奋的作曲家。”

停顿了很长一段时间之后，他又说，跟前面的话题完全没有关系：“但我要去美国呀。——为什么呢?”他用手玩弄着香烟，想道：“是啊，到底为什么呢？为了荣誉？或者只是为了钱？或者为了让鲍比自己留在家里有机会和那个来自良好家庭的宝贝姑娘在一起？姑娘的存在，我完全不知道。那个莽撞的军校学员提到她时，鲍比的脸变得那么红。或许他们已经私下里订了婚。我对他了解得太少了，尽管我们生活在一起。我看着他，就好像看我的私人财产。我的财产，可是他离我又那么遥远……他穿着燕尾服，是多么苗条啊。近一个时期，我听他有时咳嗽。他必须注意自己的身体了……”

突然从彼得·伊里奇身上传出的强烈的伤感，使年轻人变得拘束了。交谈无法再进行下去。那个穿着廉价燕尾服的梦幻者，坐到钢琴前，开始弹奏起来。一首甜蜜的小曲，流淌到了空气中。这个年轻人的弹奏技巧不错……

“这是鲁宾斯坦的曲子吧？”一个吕德克兄弟用平淡的声音说。

“别胡说！”弗拉基米尔纠正说，“这是肖邦。”

彼得·伊里奇站在通往卧室的门口。他小心翼翼地把门推开。

“你想走吗？”坐在门旁边的弗拉基米尔问道。彼得·伊里奇确实显得很疲惫和精神恍惚。鲍比用手指尖抚摩着彼得·伊里奇垂下的手。这时，他突然咳嗽起来。“大城市的生活，他还没有适应。”柴可夫斯基想，“这个冬天对他过于繁忙了，他高估了自己。我给他创造了这样的生活环境，或许对他并不好。”他对鲍比说：“不要让我扫了你们的兴。我很累了。而且我也不喜欢肖邦，它让我生病。和你的朋友们好好玩吧，我亲爱的。水桶里还放着香槟酒瓶。”

去美国是很远的。这次长途旅行的开始，仍然是早已令人厌烦了的老路线：圣彼得堡至柏林。

又是那火车车轮的声音，它总是讲述着同一个故事，一个众人皆知的故事，多少年来人们就熟悉它，但却没有人能够听懂，那是一个神秘而单调的神话。窗外飞驰而过的荒芜的景色，带来了夜晚。列车员走进包房，整理卧具。该睡觉了，但他的头痛得厉害。

“我为什么要上这趟列车呢？它将带我去何处？只是为了离开我的弗拉基米尔？我为什么称他为我的弗拉基米尔呢？他有自己的姑

娘，一个宝贵的姑娘，而且来自良好的家庭。我的私人财产，却距离我无比地遥远。啊，我和他之间的关系已经不同于他在卡门卡还是个大孩子的时代了：当他到弗罗洛夫斯可耶来做客时，他还像孩子一样对我那么亲切，还专门收集有关我的生活信息。是我把他带到了大城市。现在他几乎不再需要我了。现在他有了女孩子。

“我将在柏林停留几天。每一家旅店里都有很多信纸。我要拿出一张雪白的，用黑色的文字把它写满，好让鲍比能够读到它，好让他知道我的情况。他必须知道和了解我是多么地想念他。我在柏林的旅馆里，要在信纸上写：鲍比，我把你奉为神灵！我曾对你说过，你在我的身边我是何等的高兴，而你不在时，我又是何等的悲伤。你还记得这些吗？现在又离你这么遥远，啊，一想到我将没有你一起度过的很多天，很多星期，很多个月，我是多么难过！只有在这荒芜的无限之中，我才彻底感到我对你的爱有多么沉重的分量……所有这些，我都要给他写，都要让他知道。——弗拉基米尔，我的陌生的私人财产，太多的咳嗽。在他的燕尾服中，他过于消瘦，必须有人关注他的健康。他应该成为一个特殊的人物，一个诗人或者一个音乐家。但是，他或许不会活那么长久。他的妹妹薇拉也死得很早。不，我不应该这样想。鲍比必须长寿，鲍比是我的遗产……《胡桃夹子》引不起我的灵感，我的歌已经唱完了，我自己也要完了。鲍比爱圣彼得堡所有娜斯滕卡，人们一说起她们，他就脸红……”

莫杰斯特·柴可夫斯基在巴黎北站迎接他的哥哥。彼得·伊里奇有些心不在焉地拥抱和亲吻了他。好心的莫杰斯特很高兴这次重逢；但他不得不立即感到，他哥哥的状况并不太好。只要彼得·伊里奇面色暗红，额头上暴出青筋，莫杰斯特就对他充满了担心。

“你一路还顺利吗？”弟弟小心翼翼地问道。

“谢谢，”彼得·伊里奇说，“你看起来有点巴黎化了。”

好莫杰斯特现在蓄了山羊胡子和稀薄而长长的髭须。大衣敞开着，拿着手杖，非常高的立领，礼帽随意地戴到了脖颈上。这种世界大都市的做派，完全迎合了小市民的趣味，配在他那善良而软弱的面孔上，显得有些滑稽——这是一副温顺的柴可夫斯基家族的面孔，带着性感的嘴、蒙眬的眼睛和隆起的额头：他完全可以是彼得·伊里奇的一个无关紧要的儿子。

“尽可能入乡随俗吧。”莫杰斯特说，用他那典型的带有睡意的卖弄。

“我真不懂，一个人怎么能够在国外自愿住这么长的时间。”彼得·伊里奇有些尖刻地说，“我只要离开俄罗斯一个星期，就会感到头痛。”

“但是，巴黎确实很美呀。”可怜的莫杰斯特有些茫然地说。“实际上，你不也总是生活在外国吗！”

“这是不一样的。”彼得·伊里奇像是要吵架似地说，“谁也不能说，那是自愿的。或者因为我生病了，或者是职业要求我去旅行。”

两兄弟都知道，这不是实话；但莫杰斯特觉得现在不应该指出这一点。

“你们这些文人的爱国感情是越来越薄弱了。”彼得·伊里奇有些神经质，更为严厉地说。莫杰斯特摇了摇头回答：“我的上帝，今天你真是有点滑稽！”

他们叫住了一辆马车。在前往里什庞斯饭店的路上，彼得·伊里奇仍然少言寡语，而且有些神经质。“你现在干什么工作？”沉默很长一段时间后，他有些威胁地问他的弟弟。

“可你是知道的，”莫杰斯特说，“我的剧本……它很快就要完成了……我给这里的几个朋友读了一下。他们认为，这次确实有些可取的地方。”

“我们还得谈一谈新的歌剧脚本问题。”彼得·伊里奇玻璃般的眼睛凝视着空中：他看来路上又喝多了。“但我在这里没有很多时间和你交谈。我有很多事情要做。”

他看到，可怜的莫杰斯特震动了一下。彼得·伊里奇的心同时也抽紧了——出于同情。“我为什么要伤他的心呢？”他想，突然感到害怕。“我现在感到难受，这个时刻在折磨我，但他又有什么责任呢？……”彼得·伊里奇是爱他的弟弟莫杰斯特的，他像父亲一样地照料他，他带着希望和温情注视着他的发展，他的文学前程，他把他看成是他的最亲近、最忠诚和最可靠的朋友。像现在这样去折磨他，实际最终只会给自己带来痛苦。

在巴黎的几个眼花缭乱的日子里，不论莫杰斯特还是彼得·伊里奇都在受难。彼得·伊里奇这些天几乎不停顿地在外面跑。他又去拜访了各个公爵夫人和音乐评论家们，因为 3 月 24 日将举办他的大型音乐会；又得去和指挥科洛纳和出版商马卡讨论问题；还要参加各种招待会、排练、记者招待会。彼得·伊里奇穿着黑色的上衣，纽孔上缀着白色的兰花，说话总是那么费力，声音里总是带有一点儿神经质。他的一天有一部分是在从香榭丽舍大街至林荫大道，从蒙马特高地至圣日耳曼郊区的途中度过；另一部分是在前厅、沙龙、音乐厅、回廊、昂贵的饭店和剧院包厢中度过。对和哥哥在这里聚会的好心的莫杰斯特来说，晚上如果能够在小范围中看到哥哥几个小时，那他也就心满意足了。这样的小型会晤是在里什庞斯饭店中进行的，在场的有：在巴黎举行音乐会的女钢琴家索菲·门特尔；充满抱负的年轻的萨佩尼科夫和小提琴家尤利斯·科尼斯，他曾在莫斯科音乐学院工作，现在科洛纳乐队演奏。这都是骚动的一天中最美好最平和的时刻。只要半小时没有音乐就受不了的萨佩尼科夫，立即在钢琴上演奏出一首美妙的即兴乐曲。索菲夫人笑着，说着，声音在饭店的大堂里回响着。她把手帕、香水、粉盒和酒杯丢到椅子和地毯上；她总是丢三落四，然后又扭着她美丽的手，埋怨自己的心不在焉。她试图不断引人发笑，并用提罗尔农民的方言——她在提罗尔有一栋度假别墅——讲着各种逸闻趣事，想证明这些农民的淳朴和滑稽，但在大部分情况下，一到关键时刻，她就会忘记重要的笑料，连她自己都感到吃惊。为了弥补这个缺陷，她只好在大家的哄笑声中，发出邀请：彼得·伊里奇必须找时间去看看她的伊特尔宫殿。

音乐会结束之后——它取得的成功要比两年前在“沙特莱”举行的两场柴可夫斯基音乐会强烈得多——彼得·伊里奇就离开了巴黎。他希望能够有点儿时间去工作和休息，在一个尽可能无人认识他的陌生的地方。这次的避难地不再是马格德堡和汉诺威，而是鲁昂。但是，各地的旅馆的房间都很相像。彼得·伊里奇把《胡桃夹子》的初稿放到了一张拙劣的仿毕德麦耶尔式的写字台上，狭窄而摇晃，像这样的写字台同样也可以在奥德萨或吕贝克或圣雷莫的旅馆房间里看到。

他试图作曲，但他讨厌这个芭蕾。“我这个老傻瓜怎么才能为在舞台上蹦蹦跳跳的短裙女孩写出小曲调呢！”他厌恶地想。“难道这就是我的事业？我的天才——如果我确实有符合这个称呼的能力的话——已经变异和堕落成了可怜的常规了。而且，这个倒霉的芭蕾和那个歌剧，我也无法在规定的时间里完成啊。我必须给总监信心，告诉他，这些东西我要到92/93年演出季节才能交稿。这到底是否值得呢？如果命里注定要由我再次创作出一部不愧于音乐这个名称的作品，那就必须是另外一个样子，完全是另外一种音调……我或许应该再做一次大忏悔，我或许应该向世界再做一次坦白……”

他没有工作，而是喝了很多白兰地，给弗拉基米尔写了很多的信。两天后，莫杰斯特来到了鲁昂。彼得对他的到来感到有些意外：他觉得，莫杰斯特这次来，一定是有什么事情要告诉他。弟弟脸上的表情很严肃，当彼得·伊里奇问他有什么事的时候，他总是避免正面回答。“喔，没有什么特殊的事情。”——“你需要钱吗？”彼得·伊里奇想知道。腼腆的莫杰斯特说：“不，不。”——“你的工作是否进展不大?”——“还可以吧。”莫杰斯特说,“人应该满足才行。过两天我就回俄国。”——“你还是想家了吧?”彼得·伊里奇不无某种得意地问。——“是的,”莫杰斯特说,“我是有些想家了。”

事情就是这样。腼腆的弟弟离开了鲁昂,没有透露任何不愉快的消息,但他善良真诚的脸上的阴影却明显地预示着这个事实。几天之后,彼得·伊里奇也跟着弟弟的足迹,带着相当疑惑的心情,回到了巴黎。

在里什庞斯饭店他得知,莫杰斯特·柴可夫斯基先生已于前天返回俄国了。“他怎么突然这么着急!”彼得·伊里奇惊奇地想。他很想念莫杰斯特,十分后悔上周对他那样急躁和神经质。没有这个好弟弟,他在巴黎这个城市感到很孤独。他郁闷地漫步在林荫大道上。

在歌剧院附近有一个图书馆,里面可以读到俄文报纸。柴可夫斯基有时到这里度过一个小时。“这个早上真无聊。”他想。“我该干什么呢?我要读报纸。或许可以看到一些圣彼得堡的有趣的新闻,这会使人开心的。”

图书馆里的人很多。唯一一份俄文报纸正在一位患有气管炎的中年胖女人手中。彼得·伊里奇必须耐心等待。他翻开了几份巴黎幽默小报,报纸向读者展示了女人裸露的胸部和各式各样的裸露的女人大腿,他对出版这些商品的无聊和低级的借口十分反感。喘着粗气的气管炎女人终于站起身来。彼得·伊里奇立刻抓过了莫斯科日报,一个不修边幅的大学生也在窥视着这份报纸。报纸已是几天以前的。“我不会获得什么新的消息,也不会有什么有趣的东西。”彼得·伊里奇想。

他的目光落到了一则框着黑边的讣告上。死者是基辅附近卡门卡的亚历山德拉·伊利尼日娜·达维多夫。

萨莎死了。弗拉基米尔的母亲死了。他的妹妹死了,同他有着千百个共同记忆的妹妹死了。她把所有的记忆都带走了。她到了母亲的身边,所有的孩子都应该跟随着母亲——这是萨莎和彼得在法妮那里学到的原则。

彼得·伊里奇一动不动地坐在满是读者的巴黎的一个图书馆里。在他旁边，一群法国人正在热烈地讨论着一个政治丑闻。彼得·伊里奇用什么都看不见的眼睛凝视着那张被一个不修边幅的大学生正在窥视着的莫斯科日报。

原来这就是折磨着莫杰斯特的秘密：为了告诉这个消息，他专门去了鲁昂。但他实在不忍心把它说出口来。他肯定以为，如果我知道了，就会放弃到美国的巡回演出。或许我真的会放弃。我应该去卡门卡安慰鲍比。鲍比会哭的。我还从来没有见到过满面泪痕的鲍比。如果去卡门卡，我就会看到那张浸在眼泪里的面孔。奇怪，我竟不会哭。

彼得·伊里奇站起身来，摇着头穿过图书馆向大门口走去。他嚅动着嘴唇，就像是一个老人在模糊不清地自言自语。“奇怪，奇怪。”他嘟囔着说。人们都看着他，在他的身后嬉笑着。那个不修边幅的大学生正冲向那张莫斯科日报。

发拒绝电报，放弃美国的巡回演出：诱惑是巨大的，但彼得·伊里奇不应该让步。他需要美元，他已经把这笔钱列入了固定的收入项目。如果他轻率地放弃这个获取巨大经济利益的机会，他又怎么去资助莫杰斯特和弗拉基米尔？而且——他不得不坦率地承认——他所以要严格坚持这次旅行计划，还不仅出于上述理智的考虑：去勒阿弗尔，然后于4月8日登上法国邮轮《布列塔尼号》前往纽约，前往“新世界”之旅，这种彻底改变地理环境的梦幻，既使他感到一种诱惑，又使他有些恐惧。他突发了一个想法：或许我在大洋彼岸能够自由呼吸。或许我在那个人们称之为无限可能的国家里会成为另外一种人。这个国家肯定是无与伦比的，到处充满着青春和力量：这或许又会使我获得新生。我不知道，那边会如何接待我。人们会马上就发现，邀请我是个错误吗？他们肯定现在已经知道了我是谁：既不是一个大作曲家，又不是一个真正的俄罗斯人，而是一个由各种来历不明的材料捏合成的二流货色。那边的人们当然知道了一切。或许他们也会慈悲为怀，不让我立刻就察觉出来。

彼得·伊里奇从美国获得新生的期望，在航行中并没有实现。“布列塔尼号”是一艘大型而漂亮的邮轮，豪华得像一座高级饭店。然而，彼得·伊里奇却觉得在他的船舱、在吸烟沙龙和在餐厅以及在甲板上，简直令人难以忍受。大海既无聊也让人害怕。他恐惧地望着海岸的远离，逐渐变成了狭窄的灰色线条，颜色越来越淡，最终消失不见。他觉得，水面的单调的辽阔，地平线的千篇一律，根本就不像是站在岸上观看大海那样美丽，在岸上观看浪花会使人产生一种幸福感。

航行的头几天，大海还相当平静；后来，海浪越来越大，轮船摇晃得很厉害。彼得·伊里奇自己都感到很奇怪，他竟然没有晕船；但他却有些恐惧。这艘“布列塔尼号”邮轮，虽然设备高雅豪华，却也只不过像一块核桃皮，无助地被放置到这可怕的、动荡的无边无际之中。海浪难道就不会产生可怕的想法，爬得更高一些，变得更凶狠一点吗？它会把这座高雅的水上饭店抓向海底，把它砸得粉碎——这完全掌握在严厉而遥远的上帝的势力和可能之中，他的意图和计划，人们永远无法预测和理解。

“布列塔尼号”邮轮是会沉没的：彼得·伊里奇十分认真地感觉到了这种可能性，他觉得，海浪很快就会冲进吸烟沙龙、餐厅和铺着地毯的楼梯间里。人们都会淹死的。好吧，那么然后呢？他不是在很多时刻里从内心早就呼唤着死神，这个阴暗的伙伴吗？他和死神交谈过，就像对待一个甜蜜的安慰。现在他可能已经离得很近了。可是他却害怕了。人类本性的懦弱是如此可笑和悲哀。

彼得·伊里奇在摇晃的餐厅里无法忍受：他觉得，在这里享受着八道菜的美味，是多么不合适和荒谬：外面是恐怖的被风暴笼罩的黑暗，海浪正在吞噬着厨师、帮厨、招待员和所有的盘盘碗碗以及那些吃客们，就像是它的一顿清淡的夜餐。另外，今晚和他同桌用餐的客人们，也特别难以忍受。他们是：一个加拿大的主教，他刚在罗马得到了教皇的祝福；他的秘书和一对来自芝加哥的德籍和美籍夫妇，带着两个半大的女儿。交谈的话题围绕着前一天在二等舱甲板上跳入海中淹死的一个不幸的乘客。这引起了船上一片混乱，警报拉响了，船停住了，救生艇放下了——但自杀者没有了踪影。在他的卧舱里，人们找到了一张字条，上面写着潦草难认的字迹，最后终于看出是几个德文词语："我是无罪的……小伙子哭了……"没有任何意义。或许这个不幸的人是个精神病。

这个悲伤的事件，在24小时之内，始终搅动着"布列塔尼号"上所有人的情绪，那个加拿大主教与德籍和美籍夫妇正在谈论这件事。"但愿上帝能够原谅这个可怜的灵魂，"这个神职人员说，"这个不幸的人犯下了最严重，实际是不可原谅的罪过。在所有的死亡罪过中，自杀是上帝最厌恶的大罪。"来自芝加哥的女士提出，精神不正常是否可以算作是一个缓刑的理由；但主教却不予认可，他认为必须指出，一个轻率的现代观点很乐意谈论精神病，而从本质上看，这是一种邪恶的品格。他的秘书也不断点头称是，芝加哥的女士也不敢再进行反驳；这一家的男人——好几家屠宰场的老板——庄严地干咳了一声，而一个半大的女儿也尖声尖气地说："如果那个人真是疯子，那人们在事先是可以察觉的。疯子总是有一个可笑的表情。"

彼得·伊里奇站起来，请求原谅，他要退席了：他感觉很不好——面对如此高的海浪，大家都很理解。他迈着沉重的步伐穿过摇摇晃晃的餐厅，登上楼梯，直到甲板上。他心中涌起无数的仇恨，他恨主教、他的秘书和来自芝加哥的夫妇及他们的女儿！他又是多么同情那个不幸的人，他看不到出路而跳进大海的波涛——他对他怀有兄弟般的同情！那句难解的话语："我是无罪的……那个小伙子哭了。"看起来这是一个对隐秘的描述，主教和那个屠宰场的老板对此毫无感悟，而彼得·伊里奇，却对这种困惑和难堪的内涵心明如镜。

一想到那个来自二等舱的不幸的兄弟和他的——按照加拿大主教的说法——不会得到上帝原谅的灵魂，他甚至忘记了对沉船的恐惧。他在黑暗的观景甲板上来回走动着，这个时候，甲板上空无一人。

风和浪为他唱着一首什么样的歌呢？或许和火车轮子发出的响声一样，是他一直想知道，但却是没有结果的绝唱。“我现在知道了它的含义，”在甲板上漫步的他想，“那是一首关于丢失了的面孔的歌。那是一首关于面孔的歌，那些面孔已经潜入水下或者已经远逝和流走，消失，使我无法抓住和摸到。已经有多少东西远离我而去，走向那阴影，或者转向另外一种陌生的世界，而我却没有可能去分享。德西蕾的面孔不是和萨莎的面孔一样丢失了吗？可怜的不知在何处的安东妮娜的面孔，不是同样流逝向远方，就像我的可怜的法妮——那个早已作古的人——一样吗？还有阿普赫丁，对我也已消失，就像是尼古拉·鲁宾斯坦或那个可爱的克泰克？有一次，那个邪恶的天使阿普赫丁，又想重新复活，想同我重温旧时的诱人的游戏，而且是以一个非常动人的孩子的面貌，就在梅德拉诺马戏团的回廊，后来又出现在酒吧台旁。然而，即使这张面孔，尽管对我产生过特殊的吸引力，我仍然让它流逝了。这么多的面孔都流逝了，它们都曾对我有过某种意义——比如可爱的爱德华·格里格，他曾用他的勇敢的、坚强的音乐使我振作和给我活力，但也流逝了——；济洛季，那个美丽的陌生人的面孔，燃烧着虚荣的冷焰；我的朋友比洛的受尽折磨的面孔，尼基什的面孔，布索尼的面孔。我为什么再也没有见到好心的布罗斯基呢？他不是我的朋友吗？我的生活化解成了片断和残肢，它被时光所吞噬和摧毁。流逝了，彻底消失了，坠落入深渊了：那个未曾见过面的、不忠诚的、残酷的神交女友娜杰日达的面孔。啊，离我最近的——在此时此刻离我最近的，还是我母亲的面孔，严厉而可亲，带着告诫和引诱。我似乎活动在无数黑影之间。我的周围只有死人。我到底多大了？哪些活着的人还能在我身边忍受？弗拉基米尔，我亲爱的孩子。但情况不是这样吗？甚至他的面孔不也进入了流逝的面孔的行列，进入了黑影的行列之中吗？多么不幸，就连这个最熟悉的面孔也已经变得陌生了。我的小弗拉基米尔已经找到了另外的，他想爱的人——这是另外一种爱，不是对我这个老人的爱。但这个想法我不应该继续想下去，现在已经到达了绝望的边缘，它将把我推倒，它将使我趔趄着坠入大海——坠入那可怕的大海，就像我的可怜的'无罪'的兄弟那样；就是从大海的深处，传出了流逝的面孔的歌声。"

彼得·伊里奇决定到二等舱去看望他的朋友：这或许会改变他现在的思绪。在从鲁昂前往勒阿弗尔的火车上，他认识了一个准备移民美国的巴黎店员，是一个生性活泼、充满抱负的年轻人，彼得·伊里奇很愿意和他交谈。另外，在二等舱还有六位长相各不相同的女士：她们是"六只蝴蝶"，在她们的经纪人带领下前往美国，要在一座大杂耍剧院演唱、跳跃和展示她们的大腿。彼得·伊里奇对这批人比对那个主教和屠宰场老板一家更有好感。

他找到这些欢快的女士和那个活泼的小伙子时，他们正挤在经纪人窄小充满烟雾的卧舱中。其中的一只"蝴蝶"正在弹着吉他唱一首不太正派的歌曲；那个店员开心地咂着嘴唇，而经纪人却保持中立和镇静，甚至还纠正他的保护对象的某些发音错误。

彼得·伊里奇受到了热烈的欢呼。他必须立刻叫来饮料。侍者马上送来了两瓶白兰地。好几只蝴蝶吻了他的鼻子和脸，店员夸张地断言，说我们的老俄罗斯叔叔是个出色的作家。那个发音技巧有欠缺的姑娘，又唱了一支淫秽内涵十分露骨的小调。彼得·伊里奇问，他们怕不怕沉船。大家哈哈大笑；出于礼貌，那个店员最终承认，大海今天晚上有浪，"船有点儿颠"。然后就开始玩牌。彼得·伊里奇以出人意料的速度输给店员和经纪人好几百法郎。

他喝了很多酒，开始对店员说出心里话。他向他解释说，他感到很孤独，十分想家，而且很惧怕美国这个陌生的国度。店员同情地望着他。“唉，老朋友，”他最后说，“在你这个年纪，这是很自然的事！”彼得·伊里奇想起，明天是他的生日。他多大了？51岁。而店员已经把他当作是一个老翁。

经纪人说：“抬起头来，老伙计！”也给他斟了一杯白兰地。一只蝴蝶又亲昵地吻了俄罗斯老叔叔的脸和额头，以示安慰。柴可夫斯基隆起的额头上留下了一个红色的唇印，就像是一块血红的斑痕。

第九章

层出不穷的人物和跌宕起伏的事件；巨大宏伟的感知和辉煌成就的感染；满载的问题和未能满足的渴望；神经高度紧张所造成的沉重感；阴郁和阳光，残酷的道德感受；科技全面发展下情感的匮乏；残缺不全的事业和超前的智慧以及对未来的期待；太多的矛盾、失败和凯旋，太多的精神和道义上的飞跃，以及贪婪、唯物主义、虚伪、欺骗和愚蠢带来的反感；自责的勇气；地球的面孔和人类的生活感受，一切都在梦幻般地改变：伟大的19世纪就是这样进入了史册。

它造就了无比的荣耀。慷慨地给我们这些子孙留下了它那巨大的光辉：人类历史接受了它的名字，记载和收集了这个时代的凯旋。通过伟大人物的一族，通过天才个人的总合，这个世纪在自我塑造的光环之中，庆祝和完成了它的最大品格和它的最极限的要求。伟大的人物，在行为、思想和艺术成就上，也代表了这个时代的问题和疑虑，连同它的光辉。这些永恒的辉煌的代表，欧洲后来的经典人物，展现在我们面前时，都是充满问题的巨匠。他们每个人都有自己的缺陷和弱点，当我们看到他们的伟大和力量时，不仅产生敬畏，而且也满怀同情：只有这样，他们才使我们感到完满的震撼。

我们的敬畏和同情的目光，留在了他们之中的一员身上。他并不是来自望族的巨匠——远不是这样。但我们却感到并知道，他完全是显赫社会中的一分子。我们看到了他的天赋的创造力，也看到了他的遍身的伤感。

我们充满敬畏和同情的目光，永远看不尽他的伤感和高尚的执拗，他在不断地克服和塑造自己。我们是多么爱他那动人的战斗演示啊！他是这个即将过去的世纪和未来文化困惑之子，一生都在战斗：面对自我麻痹的孤寂之苦，这是他自己和自然赋予他的命运；面对备受折磨的不信任，这使他常常把自己的由众多矛盾所组成的才能和成就置于观察、批判和抛弃的境地。他战斗，他强迫自己去反抗，他不想放弃——他是一个英雄。他感到自己担负着更高的使命：所以他谦恭和虔诚。每日都面临疑惑：放弃、停止、把工具抛弃。但这个遭遇深刻和痛苦打击的人，却一再勇敢地振作起来。他继续前进，就像是一个要传递一项神秘而明确的信息的信使，只要这个信息还有一个字或一个音节尚未传达出去，还默默地留在他的胸中，他就不能半途而废。他走着，走着。信息就是使命，推动着他向前。在这个前进的人的周围，变换着风物和面孔。但他却独自一个人带着这个信息前进。他把一站又一站留在身后。我们在哪一站能够找到他呢？

我们看到他在起伏动荡的甲板上，因为大海也在动荡；彼得·伊里奇·柴可夫斯基从海浪和风暴的呼啸中，听到了流逝面孔的歌声。歌声是如此强烈，对这个衰老的人是如此震撼，使他不知所措，突然对自己的孤独产生了巨大的恐惧。他逃向人群。我们看到他进入了那个和六只花枝招展的蝴蝶前往美国的经纪人或少女贩子的船舱中。耳中还回响着流逝面孔歌声的老人和经纪人以及那个年轻的店员玩着纸牌，这是他在鲁昂和勒阿弗尔的火车途中认识的朋友。他输掉了好几百法郎，一只“蝴蝶”给了他一个安慰的吻。就在这样一个欢乐但也是绝望的环境中，我们的目光又找到了他那令人敬畏和同情的面孔。我们的目光也是在这里离开了他。

他的航程在继续。大海安静了下来，“布列塔尼号”没有沉没。几天之后，船到达了纽约的港口。在法国邮轮的甲板上，出现了众多女士和先生，来欢迎作曲家柴可夫斯基——这是古老大陆和即将过去的世纪的光荣。纽约音乐大厅公司的主席莫里斯·雷诺以美国音乐界的名义欢迎作曲家来到美利坚合众国的土地上；漂亮、苗条、标致的雷诺夫人，作为妇女俱乐部的代表，献上了一大束红色的玫瑰。记者问，柴可夫斯基夫人对美国的第一印象如何；彼得·伊里奇声明，他没有带柴可夫斯基夫人来，记者的脸上出现了明显的失望。彼得·伊里奇被雷诺夫妇拖到了马车上，被送到了诺曼底饭店，他怀着惊喜欣赏着他的旅馆套间、浴室和卫生间以及那块极大的壁镜。

一个新兴的、充满活力的和飞速发展的大陆，用一种狂热的好奇，接待了欧洲荣誉的代表，今后的经典人物和满身是问题的巨匠。追求耸人听闻消息的浅薄和不讲情面的新闻界，向这位著名的客人的私人生活冲来。谁是这个柴可夫斯基？他有什么可以向读者介绍的东西？他的作品在这里是享有盛名的，彼得·伊里奇可以放心地说，纽约人比巴黎、柏林或者维也纳人更熟悉他的音乐，也更真诚地热爱他的音乐。现在人们所需要的是事实、逸事、经历；需要知道他生活中的辛辣、动人和有趣的故事。当天的报纸头版都刊登了柴可夫斯基的照片，那个衰老的人，呈圆形的花白胡须，高高的额头，过于柔软的嘴。但这个肖像必须由他自己进行相应的诠释：记者们包围了诺曼底饭店，既留下了印象，也感到了失望，最后不得不悻悻离开。他们找不到这个包裹得紧紧的生活的切入口，其中的某些最无知的记者甚至从他的身上感到一丝悲伤。大失所望的记者们说：这个著名的客人可惜没有什么戏剧性的经历，从他身上也不会弄出多少骇人听闻的东西来——当他们朝着百老汇方向往回走的时候，却丝毫没有察觉到，这个客人单调的生活经历中所蕴藏的永恒的紧张，丝毫不知道他的悲伤的法则，丝毫没有感受到他那动人心弦的伟大。而且，他们相互之间还笼罩着无知和误解：彼得·伊里奇对他访问的这个国家只有一个公式化的概念，对这个新兴的大陆的情感，它的英雄主义，它的强劲的魅力和它的崭新的生活方式，还都不甚了解，而那些走在百老汇大街上的记者们对这位俄罗斯作曲家的精神和人格的存在形式，也同样懵然无知。

纽约把这个著名的客人拖进它的运转之中，荣耀和爱慕蜂拥而至，用他们的喧嚣，他们有些粗犷的温柔，他们的非凡的好客，其规模——尽管不是在气氛和形式上——只能与俄罗斯和亚洲相媲美。这个受欢迎的人，连一个小时的安静都得不到，他只有片刻时间能够独自一人在诺曼底饭店稍事休息，赶快利用这一时刻大哭一场：他流的是筋疲力尽的泪、思乡的泪和无助的泪；因为他自己的声誉产生的现象，不断在困惑着他，恐吓着他——他反感，尽管这都是对他的献媚，甚至有时使他吃惊地感到幸福。

在美国的停留，这个阴暗而充满神奇和诱人的角落，带着可怕的旋风以惊人的高速向他袭来；但对他的整个生活来说，也只不过是一个辉煌的但同时也是粗俗的插曲而已。夜里，当他从庆典和劳累中回到旅馆，他就得振作起精神来去回忆这一天的经历，以便能够写出一封生动和清晰的信，给莫杰斯特或弗拉基米尔。但他得到的各种印象，在他的头脑里一片混乱……雷诺先生举行了一个盛大的晚宴，从 7 点半一直持续到 11 点，所有男宾和女宾分别得到了铃兰和玫瑰——这是他在莫斯科和圣彼得堡的高级场合都没有享受过的待遇！每上一道菜，客人们都得到一张作曲家柴可夫斯基的照片，所有这些荣耀都是为了他而组织的。吃冰点时，还端上了冰糖方片，每块糖片上，都篆刻了作曲家作品的名字：这是一个可爱的表示，不仅对作曲家，而且也对客人……对俄国客人特别表示关切的一位银发的小个子老人，是老卡耐基，他的财产不少于 4000 万美元，但却仍然很欢快，甚至有些滑稽，而且看起来，他也是一个音乐爱好者，特别喜欢俄罗斯音乐。刚刚用国歌和庄严的宗教仪式举行落成典礼的卡耐基大厅，就是以他的姓氏命名的；他还是众多图书馆和其他文化场所的奠基人。一个非常强大和重要的小个子先生，他很慈祥，人们都称他为慈善家和施主。在这个新兴大陆的巨富当中，能够扮演人类之友和艺术爱好者的角色，是一种高贵的时尚：这实际也是一种他们向社会支出的“悔罪”，为了抵偿他们能够赚取的大量财富。有关这位风度翩翩、性情活泼也喜爱音乐的小个子卡耐基，彼得·伊里奇听到过很多令人瞠目结舌的故事，比如他强迫他的巨大企业的工人去他所捐赠的图书馆看书。为防止工人们有余钱喝酒，他付的工资特别低：他想用这种办法教育工人，在业余时间去看书，而不是到酒馆去消磨时间。小个子卡耐基在工资上节省下来的钱，他再去修建图书馆，当然自己也留下一小部分。一个非常独特的家伙！他和彼得·伊里奇并不谈有关钱的问题，而是关于他想邀请俄罗斯教堂合唱队到美国演出的问题……这里有很多人都对柴可夫斯基有着特殊的关注，比如克纳伯和麦尔钢琴公司的老板克纳伯先生，他带领这位俄罗斯客人参观了很多纽约的名胜：第五大街的豪华宫殿、百老汇上新建的13层大楼，它们十分孤独地在那些半倒塌的两层小楼之间冲向天空；还有布鲁克林大桥、国家宝藏馆的地下室、可以观赏周围美景的屋顶花园、设有游泳池和最现代化体操器械的运动员俱乐部。他还在著名的德莫尼克饭店为客人举行昂贵的鲍鱼和香槟晚宴。彼得·伊里奇不得不自问，克纳伯先生为什么要献如此的殷勤。几天之后，问题清楚了，这位好客的先生，希望作曲家柴可夫斯基对克纳伯和麦尔公司的钢琴做一份鉴定：要他证明这是世界上最好的钢琴——这就是那些游览，那些昂贵的宴会的代价，世界上是没有白给的东西的，一切都要付出代价，一切都有它的价格……他真应该在这里做点生意，下决心在这里待上几年；因为这样，他很快就可以赚很多的钱，就可以更加慷慨地支持弗拉基米尔和莫杰斯特去做一番大事业，甚至可以把梅克夫人前几年给他的资助全部偿还。比如女钢琴家奥斯德欧厄，四年前一贫如洗地来到这里，通过到美国各大州的巡回演出——她是一个勤奋的女人——现在已经积累了25万美元的资产。是的，可谁又能有这样的力量，像这位女钢琴家呢，她是一个稚弱但刚强的生灵！而沉重和身材高大的彼得·伊里奇却觉得，根据这很少几个星期里他所经历的情况来看，他是无法承担如此大的要求的；他每天都必须至少大哭一场，才能承受他所面临的一切。

他去了巴尔的摩、华盛顿和费城指挥演出；这期间还参观了尼亚加拉大瀑布。然后再次回到纽约。每当他听到有人讲俄语的时候，他的思乡之情就特别强烈。这时就会产生一种对特别亲切声音的渴望——啊，那是弗拉基米尔的声音！——突然就像是得了一场重病。(我为什么要离开你这么远呢？没有你的日子就是一种罪孽。我深深陷入到这罪孽之中。)

几个俄罗斯人，到诺曼底饭店来看望他们的伟大的同胞，在他们身上隐藏着一个阴郁的秘密：他们都是流亡者、无法生活在祖国的反对沙皇的叛逆分子——谁又知道呢：或许他们正在准备，甚至正在执行某种暗杀行动——虚无主义者和无政府主义者。彼得·伊里奇在他们之中感到很不舒适，但对他们仍然很友善，当他们提出要求时，也给他们一些钱：一方面因为他们的艰辛而不寻常的命运吸引和感动了他；然后是他知道，这些流亡者的很多观点和感情都同年轻的弗拉基米尔一样——只不过他们在为他们狂热宣告的信仰在战斗和受苦。

当柴可夫斯基在百老汇遇到一起工人游行示威时，他不由想起了弗拉基米尔和他的宣言；那是一个很长的队伍——后来有人告诉他，参加游行的有5000多人——他们举着红旗和巨大的标语，上面写道："同志们，我们都是自由美国的奴隶！我们不想在八小时之外工作！"——"我得问一问小个子卡耐基，这个控告是否有道理。"深受感动的彼得·伊里奇想。"甚至在自由的美国，也不是一切都像应该的那样好。或许我的那个聪明的挚爱确实说得对，这个进步的世纪还有很多野蛮的色彩……"

他忘记了和小个子卡耐基讨论这个问题，尽管他在这方面肯定是个知情人，而且在这位百万富翁为彼得·伊里奇举行的告别宴会上也有这样的机会。在宴会上，他把柴可夫斯基称为“音乐的无冕之王”。这次盛宴是彼得·伊里奇在美国停留这个辉煌而粗俗的插曲中的最后活动之一。他现在还只剩下在作曲家俱乐部指挥一次音乐会和几次告别访问了。每当他筋疲力尽地返回饭店的时候，前来采访的记者和要他签名的女士们，都挤在大堂里等待着他。一个女性崇拜者送给他一具相当大的自由女神石膏模型——“但是，这东西可能不会允许进入俄国国境的。”疲劳的彼得·伊里奇试图开玩笑说。另一位女士狠命把一个坚硬的小玫瑰花束扔到了他的脸上，划伤了眼睛；这个尚武的女人还用愤慨嘶哑的嗓音高呼：“大师万岁！”——而她所做的，却是使用全力差一点杀害这个作曲家。彼得·伊里奇站在那里，带着红肿流泪的眼睛，在饭店的大堂中央，周围是一大群记者、女士和摄影师。他突然想起了约翰尼斯·勃拉姆斯和他的那个女强人崇拜者斯密斯小姐。“啊，现今的‘大师’的形象是多么可笑！”他想，并用手帕擦着眼睛。“荣誉就像是一个我们为之做出贡献和进行回报的嘲弄。”

返程，柴可夫斯基乘的是一艘德国邮轮“俾斯麦号”，这是它纽约至汉堡航线的首航。彼得·伊里奇尝试在途中工作，为他的新交响曲，第六交响曲，写了初步设想。但他感到头脑里很空虚，出现在他头脑中的旋律和和声，并不符合他的追求和期望。不，他决不能满足于这些，他必须做出另外的样子和完成另外的使命，他的使命是另外的样子：是一个彻底的忏悔，一个全面的表白，一个巨大的哀诉，要把最隐秘的东西坦露出来。他必须攀登还没有人达到过的最后的极点……

地点和面孔在不断变换，它们在滑走和流逝，彼得·伊里奇看着他们的正面，又看着他们的背影，用他那温柔而深邃的目光。一站又一站都被他抛在了身后。在他的一生中是没有安静可言的：这就是一个无情的法则。他的不安静的生活驱赶着他，越来越快，朝着一个阴暗的目标和充满神秘的圆满走去。阴暗的目标把它的光辉和阴影抛在了前面。

在这千篇一律的不安静和伤感的匆忙中，也有一个宁静的港湾：他的名字是弗拉基米尔。不论他这个聪明的挚爱，这个可亲可爱的年轻的亲戚是否会和他的舅舅度过白天：到了夜里，睡觉之前，彼得·伊里奇总是渴望着那个可爱的面孔和苗条的身材出现。鲍比的温柔而亲切的声音把他说入或唱入他渴望的梦乡。他所期待和渴望的睡眠，不只是一夜的宁静，而是彻底的宁静，最终的平和，最后的安息，——也就是死亡。这是身材高大、笨拙而优雅的年轻人日复一日地履行着侍童的义务，陪伴和催促那个垂暮老人进入死亡般的梦寐。这时，那个陌生而亲情的男孩的面孔会逐渐发生变化，变成另外一个面庞——一个最熟悉的和最亲近的面庞。床边用催眠的声音说着话的身影，逐渐融入了其他形象之中：女性的、母亲的形象。它具有男孩的优雅和母亲的温柔和严厉。弗拉基米尔和母亲合二而一了。母亲的美丽和男孩的妩媚，都融入了一个英俊的、不再是女性，也不再是男性的形象之中。啊，它在招手，让你跟随而去。它在告诫，它在召唤。人是应该跟随母亲的，这一点听话的孩子早已学会了。违背她的告诫和召唤，是最严重的罪过。弗拉基米尔和母亲利用这种神秘的双重性，联合成为一个温柔而严厉的爱的命令。

可爱的外甥当然不知道，这个他崇拜的偶像和亲爱的舅舅用他的面孔和他的声音所演出的这场神奇的戏剧。他又怎么能知道，他会作为死亡天使飘浮在这个老人的卧室之中呢？如果他真的知道了这些，那他肯定会感到震惊，甚至感到恐惧的。但狡猾的彼得·伊里奇没有向他透露过一丝的信息。他清楚地把白天为他带来清新的年轻的鲍比，和入睡前一刻钟扮演的神奇的双面幽灵截然分开。在夜里的死亡天使弗拉基米尔面前，他感到一种由敬畏，乃至恐惧、狂热构成的爱；而在生活中的正常呼吸的鲍比，却是一种自然的令他感激的温柔。

他每时每刻都在感激鲍比；因为他为这个老人的抑郁的存在，带来了青春的激情和充实的生活。他给这个老人带来了他浓郁的兴趣、求欢的欲望、求知的好奇、对现实的激烈的批评，他的欢快，他的美好而年轻的严肃。头脑里充满激情的思想，箱子里装满了新书，这个大小孩来到了麦达诺沃，在他的朋友吕特克伯爵或年轻的纳普拉夫尼克陪同下。年轻人的笑声和辩论声充满了这座寂静的房子。又有了游戏和长途散步。阿列克谢又得为少主烹制喜爱的菜肴。弗拉基米尔觉得，麦达诺沃比弗罗洛夫斯可耶更美。因为，从不在任何地方停留很长时间的柴可夫斯基已经把弗罗洛夫斯可耶的房子卖掉，那里对森林的疯狂砍伐使他反感和气愤，所以暂时又迁回麦达诺沃的老房子，但这里的森林当然也是大大不如从前了。

他可以书生气地把回忆集中起来——结果只能是让自己恐惧、害怕和麻痹——难道这些能够使他幸福吗？在这样一个地方，那里的每一块石头、每一丛灌木都在告诫他那已经逝去的生活。在这里，他所以还感到幸福，但只是在鲍比和他的朋友前来看望他的时候。他们一走，他又会陷入抑郁和无聊之中。如果他实在无法忍受那孤独，那他就会和莫斯科或圣彼得堡的年轻人聚会。那就会出现几天快乐和昂贵的时光；在这两座大都市的所有剧院、所有饭馆里，人们都会看到这样一个令人瞩目的特殊群体：花白胡须的老人和一群吵吵闹闹的大学生、音乐生和军校生们——有时，好心的莫杰斯特也会在其中。彼得·伊里奇很愿意被年轻人利用。出版商约根松常常对作曲家突然提出的报酬要求摆出一副严肃的面孔，在这样的时刻，这个要求高得让人害怕。如果芭蕾和那部独幕歌剧——歌剧的名字已由《国王雷内的女儿》改为《约兰达》——不能立即交稿，那就必将出现严重的财政灾难。彼得·伊里奇不得不违心地返回麦达诺沃，以便把两个预约的作品继续完成。

他对芭蕾和歌剧的反感仍然十分强烈。他工作在只有完成一件严肃而高尚的事业时才有的痛苦之中。他所以再次集中全部精力来做这件事——为了能够完成这项工作，他必须要集中全部精力——那只能说，他是为了心中放不下的唯一的一个作品：就是为了最后和总结性的那首歌。他反复寻找着在那艘远洋轮船的狭窄而摇晃的船舱中所做的交响乐记录。他又失望地把它们再次搁置到一边。不，这不是第六交响曲。在他的内心中它还没有出现；他还没有找到感觉。他等待着，就像在等待着奇迹。他又重新转向他的义务，那些比较容易的工作，他不得不为他们付出那么多的痛苦。

当然，有时也会写出一些美妙的东西——这使他自己都感到吃惊。比方说《胡桃夹子》组曲中的《花之圆舞曲》，难道那不是一个奇妙的想法，一个小曲送来的甜蜜而可爱的礼物吗？

彼得·伊里奇为到麦达诺沃来访的胖拉罗什演奏了《花之圆舞曲》。"这很迷人。"胖拉罗什说，他是个冷漠的人，很少发出如此情不自禁的赞扬。"你这个灰色的脑袋里还有多少这样可爱的东西呀，彼得！"

老彼得暗暗地笑了。"是的，这很奇妙。"他最后说，"我有我的可爱的一面。这样一种旋律进入到耳朵里，不是很舒服吗？我知道，我知道——它的音响很美，人们不会很快就忘记的，即使离开了剧场，也还会在回家的路上哼唱起它来。一听到这些，有些人的傲慢的脸又要拉长了，包括那些严厉的俄国人和严厉的德国人。"

"让那些严厉的俄国人见鬼去吧，而那些严厉的德国人，就更不必理会他们。"胖拉罗什说。"你比那些人加在一起都更有价值，因为你还能产生新的东西。相信我：我有一种很好的本能，所以我早就选中了你，我的老伙计。"——拉罗什连续说了这么多的话，这是很少见的。

"塞扎尔·居伊会耸肩膀的，勃拉姆斯大师也会耸肩膀。"柴可夫斯基有些丧气地说，"两个人都会评论，说这都是些巴黎式的和浅薄的东西。好吧：或许在我的身上确实藏匿着一部分巴黎人的性格。难道这就是一个罪孽吗？如果有时用这样一首花朵圆舞曲来欢娱人们，让他们从剧场出来后还能哼唱，难道这也是罪孽吗？”

“这不是罪孽，而是一大贡献。”胖拉罗什庄严地说。

“伟大的华尔兹之王约翰·施特劳斯发现了我，第一次把我介绍给公众，他并没有做错。”彼得·伊里奇说，他的脸庞在回忆这位维也纳的大师时散发出欢快的光彩。“那确实是至关重要的。”他沉思了片刻又补充说。

两个老朋友面对面坐了几分钟，谁也没有说话。“这个小小的玩笑，当然并不是我真正应该做的事情。”彼得·伊里奇终于说，就好像是深思熟虑后的决定。“你可以相信我：我现在所想的，完全是另外一件事。”

拉罗什点了点头。彼得·伊里奇从来没有向他讲过他心中的计划——创作那部伟大的总结性的交响曲的计划，但两个人已经认识这么久，而且如此了解，每个人都能够猜测出对方的想法和意图。

“是啊，是啊，”过了一段时间，拉罗什伤感地点着他那沉重的头说。“如果一个人总是能够按照自己的想法行动……比方我，在一生中就从未能按照自己的计划完成过什么事情，当时在音乐学院，我们相识的时候……而你却不时地做到了这一点——我真的什么都没有。几篇关于音乐的文章又算得了什么呢？不值一提，不值一提。——是啊，我们现在又坐到了一起，两头老驴，在喝伏特加……”胖子沉默了；阴郁的大脸沉思着歪到了一边；被脂肪挤得细长的眼睛，在香烟的烟雾中闪烁着疲惫的目光。“可是，我们今天为什么要说这么多呢？”在他完全沉默之前，又说了这么一句话。

这就是拉罗什。彼得·伊里奇知道得很清楚，为什么不希望这位忠诚的好朋友经常来到自己的身旁：他的身上散发着一种令人麻痹的悲观情绪。和他在一起，一天刚刚开始，就已经丢失了一半。因为这个胖伤感主义者在吃第一次早点时就会说："我们为什么要起床呢？我们也完全可以躺在床上。而且那是更合理的做法。"然后他就会病态地述说他身上的什么部位开始疼痛；他整天就这样懒散地在躺椅上度过。

彼得·伊里奇在这样的戏剧中受着煎熬。看到一个人放弃更高的追求，就这样堕落下去，使他感到失落。这个年轻时代的朋友的观点和习惯，尽管他不难理解，而且也并不陌生，但却使他感到不快：胖拉罗什留下的气氛，是彼得·伊里奇每日都要抗争和战胜的。

另外，这个懒惰而抑郁的胖子还给他带来了不幸。就是他在麦达诺沃度过的那些阴霾的秋日里，发生了使彼得·伊里奇受到沉重打击的事件。

他的漂亮的怀表，他最珍贵最好的东西，彼得·伊里奇并不总是带在身上的口袋里。有时，当他外出，就放在床头柜上，以便能够在回来时，看它一眼得到双倍的喜悦。——拉罗什很少参加下午长时间的散步；大多数情况下，他懒于参加这样的活动。今天，彼得·伊里奇说服他同往。少言寡语的散步，持续时间很长，当他们回家时，天色已经黑了。彼得·伊里奇回到自己的卧室去换鞋。他第一眼就想到床头柜上那块漂亮的怀表。他轻轻叫了一声，用颤抖的手指在药瓶、照片和法国书本之间寻找着：怀表不见了。

大吃一惊的彼得·伊里奇突然意识到，他最终失去了它，永远失去了它。"我再也不会见到它了。"他轻声说。然后，他喊来了阿列克谢、女厨和拉罗什。大家讨论了这件事，激动地提出了各种设想，最后向警方报了案。

由于阿列克谢和女厨不可能有嫌疑，于是只有一种解释：必然是有人从外面来到了房间，窃贼是从乡间小路那边过来的。阿列克谢也确实忘记锁上卧室的窗户。一个身体灵活的人，完全有可能从围墙跳过来。但人们没有找到痕迹，围墙、窗台和房间里都没有找到。屋子里的东西也没有丢失——除了那块最漂亮的怀表——或被动过，也没有被搞乱。看起来，好像闯入者是专为那块怀表而来；好像他事先就知道怀表所放的位置，轻而易举地把这个珍贵的东西取走，这也是他的这次冒险行动的唯一的目的。

“我再也看不到我的表了。”彼得·伊里奇说，眼睛里满是泪水，然后十分费力地向已经赶到的警察先生们讲述了事件的情况。

“请阁下放心：我们将尽一切努力，使物归原主。”警察表示。

“谢谢。”彼得·伊里奇说。当警探们走了以后，他痛哭流涕地对胖拉罗什说：“表没有了，这我可以感觉到。我再也不能看到那美丽的阿波罗和奥尔良的少女了。唉，真是可悲，唉，实在太可悲了！”

“我们送你一块新的。”胖拉罗什像对一个孩子那样安慰他，“我到朋友那里去募捐，然后给你买一块比这更漂亮的表！”

“但这是我的护身符！”彼得·伊里奇难过地说，“它不见了，肯定是一种可怕的预兆。现在我也要走向毁灭了。”

“你怎么能这样迷信呢！”胖拉罗什用有些颤抖的声音说：而他自己，半生都是在用纸牌算命中度过的，而且惧怕一切阴暗的标志和象征。“你还能再活30年，即使没有这块表。”

“你知道我相信什么和惧怕什么吗？”彼得·伊里奇用一种神秘的姿态把朋友拉近身旁。“这个窃贼，这个闯入者——他是梅克夫人派来的！这个神交女友想夺走我珍藏的最漂亮的纪念品。她当然知道，这只表是一个护身符。她派来了这个窃贼，实际是一个杀手！”

“这只是你的想象，”拉罗什插嘴说，他的面孔已经吓得变了形，“警察会抓到真正的窃贼的。”

“啊，那些警察——”彼得·伊里奇轻蔑地说。

第二天，警察又出现在柴可夫斯基的房间，还带着一个衣衫褴褛的青年，这是他们在公路上抓获的：由于没有其他的嫌疑者，所以把他看成是偷表犯。他戴着手铐，看来也挨了打：青年裂开的嘴唇还流着血，眼睛肿胀着。

“这家伙不想承认。”警察把他推进到房间里。“但我们有足够的理由认定他就是罪犯。”

彼得·伊里奇看到这个被伤害的半傻的人，顿时感到有些恶心并产生一种哽咽的同情。“放开他！”他向警察要求，同时招手让那个青年走近一步。

“是你把表偷去了吗？”他轻轻地问，用他那湛蓝、抑郁而深邃的眼睛望着这个衣衫褴褛的人。

那个青年突然跪倒在他的面前。上身就像着了魔似地前后摇摆起来，同时伸出了被铐的双手。“请原谅，先生！”青年喊道，嘴唇上的伤口爆裂开来，鲜血从嘴边流到下巴。“原谅我，慈悲的先生！是的，是我干的，可怜可怜我，我是一个罪人，上帝抛弃了我，我受到了诅咒，我犯下了弥天大罪！”他的上身仍然不停地绝望地摇晃着。他的喊叫同手铐的哗啦声混杂在一起。

警察们露出了胜利的笑容。彼得·伊里奇轻声问道：“表在哪里？”那个青年突然停住了晃动，用一种十分吃惊的、充满埋怨的目光望着柴可夫斯基。“可是，我已经没有了。”他说，并露出一阵痴呆的傻笑。

“好啊，”一个警察喊道，“表藏到了什么地方，我们会让他开口说出来的。”他猛地把青年拉了起来。“起来！”他向青年吼道，“不要再演戏了！”第二个警察向彼得·伊里奇躬身说：“明天我们就会给阁下送回被偷之物的。”他把同事和青年推到了门外。青年回过头来，从肿胀的眼睛里抛过一个乞求的目光。“请不要再打他了！”彼得·伊里奇朝警察的背影喊道，“我请求您，不要打他了！”

24个小时之后，两个警察又来了，但这次没有带那个青年。“我们没有从他的嘴里得到什么东西。”他们报告说，从他们的粗俗的面孔上可以看到一丝倦意。“看来，这个作案人是个精神病患者，或者是一个狡猾的惯匪。我们在警察局再次审问他时，他却装出什么都不知道的样子。他否认一切，并断言从未听说过有什么怀表。他告诉我们，他是上帝面前的罪人，即将进入地狱。从他的嘴里，再也掏不出有用的东西来了。”

彼得·伊里奇请求警察释放那个青年。“我知道，我的表已经永远丢失了。”他悲伤地说。“这个可怜的人，看来真的没有偷我的表。”——“可是，我们该对他怎么办呢?”两个筋疲力尽的警察问道——耗力的拷问以及犯人神态迷茫的目光，使他们消耗了不少精力，甚至使他们变得温柔了许多。——“这里有些钱给他。”柴可夫斯基说，他又想起了那流血的嘴唇和戴着一顶破帽子的额头，这些都使他感到难受和动情。“让他买些衣物和食品。或许他还能找到工作。”——警察拿着钱走了，他们在考虑，是否把一部分钱交给那个青年，好让这个讨厌的家伙离开这个地区。

护身符没有回来；阿波罗和可爱的奥尔良少女从柴可夫斯基的生活中消失了。

“我真不应该回到麦达诺沃来。”彼得·伊里奇对胖拉罗什说。“我恨这里的一切。这是一座受诅咒的房子。我出国巡回演出时，阿列克谢应该把它卖掉，或者租出去。以后我或许将定居在克林……”——“为什么要在克林呢?”胖拉罗什想知道。“那是一个很难看的地方!”——“我已经习惯了这个地区，”彼得·伊里奇说，“克林当然是很难看的。但它正好在莫斯科和圣彼得堡之间。弗拉基米尔可以来看望我。而且，阿列克谢也很喜欢那里。等我死了，他可以得到那栋房子。”

他在这些日子哭过很多次，睡得很少，根本就没有作曲。他的面孔有些消瘦，甚至看起来有些憔悴；他的嘴唇和双手常常不停地颤抖。

“那个流血的小窃贼被带走以后，你都写了些什么?”拉罗什想知道。

“写了我的遗嘱。”彼得·伊里奇说。

这位年轻时代的朋友用他那双被脂肪包围的细长的眼睛深深地望着他。“是这样，”他最后说，“谁是那个幸运的继承人呢?”

“反正不是你。”柴可夫斯基说。

时间已经是10月底，在大城市已经开始了新的演出季节。“我也去参加!”彼得·伊里奇决定。“每到秋天和冬天，都是同样的喜剧：人们总想扩大自己的声誉，最后只得埋怨、丧气，然后春天来了，除了又老了一岁，又疲惫了许多，又消耗了许多之外，什么都没有得到。我要去参加!”

他在莫斯科和圣彼得堡指挥了音乐会的演出。观众鼓了掌，女士们扔过来鲜花，评论家写了他们的褒贬文章：这些冷水是少不了的，在莫斯科举行的《黑桃皇后》的首演之后，也是如此。而另一部作品——彼得·伊里奇特别不喜欢，只是违心地写出来的——交响叙事曲《司令官》，却在报纸上得到了一致的好评。“我真得依赖这些人的冒牌本领了。”柴可夫斯基气愤地说，“《司令官》纯粹是一堆垃圾。”演出之后，他出于绝望，把总谱撕成两半，这是一个了不起的体力杰作，但却只意味着一种空洞的姿态，因为总谱还有一份抄件。

我也去参加！——他在基辅和华沙都举行了音乐会。又是长长的晚宴，又是溢美的发言；然后：写字台、白纸，写信给鲍比。“啊，我亲爱的！现在我又——和去年，和以往一样——开始数着每一天，每一小时和每一分钟，一直到我的旅行结束。你，可爱的面孔，就是我的全部思念。每次苦闷发作，每次乡愁袭来，每次思想的昏暗，一种信念就会像阳光一样出现，那就是你还在，那就是我很快就会与你见面。请相信，我绝不是在夸张！从这个简单的信念中，我时刻会得到安慰：是的，一切都是那么苦涩，常常是难以忍受。但这没有什么。因为鲍比还存在。在那遥远的地方，在圣彼得堡，鲍比正坐在那里，勤奋地读书。一个月之后，我就将见到他。”

这封信的邮戳是哪一天呢？它是华沙的邮戳，日期是：1891 年 12 月 29 日。它也可以是汉堡的邮戳；因为我们的写信人，在那里的心情和在华沙、基辅或者一个什么其他地方没有什么两样。

彼得·伊里奇要在汉堡指挥他的《奥涅金》的演出。但他总是感觉德文版的剧本对他过于陌生；所以他把这出剧的排练让给了歌剧院的年轻指挥了。

“我完全相信您。”柴可夫斯基说，“您会做得比我更好。我已经感觉到，您会比我好得多。”年轻的指挥无言地鞠了一躬。在他厚厚的眼镜后边闪烁的目光，探索地直接望着这位著名的客人。彼得·伊里奇面对这样的眼睛感到不安：它好像包含着一种严格的挑战，一种不屈的要求。这个年轻人有着线条鲜明和留下多思痕迹的额头，在他身上散发着一种威慑力量，甚至是一种让人喘不过气的力量。夜里，在艺术家酒馆里，他可以表现出一点儿居高临下的友善；白天，排练时，他没有笑容，他的炽热的严肃几乎变成了愤怒的紧张。这个十分年轻的指挥——他的名字是古斯塔夫·马勒——接受了指挥《奥涅金》的工作。尽管他在演出中的每个细节都投入了狂热的严谨，但这些“抒情的场面”在汉堡却只取得了一般的成功。首演后，彼得·伊里奇来到少言的年轻指挥古斯塔夫·马勒先生面前，费力地用他那柔软和唱歌般的德语表达他的感谢，感谢他为演出《奥涅金》所做的一切努力。年轻的指挥和衰老的作曲家热烈地握了手，剧院经理波利尼像一个马戏团经理那样站在旁边。随后，这位衰老的作曲家离开汉堡，前往巴黎。

在里什庞斯饭店里，他想等待着在荷兰举行巡回演出的日程。但几天之后他的不安情绪与日俱增，那种他称之为“思乡”的苦恋已经上升到了无法忍受的地步。而且和科洛纳的一次争吵也使他有些心灰意冷：科洛纳曾向他承诺在大歌剧院演出他的《黑桃皇后》；但演出却不顾柴可夫斯基的抗议而没有进行。所以，彼得·伊里奇觉得，他已经不能在巴黎停留下去了。他气愤地表示：法国人对俄国人的喜爱，只是停留在“轻浮浅薄的女人”对小丑杜罗夫和他的230只受过训练的老鼠的欢呼而已。他取消了在阿姆斯特丹和海牙的音乐会，决定再次返回麦达诺沃，因为在克林没有找到合适的房子。但他想工作。想工作的欲望——至于什么工作，几乎无关紧要——突然变得十分强烈。《胡桃夹子》和《约兰达》正在等待着配器。

难道开始最后一部作品的时机还没有成熟吗？那是一部总结性的、终结性的作品，是怨诉和忏悔，是最大的自白，是那部第六交响曲。时间在催促，各种迹象都表明，他前面的时间已经不多了。娜杰日达，那个神交女友和真正的妻子，已经撤离了；他最喜欢的怀表，他的护身符，他所占有的最漂亮的物件，已经丢失了。但他还没有完成时代的要求。

1882这一年，带着茫然在华沙、汉堡和巴黎开始以后，他就一直在孤独中或同一些无关紧要的人们度过，或者是同他的可爱的外甥，那个知心人和陌生人在一起，把过去在各方面浪费的感情都集中了起来。时光流逝着，或在途中，或在莫斯科和圣彼得堡，或在位于克林城市边缘、只有穿过乡间小路才能到达的新房子里——这是一栋宽敞的大房子，阿列克谢把它布置得很漂亮。时光流逝着，在工作中，在最重要的一些作品的最后版本的修订中：彼得·伊里奇十分精心地修订着；因为圆满的时刻，解脱的一天应该是在写字台上实现的，一切都必须整整齐齐，一切都必须各就各位，绝不允许听任自然。彼得·伊里奇——这个衰老的人把自己看成是元老——投入到全面的修订工作中去，投入到对歌剧、交响曲和管弦乐组曲的整理中去，就好像是在准备一次大的出行。一切他都要亲手去做，最可靠的助手——克林德沃特或济洛季——对他来讲，还缺少足够的精确，即使最小的错误都不能放过；完成后的这些成品——不论工作量大小——都必须以完美无缺的形式交出，交到至高无上的阶层，交给那严格的法官：这要求彼得·伊里奇表现出最后的伤感的虚荣。

生活还得继续下去，而其中的个别事件甚至显得那么重要。新作品《胡桃夹子》进行了首演，首先是在音乐厅：它受到了热烈掌声的欢迎，组曲中六首曲调，他不得不重复演奏五首。这是在 1892 年的 3 月。《胡桃夹子》作为芭蕾舞，到了冬天才上演，和歌剧《约兰达》一起——彩排过后，沙皇陛下把作曲家叫到他的包厢，用鼻音说了几句赞美的法文词。这就是所发生的一些事件——再加上其他的音乐会和歌剧首演——彼得·伊里奇望着它们的正面，又望着它们的背影，用他那温柔而深邃的目光。

尽管他为了圆满和解脱的时刻做好了准备，而且只是为了它而在生活，但他仍然担心自己的健康，抱怨着自己的心脏和胃部的不适，服用很多碳酸氢钠和很多缬草滴剂，并去了维希疗养。鲍比陪同在他身边。鲍比在国外出现，是个美好的事情。在柏林，衰老的舅舅和漂亮的外甥一起去看《洛恩格林》，在巴黎一起去卢浮宫和“声乐咖啡馆”。年轻的鲍比充满激情地享受着这一切。可惜的是，他无法控制自己从柏林、巴黎和维希给圣彼得堡的一位女士寄明信片的欲望：是否还是他的朋友，当时揭露的那位稚嫩和宝贵的姑娘呢？彼得·伊里奇避免提这个问题。他甚至忽视了弗拉基米尔在床头柜上摆放的那张照片。他试图否认涅瓦河畔收信人的存在。但他也避免去抚摩他亲爱的外甥的头发和手。他不得不回忆起自己第一次出国的情况：想起那个年龄较大的工程师向他提出的可笑的要求。这一想法，使他心痛。

这一年的等待过去了，夏去秋来，秋天也过去了，冬天来临了。彼得·伊里奇聆听着自己的心声，想知道圆满的信号是否已经出现——这将是最后的主题，包含他全部作品旋律的旋律，就像是他对弗拉基米尔的爱，包含了他生命的全部情感一样。但他每日倾听的地方，仍是一片寂静。

就在这一年快要过去的时候，那个最后的决定性的信号出现了。

彼得·伊里奇终于接受了索菲·门特尔夫人多次诚心的邀请：到她在提罗尔的伊特尔宫度过了几天。在这之前他曾在维也纳有过很糟的停留；他在那里要在“音乐戏剧展览会”范围内举行音乐会。“但是，我在维也纳是运气不佳的。”柴可夫斯基解释说，“我对这座美丽城市的爱完全没有得到回报。自从汉斯利克扼杀了我的小提琴协奏曲之后，维也纳对我来说就是一个已经失去的阵地。”他在伊特尔宫里向朋友们讲述了，他这次在奥地利首都的遭遇是何等可笑和丑恶。“在火车站竟然没有人来接我——这就是一切的开始！”他报告说。索菲夫人、萨佩尼科夫、一位德国女歌唱家和一位巴黎的音乐评论家都表现出了愤慨。“这就是一切的开始——那么下面呢？我要举行音乐会的地方，竟是一家大啤酒馆——请大家想一想，一家啤酒馆！到处散发着煎猪油和烤鸡的味道！就要我在这里指挥！所幸的是，我的行李还没有打开！我立即跑回旅馆。那里已经挤满了人，就在我房间门前的走廊里。但这些人却不是为欢迎我而来，他们是在等待大师彼得罗·马斯卡尼，他的房间就在我的隔壁。这位《乡村骑士》的作曲者看来在当前是欧洲最走红的人物之一了……”

萨佩尼科夫说了几句崇拜马斯卡尼声誉的话，而索菲·门特尔却笑起烤鸡和啤酒味道来，直笑得眼泪都流到了面颊上，而那位德国女歌唱家却大呼：“在啤酒馆演奏音乐，我说这是对艺术的亵渎！”她自己几乎完全失去了她那美妙的女高音，现在只是在教堂音乐会上还做一些演出：她刚刚在因斯布鲁克参加了一次这样的活动。巴黎的作家讥讽地说，这大概就是日耳曼的风度。萨佩尼科夫说：“我们不能贬低德国人。就在不久前，他们还在慕尼黑热烈地欢迎了我。”慕尼黑音乐会和下一个在佛罗伦萨的音乐会之间，他正好有两天时间休息，来到了提罗尔探望他的女友和导师。门特尔夫人不得不批评他的新的肖邦节目。萨佩尼科夫在钢琴前坐了半天，吃饭的时候也表现出一副急促的表情，在饭桌上不停地用手指敲打着台布，就好像急不可待地要回到琴键上去似的。

“但我却很高兴，您遭遇了这样的厄运！”门特尔笑了一阵之后说，“我们得感谢这个厄运，终于促使您到我们这儿来了。我的上帝，我已经邀请过您有50次了！我甚至都不敢相信，会看到您坐在我这里！”

“可我并不知道，您这里是这样的美丽呀！”彼得·伊里奇稍微歪着头欣赏着窗外那白雪皑皑的山峰。

“只是这里很冷。”那位女歌唱家说，她戴了两条厚厚的毛围巾，手中还在编织着第三条。“我觉得，只有在夏天，伊特尔宫才是舒适的。”她摆出一副委屈和意味深长的姿态。女歌唱家每个季度都要到索菲·门特尔的府第中来，不管是否接到邀请。

宫殿的女主人友善地先朝女歌唱家，然后朝彼得·伊里奇笑了一下，最后把头转向那尊李斯特大理石雕像。“啊，”她说，“我却觉得，正是到处被白雪覆盖的时候，这里才是最美的……假期里有很多人到这里来……有时人多得就像两次特快列车之间的大车站的候车室。”她舒服地在躺椅上伸了伸腰，把那件长长的晨衣（robe de chambre）又裹紧一下。“不，这些客人啊！”她摇着头笑了起来，“其中总有些我根本就不认识的人！”她带着惊奇和惬意的回忆，讲述着夏天到伊特尔宫前来度假的人们的情况：那些年轻人激动得满脸汗水，突然站在音乐室里，接受大钢琴家的考验；一些勇敢的人坚持要去爬那座险峻的高山，最后不得不派当地的登山向导把他们接回来。“这是多么神奇的事情呀！”门特尔夫人喊了起来，一说起她的客人来，她简直无法安静下来。“不，真是什么样的人都有！您认识他吗？”她递给彼得·伊里奇一个镜框，它一直放在李斯特大理石雕像的下面。

“不认识，”彼得·伊里奇回答，“但他很美。”他的眼睛几乎无法离开这张照片。上面那个年轻人，具有一种让人动情的魅力。首先令人瞩目的是他的宽宽的形状优美的后脑部位，上面长着丝绸般光亮的黑发；其次是他那长长低垂睫毛下的目光；然后是那无比高贵和线条柔和的面庞，这个有些卖弄的伤感的年轻人向观赏者展示了一个半身相。——“他太美了，”柴可夫斯基重复说，“他是一个东方的王子吗？”

门特尔又开心地大笑起来。“这根本就不是什么东方王子，”她终于说，“他来自北方。他是丹麦作家，夏天经常到我们这儿来，一个可爱的人，他叫赫尔曼·邦。”

“噢，这就是赫尔曼·邦。”彼得·伊里奇缓慢地说，眼睛始终望着那幅照片。“我听说过他，他有时也去圣彼得堡。但他是这么美，我却不知道……”

“我的上帝，”门特尔笑了。“他现在已经不是这个样子了——我们本不应该这样说。可惜，他现在已经有了一副泛黄的满是皱纹的面孔了。但他仍然是很诱人的。上帝，他是多么让人开心啊——您知道吗，他是一个怪人，身上戴了很多很多手镯和各式各样的首饰，当他在房间里走动的时候，就会发出叮当的响声——如果要他穿晚礼服，他就会穿一件闪闪发光的马甲并在上衣袖子上戴一副长长的白色手套：就是女士戴在手臂上的那种手套，您知道吗，真是笑死人！但他却保持着那双美丽的眼睛，当他用那双无所不知的目光望着我的时候，我就会感到脱光了衣服，尽管这不是他的罪过。是的，我很爱他，他让人动情和欢快，是一个可以想象的最好的朋友。”

“他很脂粉味，而且有些坏。”那个有时还在教堂音乐会演出的女歌唱家说，“我总是觉得，他在捉弄我。”她摆出了一副庄严的样子。

“可是，他又怎么敢捉弄您呢，我亲爱的！”索菲夫人喊道，“不会的：邦是一个好人！”

法国音乐评论家曾在巴黎见过这位丹麦作家；萨佩尼科夫有机会在布拉格认识他。每个人都知道他的一则逸事。“恶意的朋友曾断言，说他是一位大公爵和一名招待员领班的私生子。”法国人微笑着说。索菲·门特尔则表演着邦朗读作品时在讲台上的姿态。“他一直很想做一个演员，这个可怜虫!”她又高声说。“是的，他最想干的，是到杂耍场或马戏团去表演：这就是他所崇拜的环境。其实他是个贵族出身的人——您明白我的意思吗？——当他见到我们看不到的什么可怕的事情时，他也可以显现出一种高贵、动人，几乎是吓人的严肃的表情来。他当然是一个伟大的诗人——我不太懂文学，但我觉得他的作品是很感动人的。您读过他的作品吗?”

“没有，”彼得·伊里奇回答，“但我现在却很想看看他的东西。”他又把目光转向那张照片。

“我为您找出一本他的书，”门特尔建议，“您肯定会落泪的。他对悲伤的事情知道得最透彻……”

萨佩尼科夫突然请求允许他离开：“我今天必须练习五个小时。”他急促地说。

慕尼黑的佣人——由于他的粗俗的口音，女主人常和他开玩笑——送来了邮件。“今天有来自俄国的信件。”他向柴可夫斯基先生躬身说。

“终于来了!”彼得·伊里奇急忙打开弗拉基米尔的信。“请原谅我现在看信!”他转身对夫人们说。“我已经很久没有听到家里的消息了。”

另一封信是约根松寄来的，第三封信出自莫杰斯特。第四封信的信封上的字迹清秀而带有孩童般的规整，彼得·伊里奇觉得有些陌生，但又感到有些熟悉。他带着某种不安的心情打开了信封。读信的时候，他的面孔先是泛红，然后变得十分苍白。“难以置信。”他轻声说，眼睛凝视着信纸。

“一个不好的消息?”门特尔问，女歌唱家激动而同情地看着吃惊的彼得·伊里奇：看别人遭受命运的打击，是她唯一的生活乐趣。

“是来自死神国度的消息。”彼得·伊里奇站起来说。

这封信来自他的老教师法妮·迪尔巴赫。20多年来，他一直以为她已经离开了人世。但她却活着。她生活在贝尔福附近的蒙贝利亚尔，25年来一直没有让人知道她的消息。现在她终于说话了。早已流逝的回忆又复活了。一个童年世界从流逝时代的深渊升起。法妮，曾给予美好童年的老法妮，现在又在呼唤她的学生。她请求彼得·伊里奇去看望她。“我很想在我死之前再次见到您。”那些清秀、带有孩童般规整的字迹这样说。这是一个信号。圆圈就要接轨，时间就要圆满。

“这是来自死神国度的消息。”柴可夫斯基重复说。

这一天的剩余时间，他都留在自己的房间。我什么时候可以去蒙贝利亚尔呢？这就是他现在想的问题，也是他心中的思虑。我必须先去布拉格参加《黑桃皇后》的首演。然后去巴塞尔举行音乐会。从巴塞尔到法妮这么长时间隐居的城市，肯定不会太远了……

他躺到了床上，这是一个法式的豪华床，精美的雕刻、一幅蓝色的丝绸床帐，很可能是哪位崇拜者从巴黎送给伊特尔宫的女主人的。床的上方，悬挂着一幅粗俗的油画复制品，上面用刺眼和甜润的颜色画着那不勒斯湾和冒着烟尘的维苏威火山。这栋美丽寓所的装修是一种奇特的风格大杂烩。

彼得·伊里奇翻阅着门特尔夫人让佣人送来的丹麦作家写的书。他的目光落到了这样一段上：

“有人说，谁要是见到了耶和华，谁就会死。但我告诉你，一个单个的人，如果看到了另一个人的灵魂深处，他就会死。那么，也有可能，自己看到了自己的灵魂深处，那他就应该无声无息地把自己的头搁到刑台上，而且把这看成是一种轻微的，但必要的惩罚。”

彼得·伊里奇合上了书，站起身来，迈着大步在房间里走来走去。“我为什么没有遇见这个无祖国的北方人呢？我会和他相互理解的。写下这个可怕的句子的人，是我的兄弟。兄弟就应该认识。为什么我们之间却失之交臂呢？我真是应该遇见他，那肯定是很重要和很好的事情。但现在已经太迟了。”

他停在窗子前。他的目光在这威严的、已经变成一副布景和巨大的装饰的风光中寻找什么呢？——在落日的光线下，起伏的山峰和白色的山峦都变成了橘黄色或血红色的光芒；而从山谷和沟壑里却升起了深蓝色或黑色的阴影。这山峦的无情的美丽，挡住了悲诉的目光，那是一个平时习惯于辽阔和荒芜的平原的目光；在这平原上，他常常漫步、浏览、休息，最后得到了一些休整。这个辽阔而荒芜的平原，就是这个目光所热爱的家乡，它是温柔的。现在这个无情的美景，却使人心痛。窗前这个孤独的人，不得不在这过于宏伟、过于粗野的美景面前闭上了眼睛。

一年结束了，几乎又是滑落入逝去的深渊之中。它的最后一天又送来了它最深刻的一段历险：它送来了通向死神国度的旅程。

贝尔福附近的蒙贝利亚尔是个不足 5000 居民的小城，街巷九曲回环，还有一座庄严的宫殿，是过去蒙坡加伯爵的官邸，当年这个家族也是同名伯爵领地的统治者；现在它属于符滕堡州管辖范围。

小城蒙贝利亚尔狭小的街道，甚是凄凉，仿佛已经入睡，带着它们的塔楼、角窗和冰冻的井泉。天很冷，小城的居民不敢走出他们的家门。或许有几个年老的女人，躲在丝绒窗帘后面观察着身穿长皮大衣、戴着圆筒皮帽的陌生人，他从火车站过来，正吃力地走在路面极差的主街上。

彼得·伊里奇向一个冻得发抖的小男孩打听迪尔巴赫小姐住的房子。这个热心的男孩走在前面为他带路。这个小城市的每一个孩子都知道这位小姐的住处，她已经在这里住了 70 年——只有一次，人们记得，她曾到俄罗斯工作过一段时间，但这已经是很久很久以前的事情了。这位小姐已经为蒙贝利亚尔的三代人讲授过钢琴课、一点数学、语法和一些文雅的礼节。为了去她的家，先要从主街向左拐，然后可以看到一条上坡的小胡同；爬上去之后，经过药房和邮局，人们就来到这个城市最古老的街区，在迷宫般的胡同当中——它们是如此的狭窄，都容不得三个人并行。陌生人到这里肯定会迷路的。但是，热心的小向导——小脸冻得发青，裤底缝着补丁——却很熟悉这里的道路。再拐一个弯，来到一个门洞，这里有一个院子，这就是他要找的那座房子。小向导从穿长皮大衣的陌生人手中得到了他的报酬。彼得·伊里奇拉动了那个沉重的老式门铃；门铃出人意料地发出了铜钟般的响亮声音。铃声尚未响完，就已经可以听到房子里面下楼的脚步声。门打开了，小向导也不见了。这肯定是一场梦。

在门中显现出来的法妮，她没有变化。还是那张面孔，那熟悉的眼睛，还是那修长的身段，好看的额头，还保持着她那金灰色的头发——或者已经有些花白？但彼得·伊里奇却看不到，泪水蒙住了他的眼睛。他只是看到了他一向熟悉的法妮。流逝的时光已不重要，在这张面孔前面，它已经不存在，早已沉落的东西又变成了现实。

“您回来了，亲爱的彼得。”法妮·迪尔巴赫说，就好像她的这个学生和被保护人几周前才离家去旅行：他似乎是第一次出远门，没有老师的保护就上路了，现在又回到了她的身边，她用温柔而安详的声音说：“您回来了，亲爱的彼得。”

已经头发花白满脸皱纹的学生，跟着他的法妮走上一条陡峭狭窄和相当阴暗的楼梯。他低着头，摸索着，因为他的眼睛仍然模糊；而她却身板挺拔，穿着一件简单的灰色连衣裙——那不就是她当年在沃特金斯克穿的那件衣服吗？——她仍然那么苗条，已经70岁的人，而她的花白头发的学生却增加了不少脂肪。她打开了她居室房间的门，里面摆放着她的小工作台，她就是在这里编织和修改学生的作业。法妮的房间里仍然笼罩着彼得·伊里奇在沃特金斯克所熟悉的味道：那是极端干净的味道，清新服装的味道，以及一丝熏衣草的味道。

闻到这种味道，彼得·伊里奇闭上了眼睛。这肯定是一场梦。难道四十五年的时光并没有过去？这些年的苦涩的内容并不存在，已经消失不见？

“你还有那个美丽的八音盒吗？”彼得想问。但他这时已经听到了那甜蜜的旋律。难道是一只魔手把音乐开启？

不，那是一个老年小姐打开的，她带着温柔的风雅向法妮和头发花白的学生迎面走来：这是法妮的姐姐。两个有心的姐妹想出了用八音盒欢迎客人的主意：姐姐留在楼上的房间里，等着他们进门时把音乐播放出来。

《唐璜》的美妙的曲调结束了，彼得、法妮和她的姐姐无言地站在那里聆听着：这是所有曲调中最美的，它的完美几乎令人心痛，它是永恒的榜样，永远无法超越，它是上天的一部分。

“你肯定还有奥尔良少女的图片吧。”彼得轻声问道。但在他看图片之前，先得问候法妮的姐姐——他从内心里很愿意这样做——并喝一杯蓝莓酒和至少吃几片饼干。两位女士抱歉地说，她们可惜不能请他吃一顿热饭——“但我们的家实在太小了。”法妮解释说。她手拉手地和她的姐姐站在那里。她和姐姐就在这个房间里度过了一生——这些年月是多么的宁静，一转眼已经过去了几十年：彼得在这些年里都干了些什么呢？他用什么样的经历充实了这些年月呢？今后他还将面临什么样的历险和风尘呢？

法妮说了一句这个头发花白的学生心里想说的话，她说：“是的，这里很安静，总是这样。但你都干了些什么呢？”在她的声音里包含着温柔的责备。彼得的脸红了，他无法回答。法妮又补充一句说：“但我对你还是很骄傲的，我亲爱的。有人给我看了你在报纸上的照片。你已经成了一个大人物了！”她微笑着说，就好像她说这句话时并不十分认真，而是作为教育手段在安慰一个失败的学生。在这个房间里，荣誉意味着什么？是伤感的补偿还是贱民的标志？荣誉在这里有效和有价值吗？它不是已经和他度过的战斗和苦难的时光一起消失了吗？像在梦中一样，彼得在回答法妮提出的问题。他讲述了两个弟弟尼古拉和许波利特的现状，他们生活在哪里，有没有孩子。他讲述了萨莎和她的死。法妮没有问孪生兄弟安纳托和莫杰斯特的情况：因为她不认识他们；但却谈到了母亲。法妮从一只旧箱子中，拿出了母亲写给她的信。彼得又看到了母亲的笔迹。他的眼睛里放射出迷茫的光彩，望着那已经泛黄的信纸，那熟悉的笔迹。“这封信是您亲爱的母亲在病床上写的，”法妮说，“您看：她的手还在颤抖。”

从老小姐的箱子里升起了对过去的回忆，就像从一个魔盒里：那是些属于彼得所有的玩具，一个布娃娃、彩色的玻璃球；那是他用漂亮的字母写成的法国诗歌，装点着很多图案和花纹，画在一张硬纸上。那是一首彼得已经忘记了的写给英雄少女的诗，但当他现在又读到它的时候，那沉落的地点和沉落的时间又跟着这些幼稚和有很多语误的诗句再次显现了出来——噢，过去时光的神奇的复活，噢，再现，噢，又回家了！那首诗是：

小鸟之死
它睡在一个没有墓的地方。
它并不像人那样睡在寂静的大地。
然而，它并不是为了上帝。
它自己就是一个东西，它的生命并没有消失。
可怜的小东西，从来没有害怕！
少年们把你埋葬于冰冷的大地。
他们用鲜花装饰你，
他们为你造了坟墓。
哦，善良的上帝一点儿也没有忘记你！

哦，你，小鸟啊，你不能不记住这个地方……

彼得现在哪里？这里是一个名叫蒙贝利亚尔小城中的一间狭小的房间，他自己已经老了，头发变得花白，这是1892年的最后一天吗？一个另外的世界从魔盒中升了起来，它不断扩散，它逐渐变成了现实，带着孩童的死亡的嚎叫的咒语，为了一只小鸟。

那个城市叫沃特金斯克。小彼得躺在沙发前的厚厚的地毯上，美丽的母亲刚刚从沙发上站起来。母亲无言地走出了房间，但法妮却留了下来。她坐在窗前的躺椅上，正在做着手工。她看着小彼得，正握着铅笔在一张硬纸上写着画着："小鸟之死"。"你没有听到吗，小彼得？"法妮那熟悉的声音说。"你的妈妈说，你不要再写了，你现在应该到花园去陪许波利特玩耍。如果你不听话，就再也不让你听八音盒了。人应该跟随母亲而去。"

第十章

在奥德萨城，人们的习俗虽然有些粗野，但却真诚。他们欢迎和崇拜一个喜爱的人物时，还会有些出格。

彼得·伊里奇在奥德萨受到了特殊的爱戴。他自己也不知道，为什么这里的人对他的热情会如此强烈；但他却身临其境地感受到了这种危险热情的宣泄。

奥德萨有一个如此粗野而真诚的习俗，就是让受欢迎的人“荡秋千”：两排强壮的人面对面站着，相互拉起手来，让他们喜爱的人伸直身体趴在这个弹性的担架上，然后就开始了那个可怕的玩笑——被欢迎的人在群众的欢呼声中被抛向空中，然后再落到这个弹性的担架上，然后再抛起来。这个粗野和欢快的玩笑至少要重复七次——这是当地习俗的规矩，它会给所有的观众和参加者带来莫大的欢乐——或许除了那个被欢迎和被抛起的人之外。

我们可以想象，彼得·伊里奇在接受这种民间欢迎礼仪时，由于害怕而变得惊愕的面孔会是个什么样子。当他第一次被抛上空中的时候，人们还听到他发出的一声轻轻的呼叫，然后他就咬紧牙关，不再出声了；但他的眼睛却在惊恐下睁得滚圆。把他抛向空中的人以及周围的群众一起高喊：“乌拉！”——这也是这个活动的一部分。观众里面也有门特尔夫人和萨佩尼科夫，他们是和柴可夫斯基一起来奥德萨举行音乐会的。索菲夫人对她的老朋友受到的这种待遇，笑得流出了眼泪。“上帝，真是好玩极了！”她一再欢呼，萨佩尼科夫不得不把自己的手帕递给她，因为她自己的已经丢失，但却急需用手帕擦眼泪，泪痕已经在脸上的脂粉上形成了条痕。“这真是一个难得的时刻!”萨佩尼科夫一方面也很开心，但另一方面却很希望自己也被“荡秋千”一次：这可能会很疼痛，也很可怕。但这却是荣誉的象征，他是多么渴望在他的身上也出现这种光荣——因为他爱荣誉和与此相关的一切事情。

此外，在奥德萨的这些日子里也还发生了不少其他的事情，使这个虚荣的人对他的保护人和伟大的朋友有如此巨大的知名度感到嫉妒。因为对他的崇拜简直就像是对待“祖国的拯救者”一样。同奥德萨的超热情的欢迎相比，布拉格、第比利斯和纽约的接待就显得暗淡无光了。柴可夫斯基，这个疲惫的银发老人，在这些天里成了这个港口城市的真正的英雄：街头的孩子们向他欢呼；报纸每天都整版地对他进行报道；他第一次登上指挥台排练时，整个乐队起立向他致敬；《黑桃皇后》首演结束时——那是 1893 年 1 月 19 日——鼓掌欢呼声无终无止，剧场中的狂热欢呼几乎像是愤怒的呐喊，老先生无措地挥舞着大手帕，女士们冲到大师的面前，要吻他的手。对这位“俄罗斯的贝多芬”的欢呼，对这位优秀的、挚爱的、赞扬不够的客人的崇拜，在居民中歇斯底里一样扩散着：每一个协会都想为他举办宴会，每一个富有的家庭都想邀请他到家里做客。

对这样强烈的感情冲击，彼得·伊里奇完全没有准备。他吃惊地看到，他所具备的神奇的技巧，在这个大城市，为他造就了多少朋友：这就是把痛苦转化成音乐的技巧。对他本人突然出现的这种激情的宣泄，使他大受感动，但也给他带来了恐惧。尽管如此，他这时唯一的渴望，就是回家去工作——因为，只有这个工作——最大的，或许也是最后的，但无论如何都是最重要的工作——一直在他的心中和头脑里困扰着他。时间已趋于圆满，信号已经出现，最后的忏悔的时刻已经到来。

如果我们的敬畏和同情的目光，现在落到库兹涅佐夫在奥德萨的日子里为柴可夫斯基画的肖像上，那我们就可以看到，他并不像是这个盛大庆典中的开心和满意的英雄，反倒是一个悲哀内省的罪人，在这喧闹的时空里沉默无言。啊，我们的敬畏和同情的目光所看到的，并不是那个在粗野的习俗中被热情“荡秋千”的彼得·伊里奇，而是那个在头脑中已经完成了第六交响曲的作曲家：他突然一下子孕育了全部四个乐章——是什么时候的事情呢？他如此长久地期待着的这个奇迹，是什么时候完成的呢？或许是在蒙贝利亚尔，在那个狭小的充满清新内衣味道和熏衣草芳香的房间里吗？或许那两个老姑娘——迪尔巴赫姐妹——成为柴可夫斯基一生中最伟大时刻的见证人吗？——过去的一年的最后那一天，成了裁决和受孕之日。

被港口城市奥德萨的经历弄得心潮澎湃而又筋疲力尽的这个孤独的人，又回到了克林那个凄凉的地方的凄凉的房子里。现在面临的只是工作，晚上有时也给鲍比写一封信，报告交响曲的进展情况——“这是一部标题交响曲，但它的标题将永远是一个秘密”。弗拉基米尔——这个彼得堡的大学生，这个姑娘们的朋友，雄辩集会和欢乐夜晚的朋友——会猜出它的本意吗？这部第六交响曲就是献给他的，它的名字将写在彼得·伊里奇向世界——以及存在于世界内外的审判者——做出的供状之上。那个孩子对这次音乐忏悔能有什么理解呢？他有足够的力量去承受这巨大的恩泽吗？他难道就不惧怕那缓慢的终乐章痛苦的中段乐曲那绝望的急促吗？这个男孩鲍比，知道如何对待这位著名的舅舅、伟大的朋友的最后的和最重要的礼物吗？

它难道真的是为了年轻的鲍比？难道它就不是为了另外一个弗拉基米尔？那个夜里熟悉摇篮曲的人吗？那个带有母亲身影的勇士？

他——那个超越性别的死亡天使——是柴可夫斯基每夜都在他克林的空阔的卧室里遇到的形象。他的话语，他在聆听；他的指令，他在跟随；他随着他的歌声和召唤坠入温馨的梦乡——然后，早上 8 点左右又从他的歌声中醒来，带着某种伤感的清新投入每日的工作。

钢琴上方的墙上，挂着可爱的外甥的照片。所以，彼得·伊里奇度过孤独的每一天时，并不孤单：在他的面前还有一个十分亲密的、十分钟爱的、年轻的、机灵的和聪明的，但已饱经风霜的狭窄的面庞，带着茂密的卷发，带着光亮的额头下那阴郁的目光，善谈的柔软的嘴唇。没有这个存在，这繁忙的一天就是一个罪孽。因为彼得·伊里奇——陶醉在旋律中，就像陶醉在毒药中一样——热爱着这个远在天边又近在眼前的人，妹妹的儿子，母亲的外孙；他的继承人、死亡天使和生命的捐赠者。他以强烈的内心炽热在爱他，爱得胸中发痛，这是他从未感觉过的，一生都没有过的这个感觉。——现在，他已经没有能力，把他对作品的爱和他对弗拉基米尔的爱分开：两者已经交融在一起，他们共同在创造这孤独但又不孤独的时日和这充满兴奋的令人销魂的时光。

外界的任何干扰，对他都意味着这种情绪的破坏和伤害。但世界是带着它的要求和贡献而来的，它无法避免，而总是尽力以其特殊的能量去影响那些不对它依赖和不想理会它的人。在世界的要求和贡献面前，彼得·伊里奇一向是很软弱的，而且他也相信，如果在这个要求面前退却，是会对不起他的荣誉的。

他再次中断了他的工作，前往莫斯科去指挥《哈姆雷特幻想曲》和《胡桃夹子》组曲的演出。他去了哈尔科夫，受到了热烈的欢迎。复活节期间，他来到了圣彼得堡。

在这里，他到医院去探望了他的老朋友阿普赫丁，他们已经有四年没有见面了。原来他所崇敬和热爱的朋友，现在已经变得如此丑陋：他患了水肿，他的脸变得焦黄，四肢肿胀。

“我发现，你是带着惊恐来看我的。”病人用沙哑的声音说，并用一种恶意和疑惑的目光打量着来访者。“是啊，我看起来肯定是很让人恶心的。你只要看看我的脚就行了！”他用一种可怕的裸露狂的姿态——这是他典型的性格，把虐待狂和怪癖的虚荣交织在一起——掀开了被子，露出他那发青的肿胀的双腿。“很好看，是不是？”他把泛黑的嘴唇做出一副嬉笑的样子。“全身都中毒了。”他用手抚摩着四肢说，“全身中毒——你明白吗？我的全部血液。——我要死了！”他突然喊了起来，用手指狠狠抓住了床单。“我的血液在分解——我已经完了！”

“说得非常对！”柴可夫斯基用一种奇特的严酷回答，“我的时间也到了。”

“你可以这样说，”病人吼道，“因为你还可以四处走动，你还可以享乐，你还健康！是我的血液正在分解，而不是你！”他的面孔愤怒地扭曲着，好像在控告命运，控告那卑鄙的不公。

“你可以放心！”彼得·伊里奇说，“我的日子也不远了。”

“可我还多想再多活一些时间啊！”阿普赫丁轻声说，抓着床单的手放松开来。“生活很美，它很迷人——我现在才发现这些。我或许已经错过了最美好的东西。如果我能继续活下去，肯定还会经历很多意想不到的事情……”

彼得·伊里奇没有回答，他沉默了。他用无动于衷的、几乎是邪恶的目光，凝视着丑陋的、还在渴求生活的将死之人。这个人是他青年时代的最坏的诱惑天使，把他引入了快感的神话之中；他曾为此而痛苦，也曾为此而疯狂。噢，过眼云烟！噢，一切人世间事物的无聊而可怕的终结！“我为什么要坐在这里呢？”柴可夫斯基想。病人的目光茫然地盯看着对面的白墙，似乎那里已经出现了他所惧怕的死神的面孔。“如果我还想见到阿普赫丁，这个带着压抑、温柔和嘲弄笑声的恋人，我就可以去寻找梅德拉诺马戏团的那个堕落的青年。这里躺着的这个由苦闷和烂肉组成的躯体，已经不再存在了……难道我的生活只是为了去进行这种可怕的或者动人的重逢和告别吗？首先是那个发胖的德西蕾，然后是弥留之际的萨莎、容光焕发的法妮，然后就是这里……我不想继续坐在这病房里了——这里散发着一种不舒服的甜兮兮的石灰酸的气味，或者什么其他怪味。我想出去，走向太阳……”

探望在岁月流逝中早已不复往昔容貌的恋人之后几个小时，彼得·伊里奇在圣彼得堡一家高级饭店举行了一次最欢快的聚会。他的客人是：弗拉基米尔、莫杰斯特和被柴可夫斯基称为“第四组曲”的几个年轻人，因为他们到处跟随着大师，并让他供养。比如其中的一个吕德克伯爵、一个布克斯霍夫登男爵——黄金色头发，宽肩窄臀，一副运动员的体型，显示着壮美和力量——以及那个小康拉丁，也长得很漂亮，是莫杰斯特的学生和宠儿。莫杰斯特不仅在文学上，而且在教育上也是有所作为的。他的小喜剧《成见》已经写完，不久将在莫斯科小剧院首演。目前，这位剧作家还承担了监督那位来自良好家庭的翩翩少年的学习的任务——不仅可以增加一笔收入，而且也给他带来了不少的乐趣。

今天，大家在庆祝鲍比刚刚结束的一场什么考试；另外，也是为彼得·伊里奇再一次外出饯行，他——在剑桥大学音乐协会成立50周年之际——获得了英国这所著名大学的荣誉博士称号。他必须亲自去接受这个荣誉：这也是这项荣誉所要求做出的牺牲。

在这家高级饭店的聚会快要结束时，大家都变得放荡不羁。吕德克伯爵甚至跳上了餐桌，用他那已经不灵活的舌头演唱一段小调，而那个小康拉丁醉得几乎从椅子上掉到了地上，多亏他的保护人莫杰斯特及时扶住了他。

在乘敞篷马车回家的路上，彼得·伊里奇一再夸奖年轻的布克斯霍夫登男爵，说他在这个卑劣的时代和这个灰色、市民阶级的世纪里，是如何出类拔萃。于是，这位被赞美的男爵，立即扬起了他那运动员式的美丽的头颅，他有着浓密的金发、笔直的鼻子和一双明亮的眼睛。他没有说话，而是把两只大手规矩地放到膝盖上；只有那骄傲的笑容表明，他已经理解并感激这位著名人物对自己的高度赞扬。突然，彼得·伊里奇停止了滔滔不绝的演说，兴奋地喊道："我这是在说什么呀！这和我有什么关系？这里坐着弗拉基米尔！"同时急促地转过上身，朝向了他可爱的外甥。弗拉基米尔这时正在和一个跟着缓慢行驶的马车走着的小个子妓女开玩笑。"那就明天晚上——在歌剧院门口！"弗拉基米尔对那个姑娘说，用一种使彼得·伊里奇再次感到震惊的猥亵而柔软的声调。"他那可爱的面孔完全被圣彼得堡所有的娜斯滕卡迷住了……"柴可夫斯基低下了头，坐在那里，突然变得一动也不动了，就在有些年轻人当中。

现在，他又要，又要出门旅行了。

大都市一片灿烂，因为5月已经来了。柏林，绝望的彼得·伊里奇脑子里只有弗拉基米尔和交响曲，他将在这里停留一天。这个城市以其醒目的美貌展现在人们面前，就好像在高呼：你们看，陌生人，为我高兴吧！我，这个强大的、战无不胜的、受人普遍尊敬的帝国的首都——我，美丽而年轻的皇帝、和平贵族以及天才的科学、艺术、武器和工业之友的驻地——我，这个庄严的城市，也是可以很娇媚的！——菩提树下大街已是一片碧绿，女士们穿着明亮的斗篷，拿着阳伞在漫步；动物园街区的巨大而整齐的花圃在闪闪发光。彼得·伊里奇在这里走了两个小时之久，直到他开始不知所措地哭了起来，引起了身穿春装的行人的反感的惊讶：他或许想起了——已经多久了？——他在这里曾流下的眼泪。这次，他简直无法抑制自己的抽泣；终于回到了旅馆，他给鲍比写信说："我从未像现在这样痛苦和落泪。已经到了纯粹是精神分裂的程度……"

在柏林就已经是如此难过。到了伦敦又会怎么样呢？那里又将是音乐会、晚宴和颁发博士头衔的各种礼仪，我能够经受得了吗？

伦敦的"季节"，不论在修养、辉煌和财富上，都超过了彼得·伊里奇迄今在两个大陆的其他中心城市所见到的一切。王子大街上和海德公园里的华丽的车辆和马匹，使香榭丽舍大街、尼扎或佛罗伦萨的车辆变得暗淡无光。——贵族和财政界的大社会，再次逼迫把音乐当作自己挽歌打动人心的老人，服从他们昂贵而豪华的习俗和礼仪。在伦敦期间，彼得·伊里奇——夜里始终受到母亲身影的英俊的死亡天使的告诫——把自己全部献给了每一次午餐和晚宴，接受公爵夫人们和银行大亨们争先恐后向他献的殷勤；晚上，不得不出席大型音乐活动或者参加演出。荣誉博士们都是这个季节的雄狮和珍贵的看点。由于被邀请来伦敦的爱德华·格里格因病不能出席，所以，圣-桑和柴可夫斯基就成了外国荣誉博士中的明星；何况，德国人布鲁赫先生在这个高层社会里形象不佳。

当彼得·伊里奇在盛大庆典的那一天——1893 年 6 月 13 日——穿着他的半白半红色、金丝绣边的宽袖丝绸长袍站在镜子前面时，他不得不笑了出来。他笑着对镜子里面的影子说：“你已经走到这一步了，老彼得！你已经可以如此滑稽如此奇妙地把自己伪装起来！这是用痛苦，30 年的痛苦换来的：这顶可笑的金边高帽，就是世界对我的感激。现在我不能再说，他们是忘恩负义了……”

所有参与者都严肃对待的庆典本身，包括在市内的漫长的游行，在“元老院”的烦琐的授衔仪式，他都带着好奇和畏惧的复杂心理经受了——就像是参加了一次由幽灵组成的奇形怪状的欢庆队伍。满是刺绣的礼袍和严肃有余的表情，那些胡须，那些大腹便便，拉丁文的演说和钟声，对他来说都变成了幻想世界。他以庄重的姿势站立在其他几个受衔人当中——其中甚至还有一个印度土邦主——他必须这样想：“这是一个庄严的时刻——毫无问题。（钟声已经响起；人民含着热泪拥挤在门前；副校长用修辞讲究的拉丁文赞美着作曲家柴可夫斯基。）但，我却觉得这一切都有些恐怖和可笑。这是荣誉的检阅——我又经历了一次，但这一次的规模最大。一切都在我的面前再表演一次，我必须再一次跟着干：在奥德萨，是粗野的民间欢庆，使我所有的手脚事后疼痛了好几天；而这里——是荣誉的美好的庆典，却给我留下了幽灵般的印象……如果我现在突然不得不笑起来，那肯定是很尴尬的场面——副校长的面孔会扭曲起来；大家都会以为我发了疯……我现在真的很想大笑一场……”

在庄严肃穆的气氛中举行的庆典之后，副校长和大家共进早餐，参加者是受衔者和大学的显贵，都穿着庄重而戏剧化的服装。早餐后是花园招待会，伦敦的很多上层人士都前来参加。——彼得·伊里奇游荡在灌木、花坛和树木之间，和他的老相识圣-桑手拉手交谈；两个作曲家在很久以前曾在莫斯科音乐学院一起工作。

“现在，我们穿着这滑稽的服饰在表演，”彼得·伊里奇首先开心地说，同时看着那美妙的草坪。“我真希望，格里格也和我们在一起：我多想看到那个小个子穿上这件庆典礼袍的样子。”

“格里格会踩到礼袍上摔倒的。”《参孙与达丽拉》的作曲家笑着说，《叶甫盖尼·奥涅金》的作曲家也跟着笑了起来。两个人逐渐进入了放纵的气氛之中。他们谈论着已经过去的时代。他们那时还都很年轻。

“您还记得我们一块跳芭蕾舞的情景吗?”柴可夫斯基喊道，“谁也不许看到我们，只有尼古拉·鲁宾斯坦例外，他用钢琴为我们优美的舞姿伴奏。不，您当时扮演加拉泰娅，跳得多可爱！可是我，扮演皮克马龙，其实跳得也不错——我们确实是美妙的一对!”——他们说得大笑起来，两个荣誉博士，两个受人尊敬的人，穿着红白色的礼袍在剑桥大学的美丽花园中漫步。“您跳得很高。”圣-桑笑道，这个《音乐唯物主义》和《和声和旋律》文章的作者。“但我却比您更优美。”——圣-桑的头发和彼得·伊里奇一样花白，他的稀疏的头发，已经退到了光光的额头上；长长的山羊胡和剪得圆形的短须，在笑的时候，他那长长的鹰钩鼻子就会皱起来。——“您肯定没有什么理由如此傲慢。”彼得·伊里奇不无严肃地说。“结果正是您把最后那一场搞糟了，您像个小丑似的摔了个跟头。”——“我摔倒，那是因为您用脚绊了我一下。”圣-桑试图辩解。他们不断争执着，到底谁应该对当年在舞蹈最后一场摔倒负责，逐渐地又接近了与会的其他人。

柴可夫斯基，这个伦敦季节的明星，剑桥大学的荣誉博士，尽快返回了俄罗斯。弗拉基米尔和好心的莫杰斯特带着严肃的表情到圣彼得堡火车站迎接他。“你离开的这段时间，这里发生了不少悲伤的事情，我亲爱的彼得。”好心的莫杰斯特说。——“你青年时代的朋友卡尔·阿尔布雷希特——尼古拉·鲁宾斯坦的左右手，制作家和哲学家死了。”去世的还有康斯坦丁·日洛夫斯基，他曾在早已陷落和流逝的时代和彼得·伊里奇一起游历过欧洲，并共同度过某些几乎是幸福的时光。

彼得·伊里奇，在世界上很多城市流过那么多的眼泪，但听到这些消息，却没有哭。他很镇静，甚至没有问起这些老朋友是在什么情况下去世的。他那睁大的湛蓝色的眼睛，发出一种奇异而无情的，甚至是胜利的光芒。“阿普赫丁也死了吗?”他只是问。——“还没有，”莫杰斯特回答，“但已经接近尾声。”——彼得·伊里奇沉默了。他突然用很大的动作抓住了弗拉基米尔的胳膊。“你过得怎么样，我亲爱的?”他嘶哑地问，把那衰老的大脸贴近了他可爱的外甥的狭长而年轻的面孔。弗拉基米尔对他这个著名的舅舅的沙哑的声音有些害怕。“谢谢。”他赶紧说，并故作镇静地继续说：“我昨天刚刚又进行了一次考试……真是可笑，我老是要考试……不过，或许这也是一个理由，今天晚上可以外出去玩一玩——吕德克和布克斯霍夫登也愿意参加……”——“我想立即返回克林。”彼得·伊里奇说，并用发光的眼睛盯看着那副可爱的面孔。“我必须要工作。”——

阿列克谢已经为主人的归来把克林的不大的房子布置好了：花园的围墙重油漆一新，大门口写着“欢迎博士回家!”的木牌上端挂着一串彩色的花环。——“你弄得真漂亮，老阿列克谢!”柴可夫斯基夸奖着他，但他那双睁大的眼睛却似乎什么都没有看见。

后来，吃晚饭的时候，彼得·伊里奇突然问阿列克谢："你的妻子在那边过得怎么样?"——可怜的仆人的脸色一下子变得苍白，然后也红着脸说："可是，先生!"他终于说，"可是，彼得·伊里奇!您怎么能够这样说话呢！我们可不能作孽呀！我的故世的娜塔丽娅现在停留的地方，我们怎么能够了解呢？我相信，她肯定是在天堂，因为她是一个好女人，她的咳嗽让她受了多少苦啊！可是，我们能够知道什么……"——彼得·伊里奇，餐巾搁在膝盖上，望着餐桌上装满酒的酒杯，带着愤慨的欢快说："你的娜塔丽娅所在的地方，你觉得很陌生吗，老阿列克谢？但我并不。我的很多朋友都已经到那里聚会了。他们让我对这个陌生的地方开始熟悉起来。我感到那里已经和家里一样。朋友们所在的地方，对我们总是像在自己的家里一样……"他以相当恐怖的方式笑了起来。仆人带着难过的表情离开了房间。

晚上，睡觉之前，彼得·伊里奇还对他说："现在，我再也不离开这个美好的家了，一直到这首交响曲完成。一直到最后的交响曲完成——你听见了吗，阿列克谢?!"——"当然，彼得·伊里奇，我听见了。"仆人顺从地回答。

彼得·伊里奇工作着。他的面前是弗拉基米尔的照片，那张可爱的面孔。白天他在钢琴旁度过，晚上——和白天一样孤独——在房间里走来走去，打开一本书，沉思地在纸上写着什么，或对自己吹着口哨，或者自言自语。

暮春走向炽热的夏天。克林的天气很热。彼得·伊里奇从不离开这个地方，也很少离开房子。交响曲在增长。"先生应该有一些消遣才是。"好心的阿列克谢说。"或许应该让小主人弗拉基米尔到我们这里来玩。"但主人却不想消遣，也不想有人来访，包括弗拉基米尔，他就是在他的照片面前工作的，他那张英俊的母亲般的形象每天夜里把他送入梦乡。这个带着母亲面庞的恋人招着手，诱惑地飘浮在狭窄的铁床栏杆周围。"跟我来!"那个紧迫和亲切的声音一再呼唤着。这时，彼得·伊里奇总是回答："很快！马上就要圆满了。只还需要几个星期，作品就会完成，我可怜一生的真相即将破壳而出。请再稍等一下，亲爱的面孔！请再耐心一些，我亲爱的母亲！"

在圣彼得堡，阿普赫丁死了，他本是巨大诱惑的真身。彼得·伊里奇没有去参加他的葬礼。他留在克林，继续工作着。我很快就结束了。作品在增长。但愿世界不会为它的真诚感到惊恐——所幸的是，世界没有能力去理解，而只会在这音响的图像面前不知所措，这幅图像中积聚了这个可怜的大地之子所有曾感动、曾受难、曾幸福的瞬间。另一个神灵，那个遥远的上帝，他却能够完全理解，他将满意地点头称是。在缓慢的终乐章，那个垂死疲惫的人自己唱着安魂曲。因为他的心在舔食着那阴暗的地方，很多他所爱的人集聚的地方。在那里，他将见到很多业已消失的面孔。他的那些精心收集和保护的回忆会接待他吗？在那个他渴求的地方是否有再生呢？——彼得·伊里奇一想到这个问题，就会露出傲慢的笑容，就像他的妹妹萨莎，弗拉基米尔的母亲，痛苦地躺在病床上微笑的那样。但这个问题又和他有什么关系，即使有答案，又对他有什么价值呢？现在他所关心的只有一件事，那就是把他的生命塑造成音乐——这，而不是别的，始终是他的义务和注定的使命。当使命完成的时候，解脱也就来临了。或许它也只是一种轮回——不要去问吧，可怜的心！不要去搜寻词句和解释！词句又意味着什么？顺从地跟随着最高主宰的委托吧！要抓紧时间，尽快去完成！这和你有什么关系：化解和轮回？你要相信：你的疲惫的心将会粉碎。不要怀疑：你会得到安宁。轮回和解脱之间又有什么区别呢？此岸的理念和思维能够理解它吗？——抓紧吧！炽热的夏季就要过去了，而第四乐章还尚未配器。

田野上是炽热的 8 月天。大地变得灰暗和龟裂，没有能够带来凉爽的风。莫斯科和圣彼得堡之间的克林小城的居民，懒散而郁闷地做着他们的事情。这是 1893 年 8 月 12 日，就在这一天，彼得·伊里奇完成了他的总谱。他可以写献词了："第六交响曲——献给弗拉基米尔·李沃维奇·达维多夫。"

当孤独的老人在克林完成他的忏悔的时候，生活并没有停滞不前；它还在继续，连带着大大小小的事件。

年轻的鲍比完成了他的法律学习。教育家和剧作家，好心的莫杰斯特，也把他的学生教育成才，康拉丁的父母可以送儿子上大学去过独立的学习生活了。好心的莫杰斯特前往莫斯科，参加他的剧作《成见》在那里的演出。他的剧作在舆论和公众中获得了不错的反响。然后，好心的莫杰斯特返回了圣彼得堡；在那里他找到了一处住宅，和他的外甥弗拉基米尔·达维多夫住在一起。彼得·伊里奇必须支付装修的费用，这是一笔很大的开支。"你们应该生活得好一点!"他说，并为他们购置了波斯地毯、灯罩、卧具和花瓶。他对装修这个住宅表现了特别的关注。他实际是关注一切事务——但却是以一种奇特的方式：不论是购物还是讨论问题，他的表情和目光，都摆脱不了某种呆滞。

他和莫杰斯特探讨新的歌剧脚本——他的表情和目光特别呆滞，有些心不在焉。准备考虑的是取自乔治·懿律的《珍爱生活之景》的素材——"看来这不是我们所需要的。"彼得·伊里奇说，显现出一种僵死的微笑。

他和大公爵康斯坦丁·康斯坦丁诺维奇殿下探讨殿下所提出的作曲建议：那是诗人阿普赫丁一部遗著，是一部"安魂曲"。

"一切都考虑得很周到，殿下。"柴可夫斯基最后说。"但我不愿意做这件事。原著的文本很好。但我不能写两首安魂曲。"

"什么——两首安魂曲?"这位有音乐天才的皇亲想知道这句话的意思。

"殿下还不知道我的新的交响曲。"作曲家说，"如果要我把我的朋友阿普赫丁的作品变成乐曲——那我就不得不重复了。"

“您的新交响曲是一部安魂曲吗?”大公爵问道。

“是的。”作曲家柴可夫斯基说。

距离开始排练这首交响曲，还有几周的时间。彼得·伊里奇又出行了，他去看望弟弟安纳托，他已经很久没有见到弟弟了。“我来，是为了告别的。”彼得·伊里奇说。

“你到哪里去?”安纳托问。“可能再去一次美国。”彼得·伊里奇回答，有些茫然，并笑了一下。“是的，他们给了我一个很好的新机会。”

他继续旅行，去克林，在那里整理了各种文件，并在阿列克谢的帮助下，把房子搞得干干净净。“先生又要外出吗?”顺从的阿列克谢问道。“或许再去一次美国。”主人说。

在莫斯科，他住在旅馆里。有几天的时间，他把自己关进了房间。然后，他开始在城里孤独地散步。有时，他会在宽阔的克里姆林宫广场上站立很长的时间。“难道这不是一个无与伦比的广场吗?”他对一个路人说。那个人奇怪地点了点头。这个奇特的老人继续说:“30年前，我曾在这克里姆林宫的城墙和我们最神圣的圆顶教堂前，被它们迷住了。您知道吗?我当时被感动得哭了起来。啊，我现在还会哭的!这是多么美丽的城市啊!”——那个路人，半愤慨半感动地走开，把他一个人留下。奇特的老人走进了最神圣的教堂。迎接他的是供香的熏陶和金褐色的朦胧。

在一幅圣像前，他停住了脚步，呆呆地站在那里。这幅圣母像，他年轻时常来观赏并十分喜爱。她那副倾斜的带有一双巨大眼睛的受难的面孔，是否变得更为阴暗?确实，她几乎已经变成黑色;只有面颊和额头还有一丝红晕和金光的遗痕。那双瘦弱的手，以纤细的姿态合十着。在沉重的眼帘下，圣母的温柔的目光掠过朝拜者，消失在拜占庭式圆顶的朦胧之中。在这幅圣像前面，彼得·伊里奇停留了很长的时间，陷入了深深的沉思之中。

一个小时之后，他仍然一动不动地站到了莫斯科河的大桥上。这下面不正是他曾经——好像已经过了一个世纪——全身颤抖和得了伤风的地方吗？当时，他不是试图向那遥远的严厉的上帝进行挑衅吗？那时的河水多凉啊！但还不够凉。那一刻，或许正有很多邪恶的幽灵围在他的身旁嬉笑着嘲弄他。不幸的安东妮娜当时正坐在家里，把一条温暖的毛毯裹在她的业已不满的夫君的身上。——从那儿以后，有多少时间已经流逝！彼得·伊里奇凝视着在傍晚的霞光中闪烁的克里姆林宫墙。

几天以后——10 月 10 日——年轻的弗拉基米尔和好心的莫杰斯特在圣彼得堡火车站迎接了他们的伟大的亲人。

“我们立即乘车去我们的新居！”鲍比建议，“它已经变得十分漂亮。”

“是吗？”彼得·伊里奇说，顺便用手指摸了一下他的挚爱的光滑的额头。“你们住得还舒服吗？”

“太舒服了！”好心的莫杰斯特赶紧说。“你必须去看一看那块美丽的波斯地毯！”

“我还找到了一张漂亮的写字台！”弗拉基米尔喊道，“很沉，你知道吗，那是红木的，而且并不太贵！”

“你找到了一张漂亮的写字台。”彼得·伊里奇说。

到了新居，他赞赏着那些由他出钱购买的写字台、油画、地毯和一件件家具。“我真的为你们能够有一个好住处感到高兴。”他说，笑着站在弟弟和可爱的外甥之间。——“我们特别感激你。”好心的莫杰斯特说。“应该感激的是被允许做出贡献的人。”彼得·伊里奇说，十分严肃，但又微笑着，并以特殊恩赐的方式用手指摸着弗拉基米尔的光滑而年轻的额头。

第二天上午，开始了第六交响曲的排练。“乐队对我的新作品感到很困惑。”事后他和几个相识在饭店里吃早饭时说。“所有的乐师都非常吃惊，甚至表现出受辱的样子，特别是最后一个乐章。所以，我尽可能缩短了排练的时间：我不好意思让这些先生们感到无聊。”休息片刻之后，他又望着远方补充说：“而且，观众也将很难理解这部交响曲……我清楚地感觉到，他们会感到吃惊并产生某种反感……”

当彼得·伊里奇在首演的晚上——那是 1893 年 10 月 16 日——登上指挥台的时候，他的面孔变得苍白，而那双睁大的湛蓝色的眼睛里却散发出冷酷的光芒。全场观众崇敬地鼓起掌来：原因是柴可夫斯基的名字和他在国内外各地取得的成功，包括在圣彼得堡，这都使他的身价不断攀升。为感谢大家的欢迎，他机械地躬了躬身。

指挥时，他的表现远不如近一个时期所习惯的那样灵巧：他的动作很像是一个神经质的木偶，笨拙而烦躁。这些年他在公开场合已经克服了的拘谨，又重新出现，似乎无法克服，就像他当年第一次指挥自己的作品《女靴》时那样。

稳重的第一乐章几乎使观众感到无聊；同样，优美的快板也是如此，它的缓慢的旋律令人失望。而第三乐章的过于急促甚至粗野的速度，在大厅中引起了某种不安：人们在座椅上晃动着，相互交换惊诧的眼色。最后一个乐章，怨诉的柔板，在观众中产生了同第一次排练时对乐队乐师们同样的效果。从这个充满痛苦的终乐章中，散发着一缕拒绝感激和狂热的气息：这个几乎像是来自另外一个世界的告别和怨诉，使圣彼得堡具有艺术修养的观众感到寒战，有些人的背后出现了一丝凉意。

最后一个乐章结束后，彼得·伊里奇踉跄地离开了指挥台。他不再出来接受稀疏的掌声。

同这部效果不理想、结尾令人感到惊惧的怪异新交响曲相反，他的久经考验的 B 小调钢琴协奏曲却受到了欢迎，它是由女钢琴家奥斯德欧厄——就是那个曾在美国赚了 25 万美元的能干的女士——以熟练的技巧演奏的。这位女艺术家还演奏了李斯特的《西班牙狂想曲》和莫扎特的几首珍品，受到了全场的热烈欢迎。欢呼声几乎无法休止。奥斯德欧厄不得不一再出来谢场，手中捧着鲜花，摆出一副成功、优雅和充满活力的姿态。这时，彼得·伊里奇已经坐在演员休息室里，独自一个人，高昂着头颅，静静地聆听着。到底是什么声音使他如此凝神呢？是哪个呼唤正传到了他的耳中？

弗拉基米尔轻轻走了进来；他小心翼翼地向彼得·伊里奇的方向迈了几步。但彼得似乎并没有察觉他的到来，无神的目光掠过他向远方望去。

“刚才美极了。”年轻人腼腆地说。“但为什么要安排那样一个悲哀的结局呢？”他靠近眼前这个老人，用手指抚摩着花白的头发。

“因为这是献给你的。”彼得·伊里奇说。

“为什么？”年轻的鲍比说，有些惶恐地露出了他那美丽的牙齿。“这是什么意思，彼得？为什么献给我的音乐，必须如此悲哀呢？”

“我没有什么意思，”老人说着站了起来，“我累了。我们回家吧。”

12个小时之后，在那个漂亮的新居里吃第一次早餐的时候，好心的莫杰斯特一边倒茶一边说：“新交响曲是一部伟大而奇特的作品。观众没有理解。但它将成为你的最著名的作品，彼得。我们应该为它选一个特殊的名字才对。只是‘第六交响曲’是不够的。”

彼得·伊里奇，穿着驼绒长睡袍坐在布置得很漂亮的餐桌旁，显得格外舒适和兴奋。他也认为，应该为它想出一个特殊的名字。彼得·伊里奇、莫杰斯特和弗拉基米尔，他们一边吃着烤面包片和樱桃果酱，一边思考着应该为这部第六交响曲起一个什么样的合适又醒目的名字。

“《标题交响曲》。”莫杰斯特嚼着面包建议说，“《标题交响曲》或许是个好名字。”

“不是特别好。”年轻的鲍比说。

“这无法采用，因为，”彼得·伊里奇笑着解释说，“这首交响曲虽然是一支标题音乐，但它却是神秘的，其含义和内容人们永远无法得知。”他一直望着弗拉基米尔。

各种方案都提出并进行讨论。鲍比说：“叫《哀伤交响曲》吧！”但他立即就脸红了，因为他觉得这个标题不够高雅。

突然，莫杰斯特用手敲了一下桌子，上面的杯盘都震动得发出了响声：“《悲怆交响曲》！”他喊了出来。三个人立即就意识到，这是一个正确的选择。“你终究是我们中最有天赋的人！”彼得·伊里奇笑着夸奖道。“不论这部《悲怆交响曲》在哪里演出，都应该记得在节目单上注明：‘标题出自好心的莫杰斯特！’”——

白天，彼得·伊里奇去处理他的日常工作：他和皇家剧院总监有一个会谈，还要接见一个德国音乐评论家。晚上，他在莫杰斯特的陪同下，去听音乐爱好者协会举办的相当平淡的鲁宾斯坦的《马卡比族人》（*Makkabaern*）的演出。在回家的路上，他请弟弟原谅陪他一起看了这个无聊的节目。“但我欠老鲁宾斯坦的情，”他说，“这是我一生的义务。”

第二天晚上，他邀请了莫杰斯特和弗拉基米尔，还有吕德克兄弟以及漂亮的布克斯霍夫登去亚历山大剧院看戏；上演的是奥斯特洛夫斯基的《一颗火热的心》。柴可夫斯基包厢里的这些人在整个演出中都相当喧哗和引人注目，尤其是吕德克兄弟，每到伤感的场面出现，都要大笑不止；年轻的鲍比今天的情绪也特别好，和剧场中的所有女士都在挤眉弄眼，这当然又引起朋友们的嬉笑和各种轻浮的言论。幕间休息时，彼得·伊里奇到更衣室去看望主要演员瓦拉莫夫，热烈赞扬他的演出。“您演得真好，我的朋友！”彼得·伊里奇说，“没有人能够比得上您！”作为回答，却只是瓦拉莫夫的阴郁的微笑。“但我今天特别想尽快结束，”他解释说，同时用眉笔勾画着他的眼眉，“我还得去参加一个招魂集会。”

彼得·伊里奇对此感到很好奇，详细了解了演员瓦拉莫夫热衷的招魂术的情况。两位先生在整个休息时间里都在热烈地谈论着鬼魂显灵、死后的生活以及关于死亡的一般问题。“那么，”柴可夫斯基不断大笑着，最后说，“但愿我们希望，我们两人——您，优秀的瓦拉莫夫和鄙人，还有很多时间不去见那位死神兄弟——我习惯称他为倒霉的扁鼻子!”

演出结束后，彼得·伊里奇和他的快活的“组曲”前往对面距离剧院只有几步远的莱娜餐厅。一支乐队正在演奏，餐厅里的客人很多，从各张桌子传来了嬉笑声和各种谈话的喧嚣。穿着制服或晚礼服的先生们，把身体倾向女士们说笑着，女士们裸露的脖颈在刺眼的灯光下辉煌闪亮。不少熟人向柴可夫斯基打招呼；莫杰斯特和几个年轻人跑到前面去找座位。

一个浓妆艳抹的半老女士——这是一位高官的夫人，拿着一把黑鸵鸟羽毛扇子，在她彩色的大脸前扇动着，对彼得·伊里奇尖声叫道：“看啊，大师来了！请允许我们祝贺成功!”

“什么成功?”彼得·伊里奇相当尖刻地问，他穿着皮大衣站在那里，突然感到燥热不堪。

“咳咳!”那个夫人撒娇地举起手指威胁说，似乎在做什么不光彩的事情。“您是知道的——新交响曲啊！很有轰动效应，亲爱的大师，——有些悲伤，而且过于喧闹，但确实很有轰动效应!”

彼得·伊里奇试图笑出来，但显露出来的却是一副扭曲的怪相。“我怎么才能摆脱她呢?”这就是他这时的想法。“一头典型的母牛——可她为什么要哈哈大笑呢？尽管她不经意地说出了实话。或许这个大忏悔确实过于轰动了——只不过愚蠢的观众没有察觉而已，而这位女士却偶然地把它说了出来。或许是她的口误，不够尖锐，也不够准确，过于自私，过于伤感——完全是虚荣心在作怪，不真诚，而且空洞无物。但愿严厉的上帝饶恕我的灵魂。我并没有接近真理，我无法更加准确地表达……"

正当他穿着皮大衣站在那里痛苦思索的时候，小乐队的指挥认出了他。彼得·伊里奇正好利用这个机会告别了那个讨厌的扇子女人。好心的乐队这时演奏起柴可夫斯基的乐曲来——那是《胡桃夹子》里面的《花朵圆舞曲》。彼得·伊里奇心中一震，他的面孔立即变得通红。他突然愤怒起来，大喊一声："停止！"并使劲晃动着胳膊。由于穿着宽大的皮大衣，他看起来像是一只笨拙的狗熊——似乎伸出了爪子向前打来。"停止！"愤怒的彼得·伊里奇又喊了一声。

音乐停止了，饭店的领班跑了过来。"我请您原谅。"他缓慢地说，用庄重的鼻音，并用手轻轻抚摩着他那刮得光光的下颚边缘开始冒头的稀疏的红须。"乐队还是出于好意。大师有些烦躁——这是可以理解的。允许我为您脱下大衣吗？"

彼得·伊里奇脱下了皮大衣，默默地交给了领班，领班谦卑而庄重地接过大衣，交给了存衣处的小厮。"我们非常非常高兴，能在这里欢迎您的到来。"殷勤的领班说，并用他那明亮无睫毛的眼睛望着这位高贵的客人，他的眼睛里似乎覆盖着一层轻纱或一层薄膜。这个奇特而讨厌的人有一张泛红的长脸，一个到处嗅闻的鹰钩鼻子；他的长长的剪裁得体的服装，带有厚厚的垫肩和合适的腰身。"大师一直在旅行吧？"他带着不合时宜的好奇问，那只好奇的鼻子皱了起来。是的，毫无疑问：他和彼得·伊里奇——在很久以前——曾认识的一个可怕的人物极其相似，相似得有些叫人害怕和吃惊。他和那个西格弗里德·诺伊格鲍尔有着完全同样的无法抵御的漫不经心、庄重而无情的殷勤。

彼得·伊里奇说："我想要一杯生水。"

"大师是说，想要一杯矿泉水。"领班勉强地笑了一下，露出了他那难看的兔牙。"大师知道，我们圣彼得堡正传播着霍乱。"他说的很慢，带着喃喃的庄严，一个字一个字地说。"喝生水，是很不合适，很不合适的。”

“我已经说过：要一杯生水！”柴可夫斯基向他吼道。领班看了他几秒钟，蒙着轻纱的眼睛里露出一丝谦卑而神秘的笑意；鞠了一躬，退了下去。

彼得·伊里奇——穿着过紧的燕尾服的拘谨的世界名人——高昂着头和十分凝重的通红的面孔，穿过饭店的大厅走向莫杰斯特和他的朋友们找到的座位。他站到了弗拉基米尔的椅子后面。吕德克伯爵正在讲一个内容下流的法国笑话。当他讲到关键之处，引起大家哄笑的时候，领班端着一杯水出现了。他微缩着头，脸上出现了一个勉强的甜蜜而嘲弄的微笑，他把银托盘上的水杯递给了彼得·伊里奇。

弗拉基米尔还在笑着吕德克的笑话，转身对彼得·伊里奇说：“你站在那里干什么，彼得？快坐下吧！”

“马上就来，”彼得·伊里奇说，“我只是先喝一杯矿泉水。我很渴。”他一只手扶着弗拉基米尔的肩膀，另一只手把水送到了嘴边。领班用一种极其好奇又几乎是邪恶的面部表情望着他，鼻子又皱了起来，双手虔诚地交叉在胸前。

彼得·伊里奇从杯子里喝了一大口。水有些温吞，淡而无味，带着一种令人要呕吐的味道。

亲爱的母亲嘴里大概就有过这样的味道。能够得以解脱的饮料是如此难喝。我现在也尝到了同样不舒服的味道，在舌头上，在上腭和口腔里。你也曾感到过恶心，我亲爱的母亲，但你很勇敢，安静地把它喝了下去。对不愿意吃药的孩子，人们常说：听话，想想你的母亲！你们应该永远跟随着母亲！我马上就把水杯再送到嘴边去。

彼得·伊里奇看着弗拉基米尔的柔软的黑色卷发。“今天晚上我又听到你咳嗽了好几次。”他说，一只手还一直扶着鲍比的肩膀，另一只手拿着那半杯水。“你必须注意自己的健康，我亲爱的！我希望，你成为一个强壮的人，很幸福，能够活到 95 岁！”

"啊，我会注意的!"年轻的鲍比说。"我感觉特别好。你的矿泉水喝完了吗?"

"是的，"彼得·伊里奇回答，"我现在已经完了。"

他把水喝光。

一个卖花女走了过来，彼得·伊里奇买了一束紫罗兰。女人有一副宽大的面孔和一对迟钝悲伤的眼睛。彼得·伊里奇看到，她已经是怀孕末期。看到她的圆滚的身子，他感到一种恐惧。他扭过脸去，给了她很高的小费。女人张开嘴，说了一句祝福的话，听起来却很像是一句诅咒。

彼得·伊里奇把紫罗兰放到弗拉基米尔的餐具旁边。同时把那只空杯放到了桌子上，就在年轻的鲍比面前那只香槟酒杯旁边。

最后的裁判将由至高无上的上帝做出。他可以决定最后的结果——就像当年进入莫斯科河冰冷的河水向他挑衅，而最终上帝只赐给他一点儿轻微的伤风。但这次，他却做出了另外的裁决。症状第二天早上就开始了。

彼得·伊里奇感到强烈的不适，好心的莫杰斯特建议他服用蓖麻油。弗拉基米尔问是否要把贝尔滕松医生请过来看看，但彼得·伊里奇却坚决不许他这样做。"我既不要蓖麻油也不要贝尔滕松医生。"他的声音很粗糙，目光扫过弗拉基米尔和莫杰斯特转向窗外。秋日的天空明亮而温柔。

"我想出去走一走，"彼得·伊里奇说，"而且我还在歌剧院咖啡厅和纳普拉夫尼克有一个约会。"——弗拉基米尔温柔地打量着他。"但你看起来确实是生病了。"他把他那美丽而凉爽的手，放到彼得·伊里奇的手上说。"你应该休息。不要长时间散步。"——彼得·伊里奇在烟灰缸里把刚刚点燃的香烟灭掉，缓慢地站起身来，仍然用和刚才一样沙哑的声音说："我没有病。"

他让纳萨尔拿来大衣。这个来自农村的年轻人被莫杰斯特打扮得很漂亮，穿着精致的绣有花边的佣人制服、白色长袜和搭扣皮鞋。他帮助彼得·伊里奇穿上大衣。“把围巾也给我，”彼得·伊里奇请求。“今天外面相当冷——我觉得是这样。”佣人递给他厚厚的毛围巾时，他突然露出一丝十分温柔的微笑，又补充一句说：“在佛罗伦萨要暖和得多。你还记得吗，我的孩子？”——“当然，彼得·伊里奇。”年轻的纳萨尔·李特洛夫说，并像军人一样打了一个立正。老先生用一种茫然但高兴的目光，打量着这个膀大腰圆的小伙子，从光滑的分头直到宽大的搭扣皮鞋。然后，他从口袋里掏出几枚银币来。“拿着，我的孩子。”他把银币给了年轻人。“去买一个漂亮的姑娘吧！”小伙子微笑着鞠了一躬。老先生这时已经缓慢地走向大门。在门槛处，他又转过身来说：“我只想再看一眼涅瓦河。”纳萨尔的微笑变得完全无法理喻了。

半个小时以后，病人散步回来，他没有去会见纳普拉夫尼克。他向感到忧虑的莫杰斯特说，他的头痛和恶心越来越厉害了。但他现在仍然不让去找医生。“没有什么！”他顽固而烦躁地反复坚持说。但他还是让纳萨尔拿来一个暖水袋放在肚子上。他躺在沙发上，还处理了几个邮件：写了两封短信和一张明信片。当他想写第三封信的时候，他不得不从沙发上站起来，趔趄着跑向卫生间：他出现了强烈的腹泻和厉害的呕吐。当彼得·伊里奇再次回到客厅时，脸色已经变得苍白，手在颤抖着。“现在我去请贝尔滕松！”鲍比说，莫杰斯特又嘟囔着蓖麻油。——“我禁止你去。”彼得·伊里奇的声音带着一种不容违抗的力量。“我感觉好多了。或许我可以睡一会儿。”

大家把他又扶到沙发上躺下。好心的莫杰斯特说：“肠胃不适有时是很讨厌的。睡一会儿吧，老彼得！”弗拉基米尔为他把枕头和毯子弄好。“谢谢。”彼得·伊里奇说，眼睛凝视着天花板。——“我们让你单独休息几个小时，这样你就可以睡觉了。”弗拉基米尔说，他的手指又轻轻抚摩着彼得的花白头发。“我和莫杰斯特还得去采购些东西。房间里总是缺少点这个和那个。”——“好吧，亲爱的。”彼得·伊里奇说，“缺少点这个和那个。”

当莫杰斯特和弗拉基米尔八点左右回家的时候，纳萨尔的面孔很慌张。“先生的情况恶化了。”他报告说，由于害怕，说话时舌头都有些僵硬。“他面色十分苍白，我觉得他发烧了。而且总是要呕吐，我必须扶着他去那个地方……而且他去那个地方的次数很多……”

弗拉基米尔突然抓住莫杰斯特的胳膊，使劲地掐了一下。两人什么话都没有说，立即朝走廊跑去。弗拉基米尔猛地拉开客厅的门：沙发是空的。站在门口的纳萨尔喊道：“我已经把先生送到卧室的床上。”随后，弗拉基米尔和莫杰斯特又并肩从走廊往回跑。来到为彼得·伊里奇安置的卧室门前，他们喘着气停住了脚步。他们走了进去，但他们惊呆了。

病人的面孔发生了可怕的变化。就在好心的弟弟和可爱的外甥去为这个新居采购期间，他的脸塌陷了，两只眼睛似乎深陷在眼眶之中；半张开的浮肿的嘴唇几乎变成灰白的颜色，就像他那胡须一样。他的面庞变得棱角分明。至高无上的上帝出手了，他在毁灭，他在扭曲：这就是他对大地之子彼得·伊里奇·柴可夫斯基勇敢而绝望的挑衅的回答。

病人硕大的身躯又抵御了阴暗势力的三个24小时的夹击，这是彼得·伊里奇曾经在内心里渴求并亲自招来的力量。然而，当它真的出现，强烈震撼着他，抓住他不放的时候，它的面貌已经不是他入睡前一刻钟常看到的那个温柔而具诱惑力的样子了：当时的它是戴着英俊的母亲的面具飘浮在空中的。而现在，它已经没有必要再扮装成诱惑者；现在它已经可以表现出他的无情、丑陋和残暴的一面了。亲爱的母亲所遭受的一切痛苦，都再次降临到了儿子的身上，他终于跟上了母亲的召唤和命令，遭受了母亲同样的痛苦和磨难，同样的苦痛再次经历，同样的呻吟再次喊出，同样的眼泪再次宣泄。

我们带着多少痛苦和多少怜悯，崇敬而同情地注视着这个动人的人类之子，这个想最终结束这一切的坚强的人——我们的朋友和英雄彼得·伊里奇·柴可夫斯基。现在我们看到的他已经是一个为痛楚所折磨，被粪便和呕吐物所污秽的生灵；他躺在那里，全身抽搐着。严厉的上帝赋予他的面孔，已经完全不成样子，到处是黑色的斑痕，胳膊和腿都变得乌青。纳萨尔和另一个强壮的女护理员不情愿地在为他进行按摩。受难的彼得·伊里奇睁圆他那双深陷的湛蓝色的眼睛，沉默地忍受着这一切。只有当弗拉基米尔走来做这样的护理工作时，他才表示拒绝。“不要，不要!”只有这时，他才这样喊道，“我不想让你接触我！我禁止你这样做！你会受到传染的！而且我的气味也很坏……”于是，年轻的鲍比就从病床退了回去，这些可怕的日子里，他的越来越消瘦的脸上一直流着热泪。——“离开这个房间!”病人从病床上喊道，“我现在十分难看。我不想让你这样看我。快出去!”哭泣着的鲍比不得不离开了房间。

彼得·伊里奇，只是和女护理员及纳萨尔待在房间里，身体不时地抽搐着，但却仍然带着可怕的好奇想知道：“霍乱的后期总是这样吗？胳膊和腿都变得发青?”佣人和女护理员不知道应该如何回答。“不过，您得的根本就不是霍乱。”纳萨尔终于试图说出了这句话。彼得·伊里奇轻轻苦笑了一声。“你们为什么要穿这件可笑的白大褂呢?房间里又为什么到处是消毒剂的气味呢？这可能是因为我得了肠胃病吧？是吗?”他一直还嬉笑着，使两个护理人员感到一阵寒战。“给我拿一面镜子来!”刚刚抽搐发作后稍微平静和轻松一些的柴可夫斯基要求。“我的脸上肯定出现了黑斑，就像我的母亲当时一样。”当佣人勉强和迟疑地把镜子递给他以后，他认真地研究着额头和面颊上出现的斑迹。

在这残酷的斗争持续了三个 24 小时期间，病情多次发生变化。中间也曾出现过虚假的短暂的好转，然后又是严重的危机，突发的心悸、身体突然隆起和恐惧的呼叫："这就是死亡！永别了，莫杰；上帝保佑你，鲍比！"但死亡却仍然没有到来。贝尔滕松带来了麝香针剂。

我们的充满敬畏和同情的目光，不得不面对这样的情景：满是污秽的病榻上躺着我们的英雄和朋友，身体不断隆起又落下，数名穿着白大褂的人站在病床前，低声交谈着，踮着脚尖在房间里走动；他们在表演着一幕在即将死亡的人面前经常出现的庄严而有些怪异的哑剧。医生不断轮换，在客厅里，三个人或四个人进行着冗长的讨论——纳萨尔不断端来咖啡和白兰地——；医生们不时地去打针和灌肠。贝尔滕松兄弟在第一天发现彼得·伊里奇脸上出现第一个黑斑后，又请来了马莫诺夫医生。后者在夜里又由一位德国医生代理，他是桑德斯博士：两撇漂亮的黑色胡须之外又增加了灰色和整齐的褐色胡须。

彼得·伊里奇，在这些各色胡须的幽灵般的白大褂演员搬动和护理下，度着恍惚和神智昏迷的时光。他不认识任何人，辗转反侧，呓语连篇。在这种情况下，他把女护理员称作"德西蕾"或者"安东妮娜"；当她要给他灌肠时，他就会大叫："噢，我多爱你……"使得那个单纯的女人大吃一惊；或者大喊："我为什么娶了你，不幸的人？这是多么愚蠢的举动！这是个耻辱！你应该嫁给那个男高音，他叫什么来着……？"可怜的女护理员拿着橡皮管的手颤抖着。

发着高烧的病人突然要求纳萨尔把漂亮的怀表还给他："表在你的手里！"他顽固地坚持说，"我知道：你把它偷了去，那是我的护身符，是我的最漂亮的物件！当时在巴黎，是你从我的口袋里偷去的，就在那个小酒馆里，在克利希大街。你是受娜杰日达的指示干的，我知道，我知道得十分清楚……可是，你真的不该这样做！娜杰日达和阿普赫丁联合起来搞的这个阴谋！把表给我！我想知道现在几点了！时间过得很快，我赶不上火车了，我太迟了，有人在等待我，我必须去指挥，阿尔塔尼拒绝了，我应该得到荣誉博士，我要被荡秋千了——把表给我！一切都取决于怀表是不是能够重新找到！"可怜的纳萨尔又惊又怕，只好把床头柜上难看的大闹钟递给他。“这就是那个最漂亮的物件，彼得·伊里奇！”这个农村青年出于同情和绝望才想起了这个办法。

彼得·伊里奇把那个普通的闹钟抱在胸前。“我又找到了它！”大大的泪珠在面颊上流淌着。“啊，娜杰日达，娜杰日达，我的灵魂的女友，我知道，你会原谅我！你和我玩的是多么残酷的游戏啊！你伤害我们两人是多么痛苦啊！我的女人！现在，该是和解的时候了！护身符又回来了！我们又融为了一体——护身符、我和你。如果我得到了解脱，你也不会活多久的，我亲爱的娜杰日达！”

呓语者用很多名字称呼弗拉基米尔。他称他为“亲爱的克泰克”或者“我美丽的济洛季”或者“可怜的萨莎”。他断言：“我把你生了出来。你是我的儿子和我的继承人。我做错了的事情，你都会做好的。你会成就为一个大人物，我把我的全部荣誉都交给你，只是为了你，我才收集了这么多的荣誉，我的王子！——到我这儿来！”受难的病人喊着，在床上坐起身来，向年轻人的方向伸出胳膊。“到我这儿来，我要为你祝福！”女护理员不得不把他又按倒，贝尔滕松也过来帮忙。但是，弗拉基米尔却无法自持，这一幕恍惚的场面使他十分震惊和害怕。年轻的鲍比不禁痛哭起来，跌倒在一张椅子上，晕了过去。而且，他也已经有 48 个小时没有睡觉和吃饭了。现在，即将死亡之人仍在病床上向他呼喊：“让我看看你的脸，我的死亡天使！不要再隐藏起来，因为时间已经来临！把你充满泪水的脸送到我的面前，好让我能够摸到它！快到我这儿来，我亲爱的母亲！你已经等我够久了，你已经召唤我够久了！现在终于到了团聚的时刻。”

鲍比简直无法自持了：这一切都太恐怖。他缩着身躯哭泣着，苍白的面孔扭曲了，他终于跳起来，迈着大步逃出了可怕的病房。但是，彼得·伊里奇却仍在床上怒吼着，狠命伸展着双臂，像要把死神拉到自己的身边，像要和死神交媾。在让周围的人血液凝固的极度兴奋的胡言乱语中，他把死神称为母亲，把母亲称为儿子，把儿子称为恋人，把恋人称为黑色的天使——他似乎下定决心要强迫他们在他的床铺上进行乱伦的结合。

几分钟之后，他稍微安静了一些；人们听到他轻声呼唤蒙贝利亚尔的圣洁的法妮，向她祈祷——周围的人虽然感到惊奇，但同刚才的疯狂相比，却几乎是一种安慰。

刚刚发生的可怕的发作之后，病人处于一种筋疲力尽的状态，他从此再也没有恢复过来。他昏睡了片刻；当他醒来时，头脑似乎又十分清楚，但很累。

他又认出了从克林赶来的阿列克谢和他的哥哥尼古拉，一个神经质的脾气暴躁的老先生。他们是在收到莫杰斯特紧急电报后赶到圣彼得堡的。彼得·伊里奇带着疲惫的微笑问候了他们两个人。

这时是 10 月 24 日的中午时分，贝尔滕松医生认为有必要给病人洗个热水澡，“以便能够激发他肾脏的功能”。彼得·伊里奇没有任何反抗地任人为他脱掉了衣服，抬到澡盆中。当他看到热水时，他微笑着闭上了眼睛。“很舒服。”他轻声说，“热得很舒服……我的母亲也是洗完热水澡以后死的……这可能是必要的程序……”

他的布满皱褶的、变了形的白皙身躯上的安静的面孔和闭上的眼睛，显示出一种动人的庄严，几乎是一种美丽。他的额头似乎显现出些许光芒。脸上的一切都是那么安详，痛苦和抽搐似乎都已经从他的身上消失不见了。

心脏跳动得很弱。人们不得不在几分钟之后就把这个昏厥的病人抬出澡盆。他的脸上始终保持着完全满足和安详的表情。但神智却再也没有恢复。

这时，即将死去、即将永别、即将陨灭之人的房间里，已经挤满了人，就好像是一个庆典盛会。吕德克兄弟带着一种庄严好奇的心态来了，穿着深色的礼服；和他们一起来的还有布克斯霍夫登和一个来自音乐学院的年轻的大提琴手，他曾受到过彼得·伊里奇的资助，他默默地哭泣着，因为他将失去这个有影响的施主。年轻人都并排静静坐在从餐厅搬过来的狭窄的椅子上。他们的后面，站着更年轻的一代和较年长的仆人——阿列克谢和纳萨尔，两个人都在无声地抽泣着。病床前坐着弗拉基米尔和缩紧着身躯的莫杰斯特，而大哥尼古拉和三位医生及女护士，正在急促地商量着什么。

到了傍晚，当吕德克兄弟、漂亮的布克斯霍夫登和那个年轻的大提琴手，已经感到有些无聊的时候，来自以撒大教堂的神甫给病房带来了一线生机，而在过去的几个小时里，病房里的声音却只有将死之人的平稳而轻微的呻吟，和医生们以及仆人有时发出的细声细语的说话。这个神职人员有着一副漂亮的连鬓胡须，穿着贵重的长袍，他带着圣物的轻微的叮当声，进入了伤感无言的人群当中。但他只是说了一句祷告之词后，就又退了出去，因为他还不能为一个只是失去知觉的人送上神圣的最后晚餐。因而，这个短暂的虔诚行为，只是给大家带来了一个微小的消遣。

吕德克在不舒适的椅子上有些不安了。漂亮的布克斯霍夫登不断伸展他那运动员的强壮的身体，多次看着怀表，并打起哈欠来。然而，彼得·伊里奇却没有任何动静。他静静地躺在那里，闭着眼睛。他那平稳的喘息，具有催眠的旋律。事实也确是如此，几个小时之后，在场的几个人，比如吕德克兄弟之一、布克斯霍夫登和桑德斯博士就已经进入了梦乡。

午夜之后——病人的情况没有变化——纳萨尔准备好了夜餐小吃：大哥尼古拉小心翼翼地挥动着手臂，请大家去餐厅。吕德克和布克斯霍夫登两人刚才轻轻打呼噜，一下子从他们萎缩的身形中惊醒：他们显现出惊异的表情，以为彼得·伊里奇·柴可夫斯基的终结已经到来；当他们听说是去吃夜餐，才轻松地站起身来。

尼古拉·伊里奇主持这次临时安排的夜餐，有些紧张但很庄重。

夜餐有茶、伏特加、一些火腿、煮鸡蛋和果酱。大多数客人的胃口都不错。有些人当然吃不下东西，例如一直还在哭泣的莫杰斯特。阴郁沉默的纳萨尔，几乎带着厌恶观看着那些吃客。

布克斯霍夫登为他的朋友弗拉基米尔准备了一份面包夹火腿，低声地劝说他还是吃一点东西。“你必须注意你的健康，弗拉基！”他说，“至少吃一点儿面包吧——我求你了！你应该为你的舅舅这样做。你的脸色很不好！”——确实，鲍比那副美丽柔嫩的面孔在这些天里已经瘦了一圈；深色的眼睛已经深陷在眼眶里，灰青的皮肤上流淌着汗珠；年轻的鲍比没有刮脸，脸上长出了胡须，显出一片受难和凄凉。

“为了让你高兴。”弗拉基米尔说，接过了那片火腿面包。

就在这一刻，餐厅的门被推开：被彼得·伊里奇称为“德西蕾”和“安东妮娜”的女护士走了进来。她向弗拉基米尔·达维多夫招手，喊道：“请您过来！终结到了！他要见您！”

弗拉基米尔呆滞了一秒钟，然后冲向房间。火腿面包被他扔到了走廊里。

当他来到病房时，那个护士已经躬身在床前，她比弗拉基米尔行动更为迅速。年轻的鲍比刚走到房间的中央，女护士已经直起身来。“太迟了！”她说。

弗拉基米尔迈了两大步来到病床旁，但却不敢去看彼得·伊里奇的脸；转过身去，趔趄地走到墙边。

这时，莫杰斯特已经跪倒在床边，他的高声呼叫充满房间的空气：“彼得！你说话呀，彼得！说话呀！”

在打开的门旁站着尼古拉和医生们；他们身后簇拥着佣人和年轻人，有几个人还在嚼着食品；布克斯霍夫登的漂亮的头和明亮的眼睛及闪光的头发，高高突出在其他人之上。

年轻的鲍比，把头顶在了墙壁上。这个房间没有贴壁纸，白粉刷的墙壁相当粗糙和冰冷。鲍比突然感到自己冷得发抖。他必须咳嗽。

他的身体在咳嗽和抽泣中抖动着。

他什么时候才敢回过身去看他的伟大的朋友、伟大的爱人的严厉、安详、蜡色的面孔呢？年轻的弗拉基米尔什么时候才能让他的抽搐的肩膀离开这堵冰冷的墙壁呢？这是他的痛苦的姿态，啊，他真想让这个姿态变成悲诉青年的雕像。弗拉基米尔今后怎么活下去呢？这个苗条的哭泣者能够不辜负人们对他的巨大信任和期望吗？如果他离开这个房间，他能够坚强地活下去吗？他没有了他所习惯的爱情，他不会茫然不知所措吗？他不会倒下吗？

他已经几乎要倒下了。为了站稳身躯，他把身体靠在了石墙上，就好像是在拥抱它。他微微张开嘴，把湿润的嘴唇贴到粗糙的墙壁上，就像他想重温一次那荒废已久的柔情。

译 后 记

克劳斯·曼（KLAUS MANN），1906 年生于慕尼黑，德国著名文学大师托马斯·曼（THOMAS MANN）的长子。早年显示文学天赋，上学期间就曾创作短篇小说和诗歌。1924 年以戏剧评论人的身份前往柏林，度过几年流浪艺人的生活。从这时起，他从未隐讳自己同性恋倾向。1933 年德国纳粹上台后，他不得不流亡国外。流亡期间同其他流亡文人一起创办流亡刊物。1936 年前往美国，并加入美国国籍。他的小说《悲怆交响曲》* 和《摩菲斯特》均为流亡时期的产物，曾引起轰动。1949 年因服用过量安眠药死于戛纳。一生共发表小说、剧本等著作 10 余部。

克劳斯·曼萌发写一部柴可夫斯基传记小说的想法可能是在 1934 年初。他在这一年的 1 月 7 日的日记中写道："晚上：和 F（弗里茨·兰茨霍夫）去听音乐会。舒曼的《曼弗雷德》、塞扎尔·弗朗克、柴可夫斯基的第四，头两个乐章十分美妙；拨弦和终乐章也很是迷人。整个交响曲打动了我。真想写柴可夫斯基（柴可夫斯基小说。同性恋者。）"

从这段日记中，我们可以看到，克劳斯·曼一生的创作中，还从未像对这部柴可夫斯基小说《悲怆交响曲》这样，把创作灵感如此明显地说出来。然而，这并不是克劳斯·曼第一次接触柴可夫斯基的音乐。他的父亲托马斯·曼也十分喜爱柴可夫斯基。托马斯·曼在

* 本书原名"悲怆交响曲"，收入本丛书时，依从书体例改为现名。

1933年圣诞节时就曾在日记中写道："晚上，听了柴可夫斯基的钢琴协奏曲，充满欣喜和钦佩。"前一天，克劳斯·曼曾为家庭成员朗读了他的短篇小说《最后的谈话》。这说明，父亲托马斯·曼陶醉在柴可夫斯基钢琴协奏曲的时候，儿子克劳斯·曼还在他父母的苏黎世流亡居所里。听音乐时，克劳斯·曼是否也在场，我们没有证明；但可以想象的是，他的父亲向他谈到过这件事。所以，两个星期以后，克劳斯·曼在阿姆斯特丹也没有错过听第四交响曲的机会。

按照马塞尔·埃施利曼的说法，这场音乐会的指挥是爱德华·冯·贝努姆（曾于1949年主持荷兰文版的《悲怆交响曲》的出版工作）。这次演出的节目单上，印有柴可夫斯基亲自起草的第四交响曲的"题示"，它的内容在很多方面都引起了克劳斯·曼内心的共鸣："前奏……就是命运，那凶险的势力，阻挡我们对幸福的追求，并充满妒忌地监视着我们，不让幸福和和平完全不受乌云的遮蔽。这种势力就像一把达摩克利斯利剑，悬浮在我们的头上，不断毒化着我们的灵魂。它是不可战胜的，我们永远无法制伏它。……所以，我们的整个生命就是在严酷的现实和对幸福的梦幻之间的不断变换。"威尔弗里德·F. 舍勒认为，克劳斯·曼实现这部小说的工程时，完全和以往的做法不同，他"用了很多的时间"。1月11日，他写信给他的芬兰朋友汉斯·阿米诺夫说："我慢慢地，慢慢地开始写我的新小说。"这指的是第一部描写来自第三帝国流亡分子生活的小说《逃向北方》。

在写《逃向北方》的同时，创作一部关于柴可夫斯基的充满诗意作品的计划，已在下意识中逐渐成熟——而且克劳斯·曼1934年8月曾有机会访问过柴可夫斯基居住时间最长的莫斯科和圣彼得堡这两座城市。1934年9月24日，《逃向北方》出版。到了10月9日，克劳斯·曼就在日记中写道："对《柴可夫斯基》的工作，又有了新的感觉。作为短篇小说——不要太长。要充满诗意。背景是巴黎、彼得堡。（银灰色的光线；白色的光线。涅瓦河的风光；香榭丽舍大街。）

喷泉。苦涩的甜蜜。孤独。爱人。旋律。抽泣，各种旋律——精美的技巧。大型音乐会，宫廷招待会。以及，孤独。或许还有一个女人（妹妹?）法国朋友？作家？屠格涅夫？——我对他的生平还毫无了解。但感觉到了这部艺术家小说的轮廓。情感的脆弱——在音乐塑造中加以克服。关于苦难——关于歌的胜利。”

尽管柴可夫斯基的生平和自己的经历有某些共同之处，但克劳斯·曼直到1934年秋还不知道，他是否“真的”要写这个题材。最后决定抓住这个题材，并把它写成“一部小说”的动因，或许是1934年12月28日在托马斯·曼那里听柴可夫斯基唱片的那个晚上。决定要把这部作品公布于世的另一个原因，可能是不久前苏联颁布法律禁止同性恋；小说同时也是对他在《同性恋与法西斯》一文中倾心呼吁的一个旁证：“人们终于应该明白，这是和其他爱情一样的感情，不是更好，也不是更坏；和男女之间的爱情一样有着高尚、动人、伤感、怪异、美好和平庸的各种可能。……这种天性及其携带者所面临的问题，并没有给世界带来什么特别的不幸，而是给很多生灵带来了幸福，而并未因此而失去其出生时的痛苦所带来的光辉和潜能。”

他一决定真的要写这部小说，就于1月15日私下对他的母亲说，这个计划一旦被人知道，大家就会争先恐后去“抓这个敏感的题材”。1935年1月17日，克劳斯·曼和阿姆斯特丹的克瑞多出版社签订了出版合同，答应最迟于1935年8月15日，拿出小说的最后书稿。书的标题就是简单的《柴可夫斯基》。版税为15%，预付款为800荷兰盾，“自签约之日起，以每月100盾的方式支付。”

克劳斯·曼和他的朋友、责任编辑弗里茨·兰茨霍夫曾一起去听第四交响曲音乐会，他不仅是作者创作这部小说时经济上的支柱，而且在精神上也给他很多支持。签约后一个星期，克劳斯·曼在日记中写道：“和F讨论……情感的匮乏——在听音乐时没有达到完全的投入（精神集中？自我陶醉），对痛苦，对爱情。神秘主义的问题：消除自我，以便容纳完整的上帝。”这次谈话的内容反映在小说的素材笔记中一段撕心裂肺的话中，人们甚至无法判断说这句话的是柴可夫斯基还是克劳斯·曼自己：“关于情感的匮乏。真正开启的，完全投入的，到底是什么呢？它总是站在我和他人之间——爱情或者音乐——总是站在我和上帝之间。我始终是失败者。”

克瑞多出版社支付给他的固定款项，根本不足以应付他进行必要调查工作的费用，3 月 13 日，他写信给母亲说：“戈洛（克劳斯·曼的弟弟）肯定已经向你转达了我的请求，替我在慕尼黑找一些书。不知是否已经找到？我很希望立即得到它们。如果我必须自己去买，那是很糟糕的。今天我买了一本（他弟弟写的）有关柴的善本书，竟不得不向书商支付了 50 瑞士法郎：这是多么可怕。”尽管如此，克劳斯·曼并没有失去勇气，他继续说：“今天我已经写了几页书稿，素材笔记已经多得吓人了。”

从我们得到的素材笔记中可以看出，克劳斯·曼的主要资料来源是理夏德·H. 施泰因的柴可夫斯基传记；以及莫杰斯特·柴可夫斯基发表的传记、柴可夫斯基自己的回忆录和马克斯·施泰尼策写的传记。比方与柴可夫斯基经常欢聚的“六只蝴蝶”，他们的经纪人和一名小丑，就都是出自施泰因。尤其在克劳斯·曼描写柴可夫斯基作品而不是作品产生情感根源时，显然是取自施泰因的论述。例如关于柴可夫斯基第一组曲的排练，他是这样描写的：“一开始，两支大管把开篇主题同度演奏出来，高音部不求纯正。”我们看到，作家所依赖的正是施泰因对这部音乐作品的论述：“开篇的主题，首先是用两支大管同度演奏出来；在这种情况下，这样做并不是没有问题的，因为要把乐器的全部音域都投入进去，而且两名演奏者和他们的乐器，需要新的分工。因此，第一支大管在高音部，和第二支大管在低音部都很难奏出好的音调来。”

到了 1935 年 3 月 18 日，克劳斯·曼写完了第一章。这可能是克劳斯·曼全部作品中最精彩的一章小说，只用了六天的时间脱稿。得意的作者立即给弗里茨·兰茨霍夫和瓦尔特·兰道尔朗读，几天后又念给艾丽卡·曼、特蕾莎·吉泽和安娜玛丽·施瓦岑巴赫听。事后他总结说："我的印象是，还不错。"3月20日他就开始了第二章的写作，并立即向母亲报告说："《柴可夫斯基》进展得很顺利——每天都前进一步。"包括前五章的上篇，他正好用了两个月的时间；读了他的书稿后，艾丽卡·曼和弗里茨·兰茨霍夫打电报祝贺说："美好而动人的成功之作。"两人用书稿中第四章的一句话描写了他们激动的心情："我浑身颤抖。"而父亲托马斯·曼60岁生日的晚上听到朗读后的评价却不太积极："然后，克劳斯为我和卡佳、六个孩子和吉泽朗读了他的柴可夫斯基小说。很动人，但却缺少一点意义。——又很晚了。"但克劳斯·曼的信心不减；小说快写完的时候，他写道："《柴可夫斯基》是一部'自传体'小说。肯定是我最好的作品。但愿它的出版不要和世界战争碰到一起。否则就太可惜了。"1935年7月19日，小说全部结稿。

这部小说以不到四个月的极短时间内产生，首要的原因是克劳斯·曼的"明确而真实的感觉"。"在这些音响的自白，这些旋律的控诉和欢呼的后面，隐藏着并显露出来的命运，以一种隐秘而特殊的方式触动着我的灵魂。……我写书的时候，觉得和他贴得很近。"6月30日，他向妹妹莫妮卡坦言："《柴可夫斯基》……变得很凄凉了，而且结局也很悲惨——但这可能是我所能做的最好结果，奇怪的是，我已经把很多我的生活经历包装在我那动人心弦的彼得·伊里奇的一生当中。"在他写完《摩菲斯特》之后，他仍然坚信，同他的其他作品相比，他是"带着更大的同情"写这部柴可夫斯基小说的。"我在彼得·伊里奇面前是没有怯意的，正因为他的可疑的天才、脆弱的性格，作为艺术家和人所具有的弱点，使他在我心中格外亲切、鲜明和可爱。"按照克劳斯·曼的说法，这部小说所描绘的"并不是艺术家的弱点，……而是他道义上的坚强”，这位艺术家是在同社会和心灵的艰辛抗争中成功地创造了他的生命之作。

克劳斯·曼获得了他的伯父亨里希·曼的称赞：“你的《柴可夫斯基》是一本真正令人震惊的书，像这样的文学惊喜，我已经很久没有见到了。……你的选题很好，但‘选题’本身就是一个经历，而且是决定性的经历。选题者的所有特征必须在接触一个题目时一拍即合。根据我的经验，这可能10年才能有一次。这是你30岁的大成。我祝贺你。”亨里希·曼的欣喜有一小部分也因为他本人对柴可夫斯基的喜爱——当然还有普契尼。亨里希·曼的自传《观察一个时代》几乎是以下列声明结尾的：“我对大师作品的钦佩是没有边际的……当《悲怆交响曲》最后一次在我面前鸣响时，我看到了美和力量的真正奇迹。”

第一批评论文章来自克劳斯·曼的个人朋友和相识。小说于1945年10月16日正式出版前的一个星期，弗朗茨·戈尔德施泰因就已经撰文说：“彼得·柴可夫斯基在克劳斯·曼身上找到了一位诗人传记作者，他不仅在精神上是一个可以交流的兄弟，而且在内容上也注定是这个题材的合适人选。……这种哀叹的旋律……充满了诗意，无瑕的美丽，圆润而充实……令人激动和震撼，克劳斯·曼的作品，自《虔诚的舞蹈》以来，还没有出现过这种意境。”在对柴可夫斯基和他的外甥之间关系的塑造上，“对这种性爱形式讲述得淋漓尽致”。除了“淋漓尽致”之外，戈尔德施泰因还赞扬了克劳斯·曼对细节的描写：“十分出色，在《柴可夫斯基》的头三页里，当他去德国旅行，和旅馆送来早点的服务生有一段对话，虽然极其普通，但却只有柴可夫斯基这样身份的人，才有可能和服务生进行这样的对话。”

克劳斯·曼一家的密友布鲁诺·弗朗克认为：“通过一种似乎无意和无力的艺术，却反映了一个人完整的一生。……读完这部传记小说之后，我们才对他有了全面的了解：认识了那个身材高大、头发花白的人，高高的额头布满皱纹，下垂的髭胡；认识了他的狂怒和他的伤感，他的自负和他的谦卑；认识了这个创新者和不安分的艺术名家对待金钱和荣誉的幼稚而动摇的态度；才认识了这个朋友和恋人。”布鲁诺·弗朗克认为，《悲怆交响曲》的艺术成就，使整个流亡文学的水平上了一个台阶：“在威胁世界的德国暴行下能够活下来的人，都会使自己的生存自觉性有所升华。这至少对很多艺术家是如此，他们逃脱了魔爪，来到了国外，在威胁中生活，在更高的责任下工作。这艰辛的三年使得一些人精神上和艺术上走向成熟，这在正常的情况下是不会这么快，或根本就无法达到的。”流亡的前期历史，在《悲怆交响曲》中成了情感的经历：“对灾难即将到来的预感，就像对燃烧和血腥味道的嗅觉，飘浮在学者和艺术家象牙之塔的空气中。市民阶级时代，带着良心上的愧疚已经接近尾声。”

《悲怆交响曲》让《巴黎日报》的评论家对克劳斯·曼抱有“太多的”期望；认为作者的目的“显然定位太高”。“在这本色彩斑斓和满是凄凉的书中，说明的问题并不多”，他对克劳斯·曼的风格是这样评价的，“很多地方只是暗示了一下，点触了一下。只有当人们离开它稍远一些的时候，才能发现它鲜明的轮廓和结构以及讲述的艺术技巧，这是一种完美的形式。”克劳斯·曼青年时代的朋友，流亡在国外的作家奥托·扎雷克也有同感：“谁要是了解克劳斯·曼的童年，就会吃惊地发现，这个27岁的青年，已经变得完全成熟了，我敢说，他已经成了一个真正的诗人。这个确实有天赋的人，实际上却不得不时时刻刻在他的伟大的父亲的榜样阴影下奋争。现在，那块约束他的阴影已被突破，他得到了解脱，终于返回了自我。这部小说的风格充满了宏大而多彩的力量，充满着独特而具有个性的魅力。……克劳斯·曼是个优秀的讲述者：保持着距离，用敏锐的目光观察，感觉细腻，特别是当他发现一个困惑的灵魂的伤疤时。”

克劳斯·曼当年在霍赫瓦尔德豪森矿山学校的老师奥古斯特·

C. 马尔的反应显然出于切身感受："谁要是像笔者那样从个人接触中了解克劳斯·曼的性格和举止，他就不难判断，在他描写柴可夫斯基的时候，实际是出人意料地画着自画像。至于在多大程度或在什么地方，这在艺术上是无关紧要的。过于深究这个问题，就意味着超越了客观评价和个人隐私之间的界限。我认为重要的是：同这位伟大的俄国人的内心的认同感，给克劳斯·曼以能力和权利，……为他的人物注入个人的气息。他对这个人物的塑造，对他生活的苦难和创作激情的描绘，以及最终使他圆满和死亡，都是动人心弦和独一无二的。克劳斯·曼以这部作品完成了一项伟大的事业。"

当这部作品的英文版本《悲怆交响曲》由国际笔会秘书长赫蒙·乌尔德翻译，由维克托·高兰兹出版社 1938 年在伦敦出版时，反应相当积极。《雷诺新闻》的评论员认为这是一本最好的传记小说；读完这本书，他甚至觉得，自己曾结识过柴可夫斯基。埃德温·缪尔在《听众》撰文赞扬这部作品，甚至部分超过上述言论：这本书的无拘无束的清新，使他甚至把它的第一章同果戈理和托尔斯泰相媲美。但可惜的是，前几章以后，特别在下篇，却不尽理想，否则他会把它置于大师之作的行列。尽管如此，人们却从这部小说中看到当代小说中普遍对人物性格的描写是如何支离破碎，只有在克劳斯·曼的《柴可夫斯基》中，我们所看到的才不是超然的分析，而是又看到了一个真正的人。著名的英国小说家克里斯托弗·伊舍伍德充满激情地评价说："我不知道有哪一个作家能够像您这样卓越地描述旅馆、服务生和铁路。"

克劳斯·曼的经纪人巴托尔德·弗莱斯想在美国出版社出版《悲怆交响曲》的尝试却没有成功：20 家出版社都拒绝接受。几乎所有出版社都像芬克-瓦格纳尔斯一样认为："开头很美也很有趣——但后来却过于'露骨'（你们可以理解），从而逐渐黯然无色。"托马斯·曼在纽约的出版商阿尔弗雷德·克诺普夫早在 1935 年 11 月就表示反对出版这部作品，因为它过于“感情用事”（即非政治化），所以对美国读者不合适——这和《逃向北方》形成鲜明对照，它的英文版本正是克诺普夫所促成。克诺普夫认为，德国流亡作家喜欢历史题材的倾向，是很值得怀疑的。直到1948年，克劳斯·曼亲自对小说进行了较大的修改之后，《悲怆交响曲》才得以在美国出版，他把这本书献给了克里斯托弗·伊舍伍德。

美国版本是克劳斯·曼生前最后发表的叙述文作品。他用了三个星期的时间写完了这段新开篇，采用了卡塔琳娜·德林克·博文的《亲爱的朋友》一书中有关柴可夫斯基和安托妮娜·米留布科娃的灾难性的婚姻，以及他在同性恋压抑下痛苦的内容。《纽约客》干脆就骂克劳斯·曼的小说是陈腐不堪。格雷琴·芬莱特批评克劳斯·曼以不满足的形式把自己放置在小说和传记两把椅子之间，并挑剔说：“克劳斯·曼先生所关心的是这个天才的怪异，而不是关注他是一个天才，而且是一个伟大的作曲家这个事实。”赫伯特·库普费尔贝格却完全是另外一种看法：“他远没有把柴可夫斯基看成是一个无聊的人，而是把他看成是一个极其复杂而又值得同情的人物。克劳斯·曼先生以卓越的手笔描述了柴可夫斯基的举止，而没有进行烦琐的心理分析。……作者特别成功地描绘了音乐家的社交环境，例如，他把勃拉姆斯和格里格塑造成完全令人置信的人物。”

克劳斯·曼得到了德国流亡作家海因里希·爱德华·雅各布的理解。他认为，克劳斯·曼的《柴可夫斯基》会得到读者的喜欢，即使主人公不是那个世界闻名的作曲家，而是克劳斯·曼臆造出来的人物：“对我们唯一重要的，是柴可夫斯基这个人物，他在充满自杀危机的伤感中游荡于欧洲城市之间，先是逃离他不爱的妻子，然后是逃离他自己。……而他所找到的，却始终是孤独，越来越深重的孤独。……我们在克劳斯·曼的小说中所看到的，是一种无声的，常常是成熟的悲哀，但它距离智慧并不太远。”雅各布特别欣赏克劳斯·

曼的幽默："彼得·柴可夫斯基，不能认同自己的欲念，所以就双倍不能认同这个世界，尽管忧伤不断，但却又常常是一个滑稽的老先生，靠服用苏打水和缬草药剂为生。"雅各布特别指出了小说的文学渊源："把书放下之后，感觉好像年轻了30岁，似乎读了一本赫尔曼·邦的书。"克劳斯·曼很是欣喜："他甚至在结尾提到了赫尔曼·邦！我始终保持着我年轻时喜欢邦的作品的嗜好。拿我和他相比，我很受感动，感到很荣幸。"

我们再回到1935年的原版书。布鲁诺·弗朗克对《悲怆交响曲》的恭维与阿尔弗雷德·克诺普夫的咒骂的决然对立，使我们不禁想到由马丁·格雷戈尔-德林为小说撰写的《后记》开头时提出的问题："是什么促使克劳斯·曼在他流亡的第二和第三年写这部柴可夫斯基小说呢？它为什么不是一本关于殉道者或政治斗士的力作呢？"从小说的情节中，我们丝毫感觉不到它出版的1935年所发生的政治事件。但克劳斯·曼自己却觉得，"流亡的忧伤……有些已经渗入了进去"，那是对"抑郁的艺术家"柴可夫斯基作为人的描写。同时，他也把柴可夫斯基看成是民族主义的牺牲品："在俄国，他被看成是'西式的'：评论界认为柴可夫斯基音乐的华丽的伤感中缺少穆索尔斯基的粗犷的活力；而德国人又批评他的'亚洲式的粗野'，而且，按照莱比锡和柏林专家们的看法，认为他身上具有法国影响的羁绊。在巴黎，人们却说他过于'日耳曼化'：是贝多芬的模仿者，同人们喜爱的里姆斯基-科萨科夫相比，很少有'俄罗斯的特色'。"

此外，人们在书中还看到克劳斯·曼和他过去的极端和平主义的告别，他在小说中让他的人物弗拉基米尔说："暴君们是不会自愿放弃他们可怕的权利的——绝不会自愿！"克劳斯·曼在《逃向北方》一书中所提出的问题："难道倏忽和孤独的意识只是市民阶级晚期的堕落情绪吗？"得到了弗拉基米尔肯定的回答："但我属于一个被诅咒的阶级，一个完全丢失了的时代。"同样，柴可夫斯基从社会学角度也被描绘成“即将消失的世纪及其晚期文化的困惑的子孙”，而不是不受时代局限的普遍的人类孤独现象。他甚至轻微地预感到，现实生活要比他在特权社会出身中所知道的“确实更加苦涩和卑鄙”。从这个角度看，克劳斯·曼似乎向马克思主义迈出了一大步，但他并没有继续走下去。正好相反：他坚定地忠诚于他的“市民阶级晚期”的意识，并让柴可夫斯基作为他的代言人：“我的工作……最终是我这个可怜的人给予这个可怜的世界的唯一的东西。因为我……不属于……那些可以在这个灾难深重的地球上做些改变的人们。”

柴可夫斯基不是基于信仰的流亡者，他和希特勒上台后逃亡的大多数犹太人一样，这是德国流亡者中的大部分。他和他们一样，并不是因为不能赞同那里的政治状况而逃亡国外，而是出于单纯的恐惧。如果说克劳斯·曼在《逃向北方》一书中从个人观点描述了德国人的流亡，那么他在《悲怆交响曲》中则试图象征性地加以修正，让柴可夫斯基不仅仅是一个逃亡思想的携带者，而且是一个真正的人。如果说他确实体现一种思想，那也只是同自我绝望的抗争：“他在战斗，他强制自己去反抗而不屈服——：也就是说，他是一个英雄。”克劳斯·曼的《逃向北方》一书，在流亡小说和爱情故事之间无法做出抉择，而“伟大的恋人”柴可夫斯基和流亡者柴可夫斯基却融合成为一个令人信服的人物：他的爱情形式迫使他逃亡。为了爱情——以及为了追求荣誉，“这种具有讽刺意味的，大多迟到的为了殉道而进行的结合，却得不到补偿和慰藉”——但为了这些，他漫游城市和乡村，从高加索的山峦越过巴黎的下等酒吧，直到纽约的摩天大楼，这丰富多彩的场景，为克劳斯·曼后来的流亡小说《火山》提供了材料准备。

《悲怆交响曲》不仅仅是一次穿越地域的旅行，而且也是一次穿越时间的旅行，从一个“如此缺少魅力却充满苦闷的”现代，“走进了19世纪这块富饶大地的迷人的惊喜之中”：“我试图用我的小说绘出一幅即将过去的19世纪的市民阶级社会的图画——关于他们业已危机四伏的晚期辉煌。人们还有某种安全感；人们还可以热爱真正美好的事物，还可以给艺术家某种社会权势；但这个社会的良知已经不再优秀，'不舒适感'已见端倪——最明显的当然是表现在艺术家身上，因为他们情感细腻也最敏感——：空气已经变得肮脏，一场暴风雨即将来临……"

和在德文版小说中一样，美国版中也笼罩着浓郁的流离失所的气氛。在改写时，克劳斯·曼主要在结构上做了变更。1935年的德文原版包括上下两篇，篇幅几乎相同，各有五章。上篇讲述了柴可夫斯基第五交响曲的产生过程，下篇则是第六交响曲即《悲怆交响曲》诞生的故事。创作第五交响曲的动因，是一系列的会晤：尤其是作曲家爱德华·格里格和作家泰奥多尔·阿韦-拉勒芒，以及两个青年时代的恋人：女歌唱家德西蕾·阿尔托和同性恋的诗人阿列克谢·阿普赫丁。但最后一位显然没有直接显现，而是以一个和他很相似的巴黎街头少年的形象出现在小说里。第六交响曲来自柴可夫斯基对他外甥弗拉基米尔·达维多夫的恋情，柴可夫斯基对他的神交女友和施主娜杰日达·冯·梅克的巨大失望，以及与童年时代的老师法妮·迪尔巴赫重逢而引发的童年的回忆。对弗拉基米尔（爱称为"鲍比"）的恋情在很大程度上和死亡欲念连在一起，鲍比很像托马斯·曼小说《威尼斯之死》中的塔齐奥一样，作为爱神和死神的综合体现。小说以柴可夫斯基之死结束。

小说结尾的死亡一幕，和美国版的开头前后呼应，1948年改写时，美国版的开篇就是柴可夫斯基婚姻失败后的精神崩溃。神经危机升级为到了躁狂症的发作，真实的柴可夫斯基确实患有此疾，但发作的细节却被唯一的见证人、柴可夫斯基的弟弟安那托所保密。在小说中，死亡的一幕，他以自由发挥的手法把各种导因搅拌到了一起："特别是她那双水灵的眼睛——约根森说得很对：它们无比的动人……水是多么的冰冷！我的牙齿一直在打颤！但主为什么不让我死呢？我咬住指甲一直深入到肉里——我的血滴到了纸上——但主却不让我死……只是患了一场重伤风——这就是我所得到的一切……一次重伤风……噢，在河里是多么冷啊！她的眼睛是多么冷啊——她那可恨的冰水眼睛！”

作曲家的童年回忆在小说的最后两章里起了关键作用——八音盒和家庭女教师的少女奥尔良画片，她要求听话的忠告，母亲的自杀，对阿普赫丁的爱恋——，所有这些在改写时都从第四章搬到了开篇。这样一来，美国版本的结构就变得严格按照时间顺序。这也就意味着为传记小说合乎逻辑的问题，找到了一个干净的解决方法，因为它必须把一个人的一生压缩到几百页的篇幅里。克劳斯·曼主要描述了小说主人公最后六年的生活。德文版的前三章的主要内容是柴可夫斯基的“音乐家的回忆”。这些回忆的主体是从柴可夫斯基 1887 年 12 月 29 日到达柏林开始，以同德西蕾·阿尔托重逢而结束。而柴可夫斯基 1840 年 5 月 7 日出生到 1887 年 12 月 29 日之间所发生的一切，都是小说情节以前的故事。

在德文版本中，克劳斯·曼把柴可夫斯基的过去主要放在第四章中讲述，而且是一下子讲完，但这又破坏了迄今情节行进的速度。此外，这些前期的故事部分又讲得相当枯燥，这和塑造柴可夫斯基精神状态时所使用的令人难忘的内心独白和生动的言语形成鲜明的对照。在美国版本中，前期故事虽然使用了同样不足的讲述技巧，但由于是在小说的开头，所以其拖拉的效果并不像放在中间那样明显。看到躁狂症发作之后，读者甚至希望出现一些拖拉作为一种放松。

值得商榷的却是，克劳斯·曼把美国版本的《悲怆交响曲》分成四个“交响曲乐章”，分别冠以柴可夫斯基的第六交响曲各个乐章的名字，而不是分为章节。第一乐章《勿太快的快板》，如前所述，是补充了新材料对原来第四章的改写。第二乐章《优美的快板》，实际是德文版的第一、第二、第三和第五章的内容。第三乐章《很活泼的快板》，包括原来的第六、第七、第八和第九章一部分；第四乐章《怨诉的慢板》，相当于稍有改动的最后两章。

分割为“乐章”的克劳斯·曼的小说，和柴可夫斯基的交响曲相比较，并没有什么深刻的联系。克劳斯·曼的《勿太快的快板》虽然和柴可夫斯基交响曲的第一乐章某些片段有个别相似之处：开始时的苦思般的烦躁，行进中的躁狂发作，结尾处的温柔苦涩的解脱，小说的文字和音乐确有相同之处。在《优美的快板》中，与骗子服务生和音乐经纪人西格弗里德·诺伊格鲍尔的接触，从内容上看只能使人感到尴尬而不是优美。只是到了“您知道这意味着什么吗，勃拉姆斯先生？用优美进行控诉……”的问题时，人们才听到了柴可夫斯基内心5/4 拍奇妙的乐章响起。在第五章和街头少年的相遇，这是除了前期故事以外，柴可夫斯基唯一一次采取了特殊的性主动行为，这时才出现了真正的“优美的快板”。克劳斯·曼看来是对他的“乐章”和柴可夫斯基的乐章的这唯一一次吻合而感到满意了。

《很活泼的快板》，在柴可夫斯基的音乐里是以闪光的姿态开篇的，而在克劳斯·曼这里，却只是阴郁。这一段落的主题——柴可夫斯基处于荣誉的顶峰——当然是对第六交响曲的宏大的进行曲的最好的诠释。这个热烈的“快板”的意义，克劳斯·曼也给予了正确的描绘：当他受到了狂热的欢呼的时候，这位著名的作曲家的存在，实际已经受到了致命的伤害。在柴可夫斯基那里，是从高亢的小提琴跌入到低沉的长号，而结尾处的似乎是欢呼的进行曲已经是怨诉的终结；克劳斯·曼把柴可夫斯基在美国旅行的内心绝望，从《悲怆交响曲》移到了《悲怆交响曲》的《很活泼的快板》之中，而第九章的剩余部分就组成了《怨诉的慢板》的开头了。但克劳斯·曼的终乐章却不是《慢板》而是一个慌乱的《急板》：“（柴可夫斯基）不安的生活还在追求着什么，而且节奏越来越快，一个黯淡的目标，一个充满神秘的圆满”——而这样一个“急板”却组成了柴可夫斯基最终的音乐忏悔的高潮。

对小说和交响曲的细节进行全面的比较，是没有什么意义的。音乐和文学是两种截然不同的艺术，谁要是想把自己的诗歌或小说称作是一个“赋格”，他就必须想到，一个人虽然可以同时听多种旋律，但却很难同时阅读多种语言单位。重要的是，克劳斯·曼在美国版本中把这部作品号为 74 的 H 小调交响曲的完整的结构，按前后次序反映在一部小说之中。这部小说和交响曲一样，开始于阴暗，过渡到唯一完全幸福的时刻，然后又迅速坠入到黑暗之中。在美国版本中，克劳斯·曼放弃了在德文版中开始时对气氛的渲染：“房间里很暗，只有门那边透过一缕光线。服务生轻轻关上身后的门，光线又消失了。”另一个美丽的对比也被删掉，即读者首先从报纸上知道了柴可夫斯基的身份，正像柴可夫斯基在第八章获悉他妹妹的死讯时那样。

虽然德文版本的开头气氛十分浓郁，但却不如美国版那么系统，因为在第一章中没有躁狂的发作，没有母亲和家庭女教师的形象和他所爱恋的阿普赫丁。但另一方面，这个第一章却有一个完整而杰出的结构：是全书黑暗-明亮-黑暗结构的微缩典范。开头和结尾都是柴可夫斯基在他的阴暗的旅馆房间里的沉思。中间是乘车穿越冬天的柏林的明亮的街道，以及和他的经纪人诺伊格鲍尔——克劳斯·曼小说中一个最成功的配角人物——的怪异的冲突。柴可夫斯基在他的回忆录中曾提到过一个经纪人，说他“不知是出于无能和天生的笨拙，还是出于一种什么精神上的变态”，有时对他“总是怀有敌意”，比方“在我必须去巴黎的时候，却在维也纳安排一场音乐会”。克劳斯·曼用这个暗示影射经纪人德米特里·奥古斯托维奇·弗里德里希，并把他和自己的朋友汉斯·法伊斯特的外表和唠叨的性格结合起来，创造了一个漫画式的人物，可以和狄更斯笔下的人物相媲美。这个奇特的人物在最后一章再次出现，是以饭店领班的面貌，为柴可夫斯基送上了那杯致命的生水，产生了十分突出的效果。他长的几乎和诺伊格鲍尔完全一样。甚至他的语言也都类似诺伊格鲍尔的风格。两个人都认为柴可夫斯基“神经质”；诺伊格鲍尔认为他“多么不公正”，而领班则说：“喝冷水是很，很不对的。”尽管如此，单单诺伊格鲍尔和相应的气氛，还无法使德文版本的开头和结尾紧密地连结起来。

柴可夫斯基在一段内心自白中做了这样的思考：“我的生活破碎成插曲和片段，它被悠忽性所吞噬和破坏。”这个表态正好出现在结构特别混乱的第八章中。罗尔夫·施耐德对克劳斯·曼结构技巧的批评也基于此：“插曲式的叙述常常会导致危险的夸张，掩盖了叙事文学的总体形式。”当然，美国版本中也包含了混乱的片段，但开头和结尾这两根支柱却联结得很紧密。

两个版本的共同之处是同性恋这个主题。唯一和《悲怆交响曲》中这一内容相关的文字，发表在“转折点”一文中——当然是用相当具有诗意的比喻手法——克劳斯·曼承认了他的同性恋倾向和痛苦：“爱情的这种特殊形式，也是（柴可夫斯基的）命运，我了解它，它深深蕴藏在灵感和屈辱之中，长期的痛苦和瞬间的极乐，都是这种性欲所包含的感情。人们不会尊重这种性欲，因为他们不想成为当今社会的局外人；人们不会投入这种性欲，因为他们不想留下致命的伤痕。”托马斯·曼在他1925年发表的《论婚姻》一文中，就曾讨论这样一种可怕的、甚至致命的伤痕的产生：“我们完全有理由说，同性恋是性唯美主义。”《悲怆交响曲》中阿普赫丁这个人物，正体现了这种思想。他迷惑年轻的柴可夫斯基的信条就是：“爱女人是很愚蠢的，这不是我们的风度，把这让给那些想生儿育女的小市民吧。我们爱，不是为了生儿育女，我们不想用爱情做这种卑鄙的交易。我们爱是没有目的的——没有目标，我们必须爱……”最终他以一种经典的方式死了，就像道学先生对享乐者所预言的那样：孤独，丑陋，在空虚中没有任何依附。

一个衰老的同性恋者对一个年轻的异性恋者爱恋之痛苦，集中表现在柴可夫斯基前往美国渡船途中的一段内心独白中："我的小弗拉基米尔在寻找他想爱的其他人——区别于对我这个老人的爱。但这个想法我不应该继续下去，它已使我濒临绝望的边缘，其结果必然会把我抛弃，必然会使我站立不稳而落入海中。"在此处，克劳斯·曼有意借鉴了他年轻时喜欢读的赫尔曼·邦的小说《米歇尔》的内容。同样，托马斯·曼的《威尼斯之死》也起到了样板的作用。长期以来，柴可夫斯基无法放弃乱伦结合的欲望，最终只能在死亡中寻求满足。每当他要入睡，他就设想着弗拉基米尔和他的母亲融为了一体。当彼得14岁时，他的母亲自杀身亡。他的乱伦欲望的对象渐渐变成了一个由母亲和外甥融为一体的幻想中的死亡天使："弗拉基米尔和母亲变成了一个人。母亲的美丽和男孩的妩媚融在了一个成年的，不再是女性，不再是男性的形象之中。啊，她在招手，让我过去。她在告诫，她在召唤。"对母亲，对弗拉基米尔和对死亡的爱，在柴可夫斯基身上是紧密交织在一起的；从这种交织的情感中，产生了第六交响曲。它是柴可夫斯基生活实际的最高写照，按照他的宗教信念，是上帝有意通过"可怕的惩罚"强迫他走上这条道路的。柴可夫斯基想寄托他痛苦的旋律，却是过去《卡斯帕·豪塞》中的豪塞所寻求的旋律：死亡旋律。柴可夫斯基用死亡，实现了文字中提到的、在对白中所描写的赫尔曼·邦在他的《灰色的房子》中所宣告的信条："谁见到了耶和华，也就是见到了死神。但我可以告诉你，一个人如果见到了另一个人的灵魂深处，他也会死去。我们可以设想，如果一个人见到了自己的灵魂深处，他就会一声不响地把自己的头放在行刑台上，并把这看成是一个必要的小小的惩罚。"

只要他的事业还没有完成，柴可夫斯基就会抵制自杀的诱惑。甚至在第六交响曲首演之后，他也没有让死神公开取走性命，而是模仿他的母亲："霍乱传染病为何而来呢？喝几口水就足够了……她没有选择直接的、公开的自杀，她不能这样做，因为她过于虔诚。但上帝却从未禁止过喝一杯水。最终中毒与否完全掌握在上帝的手中：总之自己并没有做什么坏事，只是把裁决交给了上帝。”理夏德·H. 施泰因报告说，这种思维方式并不是柴可夫斯基家庭独有的性格，而是俄罗斯广泛存在的习俗理念：“俄国人……认为，喝霍乱水，只是一个被允许的考验。如果死了，就说明上帝不让他活下去；永恒的主是认可的，因而必然会宽恕。要是活了下来，那就是一个明确的信号，上帝还期待他做一番大事业。”柴可夫斯基喝了霍乱水，他死了。

克劳斯·曼在这部音乐家小说中通过主题追求统一。天使的形象像一条红线贯串整部小说。开始时并没有什么特殊的事情出现。柴可夫斯基和钢琴家亚历山大·济洛季坐在莱比锡旅馆大堂里交谈，旁边是一座极普通的天使雕像；托马斯教堂的童声合唱团仿佛是一群“唱着歌的苗条的天使”。当柴可夫斯基的儿童诗《天使米歇尔》出现的时候，却不得不使人们警觉了起来。阿普赫丁始终被看成是一个邪恶的天使。与阿普赫丁相似的街头少年，使邪恶的天使变成了死亡天使，而且是出现在幻觉的性行为中：“‘当然’，彼得·伊里奇想……‘如果被他扼杀，还不算是一个太坏的死……邪恶的天使，无比强大而狡猾，冲向你，封闭了你的视力和听力；最后他现出了原形，是一个扼喉天使，让你喘不过气来，你就过去了……’”柴可夫斯基的幻觉中弗拉基米尔变成了母亲，又变成了死亡天使，这实际是柴可夫斯基神经疾病日益恶化的征兆，其中重要的原因是无法对鲍比进行性占有。他在入睡前喜欢想象，鲍比就坐在他的死亡床前，这已经是病态的表现，但同鲍比变成了“母亲般的死亡天使”的幻觉相比，至少还是贴近现实的。死亡天使的形象，笼罩着小说的最后两章，作为第六交响曲产生的令人毛骨悚然的缪斯。

克劳斯·曼对音乐的喜爱，早在《邂逅于无限》中就有表现：“如此完美，如此无情，这样一种快感是用文字无法形容的。文字只能掩盖悲伤的实质。即使是忏悔，也仍然在掩饰。即使在分析，也仍然在黯淡之中。然而音乐……以一种纵情的袒露把内心隐藏的一切变成了旋律。”在《悲怆交响曲》中，克劳斯·曼试图把柴可夫斯基的音乐转变成语言。特别是在死亡一幕中，他——用语言的手段——在柴可夫斯基最后的交响曲的最后一个乐章中，“看见”了作曲家的“灵魂深处”。就凭这一点，我们就必须把克劳斯·曼的《悲怆交响曲》看作是他最好的一部小说。在结构上，它不亚于一座开放的火山；在语言上，超过了《邂逅于无限》的水平；在心理分析上，大大超越了《亚历山大》，克劳斯·曼在《悲怆交响曲》中成功地完成了一项艰巨的任务：把音响变成了文字。

图书在版编目(CIP)数据

柴可夫斯基传/(德)曼著;王泰智,沈惠珠译. —北京:商务印书馆,2013(2018.10 重印)
(世界名人传记丛书)
ISBN 978-7-100-09483-2

Ⅰ.①柴… Ⅱ.①曼…②王…③沈… Ⅲ.①传记小说—德国—现代 Ⅳ.①I516.45

中国版本图书馆 CIP 数据核字(2012)第 226270 号

世界名人传记丛书
柴可夫斯基传
〔德〕克劳斯·曼 著
王泰智 沈惠珠 译

商 务 印 书 馆 出 版
(北京王府井大街36号 邮政编码 100710)
商 务 印 书 馆 发 行
北 京 冠 中 印 刷 厂 印 刷
ISBN 978-7-100-09483-2

2013 年 8 月第 1 版　　开本 787×960 1/16
2018 年 10 月北京第 2 次印刷　　印张 18½
定价:44.00 元